创意创新创造课程设计与实施

王亚苹　著

北京邮电大学出版社
www.buptpress.com

图书在版编目（CIP）数据

创意创新创造课程设计与实施 / 王亚苹著. --北京 ：北京邮电大学出版社，2016.1（2020.7 重印）
ISBN 978-7-5635-4622-0

Ⅰ.①创… Ⅱ.①王… Ⅲ.①创造教育－教学研究 Ⅳ.①G420

中国版本图书馆 CIP 数据核字（2015）第 305968 号

书　　　名：创意创新创造课程设计与实施
著作责任者：王亚苹　著
责 任 编 辑：王丹丹　刘　佳
出 版 发 行：北京邮电大学出版社
社　　　址：北京市海淀区西土城路 10 号(邮编：100876)
发　行　部：电话：010-62282185　传真：010-62283578
E-mail：publish@bupt.edu.cn
经　　　销：各地新华书店
印　　　刷：北京一鑫印务有限责任公司
开　　　本：787 mm×1 092 mm　1/16
印　　　张：14
字　　　数：347 千字
版　　　次：2016 年 1 月第 1 版　2020 年 7 月第 4 次印刷

ISBN 978-7-5635-4622-0　　定　价：32.00 元

本书系北京市教育科学规划课题《学校社区协同构建“创意创新创造”特色课程体系实践研究》（DBB13059）成果

编委会

目　　录

第一章

“三创”课程定位

课程作为学校教育功能实现的载体，在学生掌握基本知识、基本技能，培养学生的智力和人格品质等方面起着至关重要的作用，因此，课程建设受到国家、地方和学校的重视。随着新课程的不断推进，校本课程开发已经从“口号”“理念”走向了“行动”与“现实”，尽管在理论研究上还有不同观点，但在现实层面校本课程开发已经取得了很多可喜的成绩。“三创”课程作为一种校本课程，既有校本课程的共性，也有其独特性。

第一节 “三创”课程建设背景

校本课程建设是一项十分复杂的工作，其兴起有着深刻的社会背景、教育背景和现实要求。

一、校本课程建设的背景

世纪之交，我国启动了新一轮基础教育课程改革，最直接的背景与根源就是我国基础教育课程体系自身存在诸多问题，如教育观念滞后，人才培养目标同时代发展的需求不能完全适应；思想品德教育的针对性、实效性不强；课程内容存在着繁、难、偏、旧的状况；课程结构单一，学科体系相对封闭，难以反映现代科技、社会发展的新内容，脱离学生经验和社会实际，学生死记硬背、题海训练的状况普遍存在；课程评价过于强调学业成绩和选拔的功能；课程管理过于集中和统一，致使课程难以适应当地经济、社会发展以及学生多样发展的需求。这些问题导致我国基础教育课程的实际状况与时代发展要求和肩负的重任存在着相当大的反差，由此决定了我国新一轮基础教育课程改革势在必行。于是，加快构建符合素质教育要求的新的基础教育体系成了我国教育改革的首要课题①。

在这种背景下，从20世纪90年代后期开始，我国在对中小学原有的课程计划、教学大纲、教材进行修订与改革的同时，即开始着手新一轮基础教育课程改革的准备工作。1999年《中共中央国务院关于深化教育改革全面推进素质教育的决定》和国务院批转的教育部

---

① 范蔚，李宝庆. 校本课程论：发展与创新[M]. 北京：人民教育出版社，2011：24.

《面向21世纪教育振兴行动计划》,明确提出了改革现行基础教育课程体系,研制和构建面向新世纪的基础教育课程教材体系的任务。2001年5月,《国务院关于基础教育改革与发展的决定》进一步明确了构建新的基础教育课程体系的指导思想,指出:"实行国家、地方、学校三级课程管理。"同时,教育部印发了《基础教育课程改革纲要(试行)》,指出:"改变课程管理过于集中的状况,实行国家、地方、学校三级课程管理,增强课程对地方、学校及学生的适应性。"

随着三级课程管理体制的确立,各级权力主体在各自的权力与职责范围内对我国基础教育课程进行管理,相应地出现了国家课程、地方课程和校本课程,即"三级课程"。国家课程是国家教育行政部门规定的统一课程,它体现国家意志,是专门为未来公民接受基础教育之后具备一定的共同素质而建设的课程;地方课程是在国家规定的各个教育阶段的课程计划内,由省一级的教育行政部门或其授权的教育部门依据当地的政治、经济、文化等发展需要而建设的课程。校本课程是以学校教师为主体,在具体实施国家课程和地方课程的前提下,通过对本校学生的需求进行科学的评估,充分利用当地社区和学校的课程资源,根据学校的办学思想而建设的多样性的可供学生选择的课程。

新一轮基础教育课程改革,逐渐形成了国家课程、地方课程和校本课程相结合的课程管理局面。具体来说,校本课程建设能够兴起的原因主要是:

(一)社会文化从统一化到多元化

学校的课程受社会文化的制约,20世纪末以前,中国社会文化强调统一化,官方控制尤其是中央控制,受这种文化影响,学校的课程基本上只有国家课程和少量的地方课程。20世纪以来,中国社会的文化发生深刻变化,其中一个重要方面就是强调多样化、多元化,多样化、多元化的文化反映到学校课程中来,就是强调课程的多样性、多元化,校本课程是建立在各个学校的学生需求、资源条件等基础上建设出来的,具有多样性和多元化。

(二)权力下放

课程决策权力如何在国家、地方、学校三级课程权力主体分配不可避免地会受到政治体制的影响。过去中国政治体制是强调中央集权的,反映在教育领域,教育决策权在中央,地方政府按照中央决定落实教育决策,地方和学校很少享有决策权。地方和学校教育决策权的缺失反映在课程领域,表现为课程决策的权力基本上集中在中央教育行政部门,而学校很少有课程决策权。20世纪末以来,随着政治民主化进程的加快,中国政治体制改革的一个重要特点是权力向基层下放,这一趋势表现在学校课程上,则反映出课程决策权向地方和学校下放。学校课程决策权增加,校本课程应运而生。

(三)教师专业发展要求教师转变角色,增强课程建设能力

过去教师的专业要求往往限于教授他人决定和设计好的课程,而不是要求教师自己进行课程决策和课程设计。20世纪末以来,对教师的专业要求越来越高,其中一方面就是要求能够根据教学实际,加工改造他人设计好的课程,而不是直接应用,并在实施过程中注重课程的创造与生成,教师要善于建设利用课程资源,发挥自身特长和优势,参与课程决策、课

程设计等，这使得教师不再只是知识传递者或者“搬运工”，而是课程创造者、学生求知发展的促进者、学生人格成长的引领者。这就要求教师具备课程建设意识和课程建设能力，条件允许的情况下建设满足学生需求的特色课程，这也是校本课程在我国兴起的一个原因。

（四）校本课程能够更好地适应社会和教育的变化

20 世纪以来中国社会和教育都发生了很大变化，而且变化在加速，国家课程的权威地位、大范围使用注定了其课程建设周期长、针对性差，不能对社会与教育的快速变化做出及时的反应，校本课程则不然，校本课程的建设周期比国家课程要短得多，能够较快速地应对种种变化中的新情况、新要求，能够较为充分地反映和体现各地区和各学校的实际情况，从而更好地适应社会与教育的变化，这也是校本课程能够兴起的原因之一。

（五）社会要求学校在课程上凸显特色

过去社会对学校的要求往往是统一的，学校只需要完成国家赋予的统一的任务，完成国家的统一要求即可，但 20 世纪以来社会对学校的要求改变了，要求学校“具有特色”，一个学校的特色可以从多方面体现出来，其中一个核心的方面就是课程上要有自己的特色。课程上有特色显然就不能只是执行国家课程和地方课程，而应该拥有别具特色的校本课程，这也是校本课程兴起的原因之一。

二、校本课程建设的进展

自 2001 年新一轮基础教育课程改革全面启动以来，随着三级课程管理体制的建立，政策意义上的校本课程建设在我国已走过十几个年头，这些年来，我国校本课程建设在实践中积极行进，并通过理论层面的努力探索，围绕校本课程建设的内涵、理念与价值、内容与模式以及管理与评价等问题，取得了一系列进展①。

（一）实践层面

首先，在实践层面上积极推进。就我国校本课程建设的实践而言，由于本土语境下“校本课程建设”既可以被理解为“校本的课程建设”，也可以被理解为“校本课程的建设”，因此，在实践层面，校本课程建设的活动类型既可以是“以校为本”而进行的课程建设活动，包括课程选择、课程改编、课程整合以及课程补充等，又可以是针对“校本课程”而进行的建设活动，其活动类型则是较为独立意义上的课程创新。在实践中，上述各种类型的校本课程建设活动往往并非界限分明。如，南京师范大学附属中学所开展的“高中必修课分层教学”的研究与实验，其中既有对国家课程的选择、改编、整合与补充，又有独立意义上的课程创新活动；江苏锡山高级中学以其原有的“活动课 ＋ 选修课”为基础，通过明晰教育哲学，调查与评估学生需要和学校课程资源，通过课程创新走出了较有特色的校本课程建设之路；深圳市宝安中学在认真审视本校“和谐发展，学会生存”的办学理念的基础上，通过对学生的问卷调查和

① 叶波，范蔚．课程改革十年：校本课程开发的进展、问题与展望[J]．教育科学研究，2012(4)：47-52＋56.

对课程资源的情景分析，开发了“学会生存”的校本课程，这显然又是具有创新意义的校本课程开发活动。

从校本课程开发参与人员这一向度来说，校本课程开发的参与人员既可以是个别教师，也可以是教师小组或是全体教师，理想的校本课程开发应当是教师、学生、家长、校外专家以及社区人士共同参与的过程。一项针对四川、重庆、云南和贵州的调查表明，在校本课程开发参与人员这一问题上，有 93.9%的人回答有教师；84.3%的人表示有学校领导；39.2%的人回答有专家学者；36.6%的人指出有家长和社区人士。事实上，随着课程改革的不断深入，人们越来越重视来自专家、家长和社区的支持力量。然而，在实践中，校本课程建设的主体依然是学校教师，专家、家长及社区人士的参与度尚有待提高。来自上海市的一份调研报告显示，教师是校本课程建设的绝对主体，占 65.5%以上，这印证了以上观点。

在时间投入上，早期的校本课程建设实践中，很多学校多视之为“一次性”活动，将校本课程建设局限为编写一两本教材，流于形式，影响了校本课程建设的实效。随着课程改革的不断深入，已有不少学校能自觉地将校本课程建设与特色学校建设结合起来，或是与综合实践活动等进行整合，将其纳入学校发展规划或加以制度化建设。如，宁波市江东区的不少学校，围绕特色学校建设，着眼于中长期的校本课程建设，取得了显著效果。

（二）理论层面

校本课程建设在实践层面的积极行进，促进了课程理论界对于这一新生事物的关注与探索。十几年来，学者们围绕校本课程建设这一主题，积极探索，通过对实践的反思与总结，在校本课程建设的内涵、理念与价值、内容与模式以及管理与评价等方面取得了一系列研究进展。

1. 校本课程建设的内涵

在校本课程建设的内涵方面，从学术研究规范的角度来说，概念界定是研究的前提。校本课程建设的深入发展，首先需要对其概念作出澄清。校本课程建设的内涵与本质是什么？其与选修课、活动课之间的关系是怎样的？校本课程建设是否意味着编写校本教材？有学者从概念解读的角度，基于“以校为本”和“课程建设”对校本课程建设的概念进行了界定，认为校本课程建设是在学校现场发生并展开的，以国家及地方制定的课程纲要的基本精神为指导，依据学校自身的性质、特点、条件以及可利用和建设的资源，由学校成员自愿、自主、独立或与校外团体或个人合作开展的，旨在满足本校所有学生学习需求的一切形式的课程建设活动，是一个持续和动态的课程改进的过程。与之不同，有学者从课程建设策略的视角，将校本课程建设理解为在学校现实条件下，以实施国家/地方课程改革方案为背景，以学校教育人员为主体，以满足学生教育需求为轴线，以国家课程/地方课程的校本转化和校定课程建设为主要内容而进行的学校整体课程建设策略。从这一视角出发，校本课程建设的范围不仅指校本课程的建设，还指校本的课程建设。前者指的是学校根据国家课程计划预留的学校自主建设的时间和空间，进行学校自己的课程建设；后者则指学校根据自己的具体实际情况对国家课程计划进行校本化的适应性改造。

在对校本课程建设内涵与本质进行界定的基础上，学者们进一步讨论了校本课程建设与选修课、活动课之间的关系，并就校本课程建设与校本课程、校本教材等作出了区分。有研究认为，校本课程建设和选修课、活动课是依据不同分类标准而划分的不同课程类型，虽然在实践层面上,校本课程建设的领域可能集中于选修课和活动课,但校本课程建设表达了一种崭新的课程理念,“倡导一种新的课程建设和课程改革模式,呼唤新型教师的出现”。这些理念是选修课和活动课所无法涵盖的。因此,有学者认为,选修课和活动课应向“课程”回归,选修课和活动课应基于“课程”的意识和建设流程,最终走向校本课程。针对校本课程建设实践中存在编写校本教材的情况,有学者从课程政策的角度指出了其弊端,认为应该更多地从课程资源的角度来理解和规范,并且从政策包括评价导向上引导学校和教师加强课程资源建设,而不是去热衷于编写学生人手一册的校本教材。

总体来看,由于校本课程建设实践的复杂性以及人们所持有的立场和视角的不同,学者们对于校本课程建设概念的理解存在分歧,并形成了对于校本课程建设的多样化理解。但强调校本课程建设过程中的“以校为本”、根据学校的实际情况、由学校成员参与和满足学生发展需求等却是共识。

2. 校本课程建设的理念与价值

在校本课程建设的理念与价值方面,校本课程建设既是一个理论问题,又是一个实践问题。它不是一种课程建设的特别技术,而是有着超越技术层面的理念与假定。有学者认为,“草根式”课程改革、教师参与决策、“知识建构”是校本课程建设的基本假定,校本课程建设的理念即是“学生为本”。有学者认为,校本课程建设是一种“落实”的课程,它强调课程知识是从缜密的实践中得到的,在总结历史经验教训和实践的基础上提出,知识的再概念化、草根式民主、文化回归、学校重构、给教师赋权增能、面向教师现场和学生需求差异是校本课程建设的基本理念。此外,有学者从课程资源的角度,指出校本课程建设应善于利用蕴藏在当地社区和学校中的课程资源,以更好地反映学校生活。还有学者从人的全面发展出发,指出校本课程建设在强调学生需求差异和个性发展的同时,还应重视其“共性素质”的发展,校本课程建设必须作为基础教育课程体系的重要组成部分才能使其具有强大的生命力。

校本课程建设独特的理念追求使其形成了自身的特点,并由此对学校、教师和学生的发展具有独特的价值。学者们进一步探讨了校本课程建设的价值。有学者认为,校本课程建设应以学生个性发展、教师专业发展和学校特色的形成为价值追求,其中,学生个性发展是最终追求,教师专业发展是必然追求,而学校特色形成则是自然追求。有学者认为,个性化是校本课程建设的价值追求,校本课程建设应立足于学校特色、教师个性和学生个性,实现学生个性的全面和谐发展。此外,还有研究认为,在现实的教育情境中,教师随时随地都会根据自己的判断改变课程,将教师的这种行为由自发引向自觉和自主,是校本课程建设存在的真实理由,因此,校本课程建设应以教师的专业发展为核心和根本取向。

已有的研究表明:校本课程建设的针对性、独特性和适切性,使其对于特色学校形成、教师专业发展和学生个性发展有着重要价值。因此,在具体的课程实践中,能否彰显校本课程的特色,从而提升其独特性和适切性,从某种程度上决定了校本课程建设价值的实现与否。有学者在调查研究和经验总结的基础上,认为校本课程特色形成机制是:基于学校,联系社区;以教师为建设主体,实现多方力量协商对话;将建设、实施和评价融入同一过程之中。在上述研究基础上,学者们进一步探讨了实现校本课程建设价值的具体策略。就校本课程建设促进教师专业发展而言,有学者指出,课程建设过程中的在职培训、教师合作、制度保障、资源支撑以及教师自身的反思性实践等是实现教师专业发展的有效途径。还有学者从实践性知识的视角,指出教师参与校本课程建设应以教师的实践性知识为切入点,从参与校本化课程实施逐渐深入到参与全新的课程建设,同时以教师的实践性知识为基点展开相关培训,建立保障机制等。而校本课程建设促进特色学校的形成,则可能又离不开校长有效的课程领导、校内外课程资源的发掘与利用、课程文化的共建和具有特色的校本课程体系的建构等。

3. 校本课程建设的内容与模式

在校本课程建设的内容与模式方面,课程内容体现并承载着校本课程建设的理念与目的。在校本课程建设的实践与理论中,人们习惯于将校本课程分为必修课、选修课和活动课。然而,这种划分本身就是相互包容的,这三者的关系在理论上是"不符合逻辑的"。因此,有学者依据课程功能的不同,将校本课程建设的内容划分为基础性课程、丰富性课程和发展性课程。其中,基础性课程与国家课程的范围基本一致,主要由学科知识课程和学习策略课程组成。在具体的活动方式上,学科知识课程既可以是针对学科知识内容的改编、新编或拓编,又可以是针对学科知识结构的革新。丰富性课程的功能在于丰富学生生活、促进学生的全面发展、提高学生综合素质和生活质量,包括健身、博知、怡情、励志和广行五类。发展性课程是拓展学生能力、激发学生创造力的课程,其内容包括加深学科知识的课程和培养学生创造意识与能力的课程。

对课程建设模式的探讨有助于增强校本课程建设的可操作性。早期的研究多集中于介绍国外相关经验。有学者立足于对课程的不同理解,概括并评析了美国四种校本课程建设模式:行为主义课程模型、经营管理模型、系统课程模型和人本主义课程模型。在模式的应用问题上,有学者认为,校本课程建设的实施程序是一种动态的、持续的过程,而不是僵化的、线性的行动步骤,学校要依据实际情况做适当调整,采取一种甚至多种程序,并进行必要的修改与调整。在理论研究与经验总结的基础上,有学者认为这样的模式具有较强的可操作性:建立组织、现状分析、制定目标、课程编制、课程实施、课程评价与修订。与之类似的提法还包括:环境分析、课程目标设置、课程组织、课程评价,等等。

与上述研究不同,有学者从课程建设主体的角度提出了校本课程建设的合作模式,包括基于学校与其外部力量的合作建设和学校内部建设模式两类,前者包括校际合作、专家-学校合作、研究机构-学校合作、教育行政部门与学校合作和社会与学校合作,后者则包括领导与教师合作、教师与学生合作和教师与教师合作。值得关注的是,有学者从课程运行的角度讨论了校本课程的自建设模式,这种模式关注课程在课程运行过程中的变化,并试图使这种变化成为一种自觉行为,其过程是:(1) 教师根据学生的需求进行初次课程设置;(2) 学生提供反馈和建议;(3) 教师自我反馈;(4) 再进行课程设置;(5) 课程设置更合理;(6) 教师专业能力相应提高,学生能力提高,从而课程建设的水平更高。还有学者结合具体案例,剖析了条件主导模式的校本课程建设,着力分析了校本课程建设过程中对学校课程资源的建设与利用,强调了校本课程建设所具有的文化性与生成性等特点。

4. 校本课程建设的管理与评价

有效的课程管理是校本课程建设得以顺利运行并保证其质量水准的关键所在。有学者认为,校本课程建设的管理既包括校本课程建设的组织、领导和决策,又包括校本课程建设的资源管理。就前者来说,校本课程建设离不开政策保障和组织制度保障,它包括政府的政策支持与组织保障、学校组织机构的新建与功能调整以及班级组织和教育教学支持系统上所采取的措施三个层面。同时,学习型组织的建立、横向领导机制的形成和集体审议的课程决策又具有特殊意义。就校本课程建设的资源管理来说,它主要涉及两方面的资源管理,一是作为校本课程建设条件的各种可利用资源的管理,二是校本课程所建设的资源和课程产品等的管理,针对后者而言,档案库建设、成果展示和网络管理具有积极意义。

在具体的实践中,有的地区通过专项指导、专项引领,如理念引领、组织引领、科研引领和资源引领等,提升课程建设能力,实现了校本课程建设的有效管理。随着课程管理自身的发展变革,有学者从观念与实践两个层面讨论了校本课程发展背景下的课程领导,指出在观念层面上,组织观、课程观、学校观和教师观的革新对校本课程发展具有根本的推动作用。而在实践层面,远景创建、环境创设、教师专业发展和文化再生则是课程领导的主要内容。

此外,还有学者在充分考虑学校的教育目标,学生的学习动力、模式、能力和效能,教师的教学能量和专业发展、资源,学校文化等因素的基础上,围绕课程设计、课程决策、课程实施和课程评估等课题探讨了课程领导的作用和实现途径,其研究认为,共建愿景;订定优次、扬长补短;关注教师专业发展、提升教师的教学能量;改善学校的教学文化、建构理想的学习型组织,是课程领导者在校本课程建设过程中所应扮演的角色。而课程设计、决策、实施与评估等环节应始终指向学生的发展。

课程评价是校本课程建设研究中的难点与热点问题之一。有学者基于校本课程建设的特殊性,建构了校本课程建设评价的基本框架,认为校本课程建设评价包括准备阶段的背景性评价、编制阶段的实质性评价和使用阶段的诊断性评价三种基本方式,以及学校层次的评价、用户层次的评价和教育系统层次的评价三个基本层次,它们共同构成了校本课程建设评价的基本框架。有学者从系统的角度,讨论了校本课程评价的分析系统、操作系统和支持系统,指出校本课程评价是以学校课程委员会、同伴教师、教师自我和学生为主体,以校本课程建设的情境与目标、校本课程方案、校本课程实施等为对象,以改进和提升校本课程为目的而进行的活动。上级教育行政部门的支持、民主和谐的学校文化和自主创新的课程文化构成其支持系统。还有学者基于“持续发展”的取向,通过对评价范围和评价标尺的讨论,倡导运用“档案袋”“公示”和“综合评定”等方法,将校本课程建设评价落到实处。

三、“三创”课程建设背景

课程是现代学校教育的核心问题,是实现教育目标的重要保证,是教育理念得以落实的关键依托,教育改革最终必须以教育内容即课程的改革为前提;儿童在学校形成的观念、知识、能力在很大程度上也是由课程决定的,因此,课程必须最敏感地反映社会对教育的要求,必须有助于教改目标的实现,必须与学校办学理念和培养目标的定位相统一,要构建一套有特色的、能够保证办学理念和培养目标顺利实现的课程体系。

“三创”课程作为一门校本课程,它的课程建设既是在校本课程建设的社会大背景下进行的,也有其具体的现实的要求。

(一)学校要寻求新突破

海淀区教师进修学校附属实验小学成立于 2014 年 7 月,由原来的巨山小学、北辛庄小学、陶行知小学以及西山小学合并而成。生源多为外来务工子女,生源层次较为多样。原巨山小学、西山小学积淀了“责任教育”的内涵,已经发展成为有“生命感”“有颜色”“有故事”,

深受孩子们喜欢的学校。进修附小在继承中奠基、在变化中发展、在追求中提升，但是面对教育转型和社会需求变化，抓住发展的机遇，怎样进一步提升教育品质？按照《国家中长期教育改革与发展规划纲要》质量发展观的要求，我们需要强化内涵发展，特别是把已有的德育传统优势拓展为教学和学业水平优势，使学校提高到全面优质的新境界。

（二）学校发展范式需要变革

进修附小是一所新成立的学校，突破口和成长空间在哪里？进修附小有什么样的发展模式？

重温十八大报告中对教育的论述，报告中指出我国教育的重要任务是科学发展，人民满意。具体提出了六项任务，其中第三项是坚持改革创新。要深化教育领域综合改革，全面实施素质教育，着力提高教育质量，培养学生创新精神。

新课程改革的目的就是培养创新精神和实践能力，促进每个学生身心健康发展，培养良好品德，满足学生终身发展的需要。培养创新精神和实践能力的目的实质上就是要培养创新型的人才。小学教育为创新型人才的培养做些什么？在学校课程建设上怎样实现学生创新精神和实践能力的培养？这些问题值得思考和研究。

由此，我们的思维打开了。借鉴生态文明和协同创新的思维，创新生活教育路径，在学校与社区的协同发展上实现对学生创新精神和实践能力的培养。学校地处西山文化创意大道现代文化功能区，中间艺术馆、火星时代实训基地、一品香山御香园等一批新型文化企业群正在学校周边形成。从 2010 年学校开始新学校定位和转型研究，在“分析国家教育政策，未来人才质量标准，生源和社区人口结构变化，吸引新兴产业子女、原住居民、流动儿童教育需求”的基础上，对新学校进行了文化规划、发展定位和六个系统发展路径的设计。继承和发展“责任教育”的特色教育内涵，瞄准区域文化创意大道功能定位，将“创意、创新、创造”的精神内核充实到学校文化中来，致力于打造一所重在培养和挖掘学生创造力及潜能的品质校园。主要路径就是学校和社区一体化发展，形成共生共享共荣格局。

（三）抓住课程建设，作为载体和纽带开展研究

落脚点和发力点在哪里？抓住第二轮课改的契机，打造系列特色课程。儿童在学校形成的观念、知识、能力在很大程度上是由课程决定的，因此，课程必须最敏感地反映社会对教育的要求，必须有助于教改目标的实现，必须与学校办学理念和培养目标的定位相统一，要构建一套有特色的、能够保证办学理念和培养目标顺利实现的课程体系。要在课程建设上研究、突破，以适应生源变化、学校的转型和社区的需求，所以提出了学校社区协同构建特色课程体系的命题。

为了探索创新人才早期培养的路径、方法和策略，在课程设置和实际教学中引导创意、鼓励创新、推崇创造，着力培养学生创意智慧、创造思维和学习力、想象力、探究力、创造力，全国教育科学“十一五”规划 2009 年度教育部重点课题《未成年人校外教育基地标准与创新人才培养模式的实践研究》总课题组和北京市海淀区巨山小学、西山小学、北辛庄小学等合作，在北京大学、清华大学、中国科技馆、中央民族大学、中科院科学传播中心、国家纳米中心等单位支持下建设了“创意创新创造”系列特色课程。基于以上分析，学校社区协同建设“创

意创新创造”特色课程，能够充分挖掘社区资源，发挥学校所处的地理位置的优势，促进对学生的创新精神和实践能力的培养，促进学校在已有的基础上实现内涵发展。

第二节 “三创”课程内涵外延

一、课程的概念与内涵

课程一词起源于拉丁语“currere”，意为“跑道”，在学校教育中，其原始含义是指学习学科内容的进程。在当代课程文献中有学者对课程一词的拉丁文词源提出了不同看法，认为“currere”的名词形式意为“跑道”，重点在“道”上，这样为不同学生设计不同轨道就成了顺理成章的事情，从而引出了一种传统的课程体系；而“currere”的动词形式是指“奔跑”，重点在“跑”上，这样着眼点会放在个体对自己经验的认识上。国内外学者对课程概念有不同的看法，归纳起来有以下几种：

1. 课程即教学科目，如我国古代的六艺课程，欧洲中世纪的七艺课程，这种定义在人们的头脑中根深蒂固，此种定义的实质是强调学校向学生传授知识的作用，其实学校为学生提供的学习，远远超出正式列入课程的学科范围。

2. 课程即有计划的教学活动，但把有计划的教学活动安排作为课程的主要特征，往往会把重点放在可观察到的教学活动上，而不是放在学生的心理体验上。

3. 课程即预期的学习结果，这一定义在北美课程理论中影响较大，一些学者认为，课程不应该是活动，而应该关注预期的学习结果或目标，但预期发生的事情与实际发生的事情总是有差异，而且在课程实践中，课程决策者和课程实施者是分离的，两者不可能完全一致。且把焦点放在预期的学习结果上，会忽略非预期的学习结果。

4. 课程即学习经验。把课程定义为学习经验，是试图把握学生实际学到些什么，也就是说课程是指学生体验到的意义，而不是要再现的事实或要演示的行为。从理论上讲，把课程作为个人的经验似乎有很强的吸引力，但在实践中很难实行。

5. 课程即文化再生产。这种观点认为任何社会文化中课程都是社会文化的反映，学校教育的职责就是要生产对下一代有用的知识和价值。国家根据需要规定所教的知识和技能等，教育者将它们转换成可以传递给学生的课程。

6. 课程即社会改造的过程。这种观点比较激进，认为课程不是要使学生适应或顺从于社会文化，而是要帮助学生摆脱社会制度的束缚，认为课程应把重点放在当代社会问题、社会弊端、改造社会和社会活动规划上，帮助学生学会如何参与制定社会规划，帮助学生摆脱外界强加给的世界观。

国内学者对课程概念的看法也不尽相同，如课程即教学科目、教学内容、经验、计划等，廖哲勋在其主编的《课程新论》中指出这些课程概念界定的维度不够准确，课程的界定也缺乏科学方法论的指导，并指出课程是在一定学校的培养目标指引下，由具体的育人目标、学习内容及学习活动方式组成的，具有多层组织结构和育人计划性能、育人信息载体性能的，用以指导学校教育、教学活动的育人方案，是学校教育活动的一个组成部分①。王策三在《教学论稿》一书中指出课程是教学内容和进程的总和，课程和教学计划、教学大纲、教科书两种称谓，可以并行不悖，互相补充②。

课程与教学经常被混为一谈，实际上课程与教学是教育实践的两个领域，二者既有区别又相互联系。“课程”的本意是课业及其进程的安排，尽管“课”与“程”的内涵在实践层面发生着改变，但课程作为“计划”“方案”的属性并没有被否定，知识在强调“预设”的同时也强调“生成”，所以课程与教学相对独立，又有密切关系。课程不等于教学内容，课程并非只是教学内容的规定，教学内容与课程有关，但不是课程的全部，如果把课程看作一种“方案”，那么教学就是实施这种“方案”的“活动”之一；如果把课程看成是对教育教学各项活动的整体计划，那么教学就是执行计划的过程；如果把课程看成教育性经验的总和，那么教学就是经验生长的重要途径或经验生成的过程。课程实施也不能等同于教学，课程实施所涉及的范围比教学要广，课程实施是执行一项或多项课程变革计划的过程，涉及教育行政管理体制的变化、课程知识的更新、教学过程的改变、校长和教师角色的更新、学生角色的变化、社区文化环境的相应改变等；教学主要指教师与学生在课堂中的互动行为，但教学是课程实施的核心环节和基本途径，离开了教学这一环节，课程实施的成效是难以保证的。

二、校本课程的概念

新课改以来，随着三级课程管理体制的确立，课程决策权的下放，校本课程这一新的课程形态开始进入教育改革者的视野，并逐步成为课程改革的一项重要内容，那么什么是校本课程？它与国家课程、地方课程有怎样的关系？

校本课程又称“以学校为本位的课程”或“学校课程”，它是由实施课程的学校自己决策、自己设计的课程，也有学者指出，校本课程就是某一类学校或某一级学校的个别教师、部分教师或全体教师，根据国家制定的教育目的，在分析本校外部环境和内部环境的基础上，针对本校、本年级或本班级的学生群体，编制、实施和评价的课程③。校本课程是学校自主决定的课程，是学校在具体实施国家课程与地方课程的前提条件下，通过对本校学生的需求进行科学评估，充分利用当地社区和学校文化资源而建设的多样性的、可供选择的课程”。

具体来说，“校本”的内涵有：(1) 以学校为基地，即校本课程的发展是在学校内部开展的一系列实践活动，包括校本课程建设、实施、修改完善等；(2) 以学校为基础，即校本课程的发展必须立足于本校实际，以本校的办学宗旨、性质任务、现实条件、资源特点等为依据，而非毫无理由、主观随意地开展各项工作；(3) 以学校为主体，即围绕校本课程所开展的一系列工作是出自学校自身发展的愿望，是学校的主动作为，而非被动服从和执行上级部门的有关指令；学校对校本课程实践拥有完全的自主权，是真正的课程建设主体——尽管有校外专家、学者、教育行政人员等的指导和帮助，但他们不能替代学校开展各项工作；(4) 以学校为整体，即校本课程的发展应该充分考虑学校的整体教育目标和学校师生发展的需求，能够

① 廖哲勋，田慧生. 课程新论[M]. 北京：教育科学出版社，2003：43.

② 王策三. 教学论稿[M]. 北京：人民教育出版社，2005：196.

③ 范蔚，李宝庆. 校本课程论发展与创新[M]. 北京：人民教育出版社，2011：3.

带动学校的各项工作；是在综合考虑学校内外各种因素的基础上，动员多方面力量，集体决策和共同努力的过程；(5) 以促进学校自身的发展为宗旨，校本课程的发展过程应该是充分调动教师积极性，发挥教师创造性，提高教师专业水平的过程；也应是充分照顾本校学生特殊性和差异性，促进学生和谐发展的过程；还应该是举全校之力，涵养学校文化，彰显学校特色，提升学校教育质量的过程。

三、“三创”课程内涵与外延

(一) 内涵

“三创”课程作为校本课程，既有校本课程的一般特点，也有具体的内涵。

“三创”分别指创意、创新和创造，合称“三创”。

创意就是学生具有新颖性和创造性的想法，体现学生的文化底蕴和智能拓展。相对于创新、创造，它是源泉、灵感、火花，有创意才有创新，才可能创造。

创新就是学生利用已存在的资源和要素，推出新的产品、方法以及新的一切，是对旧有的一切进行的替代、覆盖。它始于学习传承，始于学生创意。

创造就是学生勇于突破、探索、实践，实现新的生活方式、生活内容，在创造中产生新的生命追求。创造是创新在大层面的升华，是引导学生做一个有社会责任感和对社会有用的人。

“三创”课程以“创意·创新·创造”为精神内核，以成长成才成功的素质教育思想为指导，培育引导创意、鼓励创新、推崇创造的校园文化，培养学生的创意智慧、创新思维、创造能力，培养学生的全球化视野、开放性思维、开创性思路，如图 1-2-1 所示。

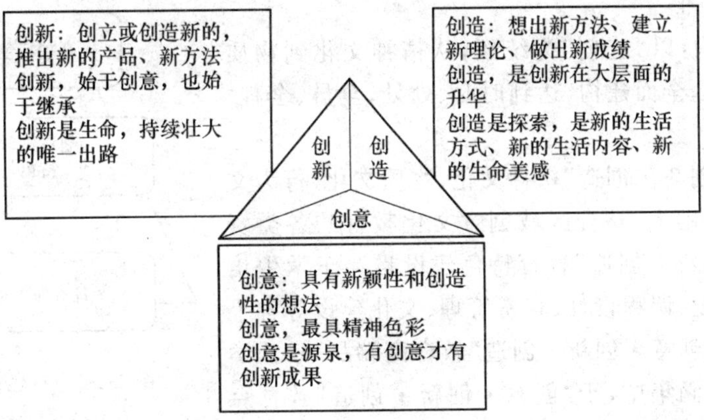

图 1-2-1 “三创”图解

(二) 外延

三创课程作为一个动态开放体系，主体部分设计有“创意语言、绽放思维”“创意美劳、滋养身心”“创意数理、建设心智”“创意表演、精彩人生”“创新设计、拓展素质”“创新工场、提升能力”“创造发明、体验成功”“创造生活、丰富精神”“文化传承，敢于担当”“优雅行为、快乐成长”等 10 个主题板块，让校本课程更加科学而富有活力，并形成体系，如图 1-2-2 所示。

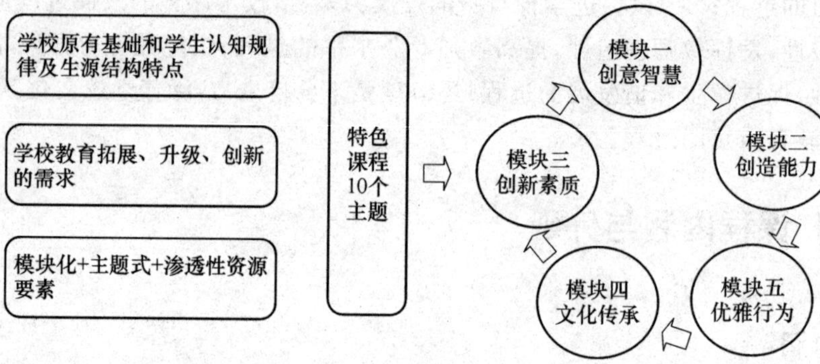

图 1-2-2　“三创”主题模块

“三创”课程按照全员、全程、全面的原则，建构六方面的实施路径。

1. 环境课程：学校所有建筑、设备、设施、场地都突出“创意・创新・创造”特色，渗透三创文化。

2. 渗透课程：学校所有学科都融通、渗透“创意・创新・创造”教育内容，各学科内容有机衔接与结合。

3. 基础课程：在国家和地方课程中，增加“创意・创新・创造”目标和要素，力求特色化实施。

4. 拓展课程：以校本课程为支撑，突出知识、方法和文化个性。

5. 提升课程：以“创意・创新・创造”多元社团和专业活动为主，力求内容丰富，形式活泼，富有文化气息、专业意识和时代水准。

6. 文化建构：以“三创”为统领，从精神文化到物质文化和行为文化，全面建构，达到时时、处处，全员、全程、全面深化程度。

在“创意・创新・创造”精神文化、物质文化、行为文化全面建设的基础上，整合区域创意文化教育的各类资源，把“创意・创新・创造”教育特色建设贯穿于学生培养、师资队伍建设、课程设计、日常管理、文化建设等各个方面，着力打造“创意・创新・创造”教育高端品牌，让学校特色和精神内涵集中，于“创意・创新・创造”教育点上凝聚爆发，带动学校整体提升和品牌集群的建立，如图 1-2-3 所示。

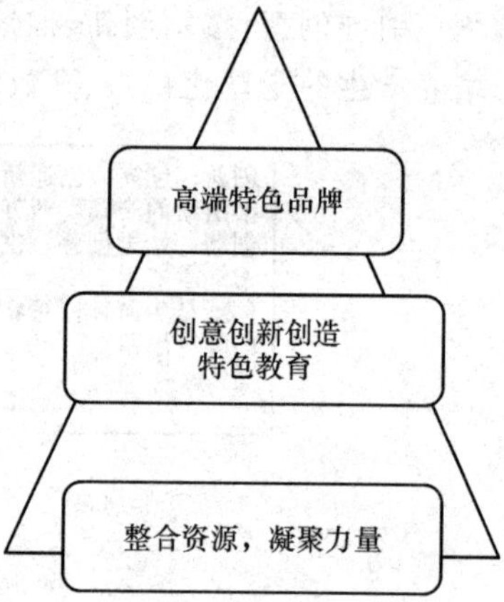

图 1-2-3　特色发展路径图

第三节　“三创”课程目标定位

深刻研究和把握学校特色定位，构建特色课程体系，寻找文化自觉自信自强，是学校创新驱动和超越发展的重要基础，是学校个性魅力与办学特色的集中体现，是提升教育内涵和品质，培养高素质人才的内在要求。以文化建设为引领，以课程体系为支撑，全面优化教育、教学、科研及管理水平，大幅度提升学校整体素质与核心能力，是现代学校创新发展的基本战略。进修附小依托北京文化创意产业带西山文化创意大道核心区优势，确定以“创意、创新、创造”为精神内核，以引导创意、鼓励创新、推崇创造为校园文化，以“创以求真、创以养善、创以立美”为教育信条，致力于打造一所重在培养和挖掘学生创造力及潜能的品质校园。通过学校社区协同构建和特色课程建设，对于突出育人品质，培育内涵文化，促进教师专业发展，培养学生具有创意智慧、创新思维和突出学习力、想象力、探究力、创造力的良好素质，是学校特色发展和转型升级的适切路径，如图 1-3-1 所示。

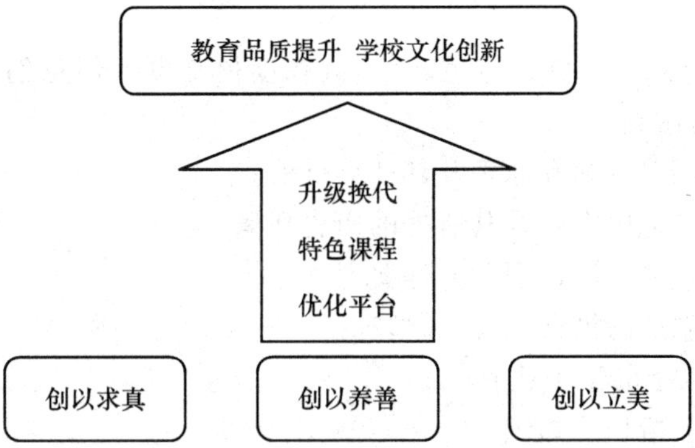

图 1-3-1 学校特色发展思路

秉持“创以求真，创以养善，创以立美”原则，打造“科技＋艺术＋人文”课程体系，把“创意＋创新＋创造”和“求真、养善、立美”培育成为文化竞争力，构建引导创意、鼓励创新、推崇创造的教学氛围，用以开启孩子未来之路，致力于提升孩子们的体验、鉴赏、品味、探索、创造等能力，让学校创意火花四溅，点亮孩子的心灯。

一、课程标准和纲要

(一) 课程目标

以“创意·创新·创造”为精神内核，以成长成才成功的素质教育思想为指导，培育引导创意、鼓励创新、推崇创造的校园文化，培养学生的创意智慧、创新思维、创造能力，建设具有全球化视野、开放性思维、开创性思路的学校。

(二) 发展维度

按照学生知情意行的发展维度、终身发展阶梯和兴趣、技能、习惯、欣赏、素养等发展性要素，构建三创四力特色课程坐标。

（三）学生素养目标

（1）兴趣。按照热衷程度比例测量，一至二年级达到50%；三至四年级达到30%～40%；五至六年级达到10%～20%（社团级别）。

（2）技能。按照初级、中级、高级三个等次测量，一至二年级初级达到30%以上；三至四年级初级达到60%以上，中级达到50%以上；五至六年级中级达到50%以上，高级达到10%以上。

（3）习惯。通过创意创新创造特色课程教学，促进学生良好思维习惯、学习习惯和探究习惯的养成，良好习惯率分别达到：一至二年级达到30%以上；三至四年级达到50%以上；五至六年级达到70%以上。

（4）欣赏。通过创意创新创造特色教学，大幅度提高学生创意创新创造欣赏水平和审美能力，所有学生都能做到：

· 理解创意创新创造观念和原理及其社会价值；
· 了解创意创新创造的人生及其所处的历史环境；
· 懂得创意创新创造一般过程和条件要素；
· 感悟创意创新创造的策略、方法和情态。

（5）素养。30%以上的学生达到：

· 了解创意创新创造相关知识；
· 了解人类创意创新创造简要发展过程；
· 了解至少20位创意创新创造大师的人生和特色；
· 对创意创新创造人文精神和文化内涵有深入理解，具备渗透延展能力。

二、“三创”课程建设的功能定位

随着社会的发展和人类的进步，创造力日益成为人的核心能力，教育应该把培养创造力放在突出位置，现代学校应以“创意·创新·创造”为精神内核，以引导创意、鼓励创新、推崇创造为校园文化，以“创以求真，创以养善，创以立美”为教育信条，致力于挖掘学生创造力潜能，突出育人品质，培育文化内涵，促进教师专业发展，培养学生具有创意智慧、创新思维和突出学习力、想象力、探究力、创造力的良好素质，需要建设创意·创新·创造特色课程体系，打造具有全球化视野、开放性思维、开创性思路的优质教育，“三创”课程即旨在挖掘学生的创造力潜能，培养学生的创新思维能力的校本课程。

“三创”课程以创意·创新·创造为轴心，全面深化实施素质教育，创新特色教育发展方式，搭建多元优质资源平台，开拓创新教育的广度、深度、效度，融通传统、现代与未来，实现转型发展和品牌增值，创造和奠定新建学校的特色优势地位，并能促进学校教育品质的整体提升；尊重个性，崇尚体验，深度探索，激发潜能，着力培养学生创意智慧、创新思维、创造能力，打造专业性、特色化、生态型课程特色，为培养具有良好学习力、想象力、探究力、创造力的新型人才提供专业支撑。

“三创”课程建设除了在培养创新人才方面具有重要价值外，校本课程建设本身也可以促进学校教师的专业成长，通过不断地学习、研究、实践、反思，专业能力可以得到质的提升，有利于教师逐渐成长为研究型教师。此外,“三创”课程也为学校的课程体系增添了特色,给学校形成和体现自身的办学特色提供了一个坚实的平台,有利于学校发挥自身优势,发掘校园内外丰富的课程资源,凸显学校的独特风格,创意节上孩子们的创意表演如图 1-3-2 所示。

图 1-3-2 创意节上孩子们的创意表演

第二章

“三创”课程理论构建

“校本课程建设”的概念是1973年菲吕马克和麦克米伦两位学者提出的[①]，20世纪80年代末90年代初，校本课程建设在我国香港和台湾受到了越来越多的重视。在香港，由于受到英国教育政策的影响，香港教育署一直重视以学校为本位的课程建设，自1988年9月开始推进“学校本位课程设计”计划，该计划重点在于鼓励老师以课程发展议会建议的课程为基础，顺应学生的能力和需要，根据学校的特殊条件，设计可以实际应用的课程，另外，香港的学校在教科书选择方面有很大的自主权，教育署每年都会向各校提出各科建议书单，学校选择的余地非常大，学校也可以不管这个建议书单自主选择教材。20世纪80年代中后期，台湾在一些民间教改团体“教育自由化、民主化、多元化”的呼声下，自发进行课程改革，于1998年9月30日公布了中小学九年一贯课程纲要，该课程纲要的最大特色之一就是给学校松绑，强调学校本位的课程建设，纲要规定“各校应成立课程委员会及各学习领域课程小组，于学期上课前整体规划、设计教学主题与教学活动”。

我国大陆过去也是“一纲一本”高度集中的国家课程建设模式和课程管理体制，1985年《中共中央关于教育体制改革的决定》公布之后，地方获得了部分教育管理权限。2001年新一轮教育改革进一步推动了课程管理体制改革，确立了国家、地方、学校三级课程管理模式。学校在课程上有了部分决策自主权，校本课程建设引起了部分学者、政策制定者及校长和教师的关注。校本课程建设作为一种教育口号，表达了一种新的教育理念，提出了一种新的课程改革构想和主张。

关于校本课程建设的定义，许多学者纷纷提出个人的观点。最早提出校本课程建设概念的菲吕马克和麦克米伦是这样定义校本课程建设的，菲吕马克认为校本课程建设意指参与学校教育工作的有关成员，如教师、行政人员、家长与学生，为改善学校的教育品质所计划、指导的各种活动。麦克米伦认为校本课程建设是以学校为基地的课程建设工作，该课程建设工作大部分依赖学校教职员工以及学校的现有资源。斯基尔贝克认为校本课程建设是由学校教育人员负责学生学习方案的规划、设计、实施与评价；沃尔顿认为校本课程建设其结果可以是教材的选择、改编，也可以是教材的新编；黄政杰认为校本课程建设是以学校为中心，以社会为背景，透过中央、地方与学校三者权力责任的再分配，赋予学校教育人员职责，由学校教育人员结合校内外资源与人力，主动进行学校课程的计划、实施与评价。科恩认为校本课程建设有狭义与广义之分，狭义上是指学校少数人员，如校长、部分教师建设课

---

① 徐玉珍. 校本课程建设的理论与案例[M]. 北京：人民教育出版社，2003：10.

程文件或成品；广义上，是指学校所有成员包括校长、教师、学生、家长、社区人士等参与课程规划、设计、实施与评价等课程建设的全部工作。徐玉珍将校本课程建设界定为在学校现场发生并展开，以国家及地方制定的课程纲要的基本精神为指导，依据学校自身的性质、特点、条件及可利用和建设的资源，由学校成员自愿、自主、独立或与校外团体或个人合作开展的旨在满足本校所有学生学习需求的一切形式的课程建设活动，是一个持续、动态的课程改进过程。张嘉育认为校本课程建设是指学校为达成教育目的或解决教育问题，以学校为主体，由学校成员如校长、行政人员、教师、学生、家长与社区人士主导，所进行的课程建设过程与结果。

总之，校本课程建设的定义众说纷纭，有的定义强调课程建设的过程，有的重视课程建设的结果，有的认为校本课程建设应以学校教育人员为限，有的主张结合学校内外部人士的参与，有的认为校本课程建设的关键是权力结构的重新分配，有的则重视整体学校情景的变革。尽管人们对校本课程建设有不同的理解，但其共识都强调以学校为基地，结合学校的实际情况，由学校成员建设相应的课程，供学生学习之用，简言之，校本课程建设就是以学校为基地进行的课程规划、编制、实施和评价的一整套活动。校本课程建设是一个“整体活动”，绝非仅仅编个教材，而是对课程进行某种程度的系统安排和规划，需求的调研、教育哲学的确立、教育教学目标的设计、内容的筛选编写和组织以及教学的安排、课程评价的开展等都不是以孤立的形式出现的，而是一种整体的设计或结构性规划，只有整体设计，各种课程资源才能统一在一定的教育哲学及教育教学目标指导下，才能最大限度地发挥课程的育人功能。

第一节 校本课程建设的理论基础

一、课程建设的经典模式

自 1949 年美国课程论专家拉尔夫·泰勒提出著名的“泰勒原理”以后，课程编制的“四阶段”就成了课程编制中的主导范式，且一直影响至今。不过自 20 世纪 70 年代以来，英国课程论专家斯腾豪斯的“过程模式”以及斯基尔贝克的“环境模式”、美国课程论专家施瓦布的“实践性课程建设模式”等都对“目标模式”进行了一定超越，同时丰富和发展了课程建设理论①。

(一) 目标模式

1949 年美国课程论专家拉尔夫·泰勒出版了《课程与教学的基本原理》一书，提出了课程编制的“四段论”，形成了著名的“泰勒原理”即“目标模式”的课程编制原理。这一模式称

① 钟启泉. 课程论[M]. 北京：教育科学出版社，2007，265-272.

为“理性计划模式”“手段—目的”模式。泰勒模式认为课程建设应回答四个基本问题:学校课程应达到哪些教育目标?学校课程应该要提供哪些学习经验才能达成教育目标?学校课程如何有效地组织学习经验?学校如何确定这些教育目标已经达成?泰勒课程建设的主体应该包括课程建设委员会,包括教师、父母和管理人员,有时也包括学生,依据社会需要、学生需要、学科知识需要,哲学价值判断和心理学可行性判断来建设课程。

目标模式的优点是专注于课程建设的方法而非课程本身的内容,课程目标在课程建设程序中处于出发点和落脚点的位置,为课程建设提供了明确方向,并提出一系列较容易掌握的、具体化的、层次化的程序及方法,在理论上是权威性最强、影响最广泛、运用最普遍的课程建设模式之一,一度成为20世纪五、六十年代课程编制的“主导范式”,至今仍然有巨大影响力;我国改革开放以来及新基础教育课程改革在许多学科课程编制上也深受其影响。

“目标模式”也不可避免地存在一些问题,受到了一定批评。首先,该模式采用“决定主义”观点解释人类行为,使人类事物可以工艺化、系统化地加以分析,抹杀了人性的丰富性、复杂性、主体性等特征。其次,该模式所依据的行为目标多有缺陷,目标分类基本上是测验题的量表,而非认知过程;有些不可测定的价值如何目标化?这容易导致价值缺失;目标的意义也较难统一,易产生歧义。再次,它以知识为中心,重视知识的逻辑与机构,主张学科专家是课程建设的主导者,强调“预成性”,即在教学之前就建设出一套现成的物品,而教师在教学中只是这种物品的使用者、执行者和消费者,教师必须忠实于教材,这种建设模式有利于规范教师的教学行为,但不利于师生主体性的发挥;且比较注重学科、教材的设置与编制,忽视课程实际运作中“特定情境”的要求,课程缺乏必要“弹性”。

(二)过程模式

基于对“目标模式”的批判,英国课程论专家斯腾豪斯在1975年出版的《课程研究与建设导论》中提出了课程编制的“过程模式”,他认为,“目标模式”对于训练行为技能是很适用的,但对于知识的学习则不适宜,这是因为知识的本质在于可以通过对知识的运用进行创造性思维,因而课程应该考虑知识的不确定性,鼓励个体化的、富于创造性的学习,而不是把知识及其学习作为满足预定目标的尝试。作为“人文学科课程方案”的负责人,斯腾豪斯提出了课程编制的“过程模式”,他认为人们能够从具有内在价值的知识形式中,挑选出那些能够体现该知识形式的内容,这些选择出来的内容,能够达标那些最重要的过程、最关键的概念和该知识形式中固有的标准。“过程模式”鼓励教师对课程实践的反思批判和发挥创造,不过教师应遵循下列五项“过程原则”。一是教师应该与学生一起在课堂上讨论、研究有争议的问题;二是在处理有争议的问题时,教师应持中立原则,使课堂成为学生的论坛;三是探究有争议的问题的主要方式是讨论,而不是灌输式的讲授;四是讨论应诅咒你中参与者的不同观点,无须达成一致意见;五是教师作为讨论的主持人,对学习的质量和标准负责。“过程模式”非常强调过程本身的育人价值,强调师生互动,既重视教师的自主权,又重视学生的自主活动。“过程模式”对教师素质的要求很高,由此斯腾豪斯提出了著名的、在今天影响很大的“教师即研究者”的课程思想,认为教师应当成为课程的研制者、建设者,而不仅仅是接受者、消费者,这就为当今世界课程改革中重视教师主体作用的编制模式提供了理论基础。当然,过程模式也遭到一定批评,首先,有的学者“长于方法拙于目的”,可能造成教学过程含混不清,教师业绩和学生学业评价成为棘手问题;其次,过程模式强调实际发生的事件，缺乏规范性；再次，过程模式仅是依据当代教育哲学的某些理论产生，因而具有片面性。

(三) 环境模式

环境模式又称情境模式或文化分析模式，其代表人物是英国课程论专家丹尼斯·劳顿和斯基尔贝克。如果说目标模式植根于行为主义心理学、过程模式植根于教育哲学，那么环境模式则植根于文化分析主义。劳顿认为，设计课程要考虑三个方面的问题。(1) 知识的性质本身：知识是什么，知识的不同形式以及不同逻辑处理；(2) 儿童或个别儿童的本性：认知的成长与发展；(3) 充分考虑社会情境、压力与社会需要。劳顿认为，教育的主要目的在于传播社会的文化遗产，特别是其中最佳部分及“共同文化遗产”。

斯基尔贝克认为，课程编制应牢牢置于某种文化结构中，这种结构把课程编制看成是一种手段，借助该手段，教师们通过使学生领悟各种文化价值、各种用来对文化进行解释的结构和各种符号系统，来修正和改造学生的经验。环境模式强调要按照不同学校各自的情况，通过对学校环境进行全面分析和评估来做出课程决策，课程编制应该针对单个的学校和它的教师，即以学校为单位的课程编制乃是促进学校获得真正发展的最有效的方式，这是后来“校本课程”建设的理论基础。

该模式有五个主要组成部分。(1) 分析环境：考察学校的环境并对其中的相互作用的因素进行分析，包括外部因素，如意识形态的变化、家长和社区的各种愿望，以及各学院和大学这样一些“教师供应机构”可能对学校的帮助等；内部因素，如教师、学生的特点、学校风气以及设备、资源和所面临的问题；(2) 表述目标，对师生各种活动的目标进行表述；(3) 制定方案：包括选择学习材料、安排教学活动、调配教职员，以及挑选合适的补充材料和教学手段；(4) 阐明和实施：要使新方案在推广时可能发生的实际问题暴露出来，然后在实施中有把握地加以解决；(5) 检查、评价、反馈和改进：包括对课堂活动进展情况作经常性评定，对所产生的各种结果进行评价，对所有参与者的表现作详细记录。“环境模式”是一种更综合的课程编制模式，它综合了目标模式和过程模式，试图把课程建设过程看成一个整体，用系统的观点来进行该项工作，注重结合特定的环境来考察这个过程中的各种要素和问题的各个方面，并把决策同更广泛的文化因素和社会因素联系起来。该模式随着当今校本课程实践的深入发展而日益凸显出强大的生命力。

(四) 实践性模式

美国学者施瓦布认为，课程是由教师、学生、教材、环境四个要素构成的，这四个要素间持续的相互作用便构成实践性课程的基本内涵。教师和学生是课程的主体和创造者，其中学生是实践性课程的中心，教材是课程的有机构成部分，是由课程政策文件、课本和其他教学材料构成的。但是，教材只有在成为相互作用过程中的积极因素时，只有在满足特定学习情境的问题、需要和兴趣时，才具有课程意义。因此，教材具有很大的灵活性和变通性，可以根据不同学习情境的需要进行选择和取舍。课程环境是由除教师、学生、教材之外的物质的、心理的、社会的、文化的因素构成的，它直接参与到课程相互作用的系统中。

实践性课程的建设方法是审议，所谓审议是指对不同对象进行权衡以做出选择。实践性课程建设是以具体实践情境的特殊需要为核心进行的,它必然根植于具体实践情境,因此校本课程建设是该课程模式的具体体现。

二、课程建设的基本程序

(一)确定建设原则

这里指在哲学层面上确定指导课程建设的原则,一般来讲,指处理好社会需求、儿童发展、知识体系之间的辩证关系。建设任何课程都要处理好这三者之间的关系,既要满足一定的社会需求(包括社会、社区、家长、民间团体等),这是建设课程的外部动因;又要满足儿童发展的需要,这是建设课程的内部根基。也是顺利实施课程的重要保证;还要考虑知识的一定的体系化要求,因为任何杂乱无章的知识、内容是无法最大程度地实现其应有的育人价值的,当然这种体系化必须与儿童的心理发展相适应。处理好三者之间的关系,并不意味着在三者平均用力,而是根据特定的课程,对其中之一或之二有所侧重①。

一般来讲,任何课程建设从本质上讲都应以满足学生的发展需求为宗旨,因此建设原则首要的基点应是"儿童发展的需要",对此应加以侧重考虑。当然,儿童发展的需要有的是与社会需求相一致的,有的则不一致甚至有可能相冲突,因此在关注儿童发展需要时,还应当用社会需求作为标尺去梳理儿童需要,整合出与社会需求相一致的儿童发展的需要,将其作为课程建设的出发点,当然,不同主体对课程的建设有不同的考虑,如国家课程的建设原则本质上讲是从国家意志、社会需求(主要是统治阶层的需求)出发的,它也考虑儿童发展之需,但这种考虑是基于社会需求之上的,社会需求在先,儿童发展需要在后,而且儿童发展最终也定位在为了国家的利益之上。而校本课程的建设考虑的是儿童发展需要在先,社会需求在后。例如,有些学校在建设校本课程时,把培养目标定为"对社会有用的人","对社会有用"就包含一定的社会需求,但如果将这一社会需求作为课程建设首先考虑的因素,如考虑社会对人才素质有哪些要求,然后开设相应的课程,严格讲,这就违背了校本课程建设的精神实质;而如果先考虑本校儿童发展有哪些需要,然后再考虑这些需要是否对社会有用,把有用的需要整合进校本课程建设之中,这才是真正的校本课程建设。

(二)了解有关需求

任何一种课程都有一定的需求作基础,了解这些需求能使特定的课程具有一定的针对性(目标的制定、课程的评价和这些需求有关),从而使其获得可持续发展。任何课程开课都需要了解社会需要、学生发展需求、学校现状等,可以通过问卷调查法、访谈法等方法加以收集。

一是了解学生发展需求是课程建设最重要的工作,要想获得学生真实的需求,调查者必须摒弃价值预设,即想当然预设学生们应该需要什么,如想象学生会喜欢电脑、英语、商务、法律等,这些都是"成人思维",它们不一定与学生们的需求相吻合。因此在设计调查问卷或

① 钟启泉.课程论[M].北京:教育科学出版社,2007,268-273.

访谈时，尽量避免成人思维，多设计一些开放的问题，尽可能让学生的兴趣、爱好、个性差异、需求、生活基础状况等自然而然地流淌出来。当然，学生的兴趣、个性、需求可能是多种多样、杂乱无章的，这就需要将这些信息适当归类，仔细梳理分析，区分出哪些是大多数人的共性需求、哪些是合理的需求、哪些是符合社会需要的、哪些是可以成为课程等，然后逐步提炼出课程框架。至于最终要开设哪些课程，还要根据社区资源、学校实力及教师素质等情况来定。

二是学校现状的了解也是课程建设十分重要的基础。学校现有的物资设备、教育资源、活动空间等是课程建设的物质基础，而学校的发展定位如学校的特色建设、学校的发展规划等则直接影响到课程建设的方向以及深度及广度。例如学校特色建设就直接决定着它现在开设的有关校本课程、兴趣小组、课外活动的品种以及未来可能开设的“自主课程”及活动，这些对后续的校本课程建设影响很大。这些信息尽管平时校内人员也有所了解，但完全可能处于“不识庐山真面目，只缘身在此山中”的状况，而建设校本课程则必须对这些信息作深入了解、认真思考，如对学校特色建设，就不能“泛泛而谈”，而是需要作结构化、体系化的“理性思考”，否则将会影响校本课程建设的深度。校长的办学思想和教师队伍的素质是学校现状中最重要的因素，它们对校本课程建设起到至关重要的作用，同样有关这些方面的信息，许多学校也都处于浅层了解水平。校本课程建设中必须对过去泛泛而谈的校长办学思想作进一步清晰化、结构化、体系化的理性思考，这对学校独特的培养目标、建设哪些校本课程、筛选哪些课程内容等具有直接的导向作用。而教师素质究竟如何，他们课程建设的能力究竟怎样、能开设哪些课程等，也必须作深入、细致的调研，不能仅仅凭教师学过的专业来臆测。对教师素质的准确把握十分重要，因为教师素质能够潜移默化地影响学生的兴趣、爱好、个性及需求，学生的发展需求通常是通过教师的教育逐步形成的；而学生新的更高的发展需求（指超越了教师的素质的需求）对于教师来讲，无疑是一种挑战、一种促进，即对教师现有的比较落后的知识结构的挑战，促进教师不断学习、不断反思、不断研究、不断创新，这对教师的专业发展是一件好事。

三是确切了解社会需要，如社会对该校的期望、家长的资源及其态度、社区资源及其要求等也是校本课程建设的前提条件。校本课程的机构和内容必须是开放性的，决不能囿于校内学术性体系内，这就需要来自社会的支持，而社会究竟能给校本课程建设提供怎样的支持，必须有确切的而不是泛泛的了解。

（三）研制课程目标

课程目标是对学生学习结果的基本要求，是学生通过学习所要达到的学习结果的某种程度。这里的课程目标含义比较广，既可以是整个学校教育的总体目标，即对学生素质所作的总体要求；又可以是某一学段的共性目标（一般目标），即对某些学段学生的素质要求；还可以是某一门学科教学或活动的目标（特殊目标），即学生学完该门课程后所要达到的基本要求的规定，规制课程目标的工作大体如下。

一是根据社会、学校等方面的要求，学生的现状，以及课程专家的建议，确定课程目标的框架及要素，课程目标包括总体目标、一般目标和特殊目标，具体化程度逐渐增加。

二是针对某一门特定的课程或活动，将目标要素转化成一定的表述形式，即目标的指标化、清晰化，一般可以用行为动词来表述目标，如认知性目标、情意性目标（如情感、态度、价值观方面的目标)等。一般而言,认知性目标往往通过学生的行为表现以及行为所涉及的内容来界定,通俗讲主要是通过不同的行为动词来表述,例如根据美国心理学家布鲁姆的“教育目标分类理论”,认知的不同水平(识记、理解、运用、分析、综合、评价等)都可以用不同的行为动词来表述。必须指出的是,在表述时,行为的主体应是学生,而不是教师,因此那些“培养学生……”“使学生获得……”等表述都是不恰当的。情意性目标也可以用行为动词来表述,如经过、感受、参与、分享等,但它与认知性目标的最大区别在于,它的达成往往较难用比较确定的行为动词来表述,即使能表述,也仅仅表述了一个过程或一种意愿,因此常常用经过等方面的词语来表述。

三是设计课程目标的层级序列,即不同年段的目标要有不同的层级要求,这个层级不必每个年级都涉及,可以相对粗放一点,既可以按低中高三个年段来设计,也可以分成两个层级,不管怎样,一定要有区分。

(四) 选择和组织课程内容

根据目标以及当时的社会、社区、学校的特定情况,选择基本的课程内容。所谓“基本的”,意指这些内容既是最集中地表现了目标及社会的要求,体现出一定的预成性或刚性,又不能完全像目标模式那样使内容只服务于目标,而要使内容具有一定的生成性或弹性,即根据特定学校、课堂、学生的实际情况,在师生互动中使内容得以创生,使学生富于个性化、创造性地学习。课程内容的组织主要考虑内容的排列、秩序和统整,其共性要求是知识的逻辑性与儿童的心理发展相统一。从组织的类型看,可以分为分科的组织和综合的组织两种,后者又有合科、融合、广域和核心等之分。

(五) 实施课程评价

实施课程评价包括两方面工作:一是对课程实施本身进行的评价,如过程评价上,对教师的表现、学生的表现以及学校、课堂的环境等方面的评价;结果评价上,对学生发展的评价、对课程可行性的评价等。二是对该项课程建设活动的评价,带有工作总结性质,如原则、目标确定的妥当与否、课程实施过程的管理、课程评价的适切性等都是评价的对象。

三、“三创”课程建设的理论基础

(一)“泰勒原理”

美国著名的教育学家、课程理论家泰勒,在《课程与教学的基本原理》中提出了关于课程编制的四个问题,即“泰勒原理”。课程编制的基本原理是确定课程目标,根据目标选择课程内容,根据目标组织课程内容,根据目标评价课程。

(1) 学校应当追求哪些目标?泰勒认为应根据学习者本身的需要、当代校外生活的要求以及专家的建议三方面提出。

(2) 选择和形成学习经验。选择学习经验的五条原则:① 必须使学生有机会去实践目标中所包含的行为;② 必须使学生在实践上述行为时有满足感;③ 所选择的学习经验应在学生能力所及范围中；④ 多种经验可用来达到同一目标；⑤ 同一经验也产生数种结果。

(3) 有效地组织学习经验。泰勒认为最主要的必须根据继续性(即在课程设计上要使学生有重复练习和增进提高所学技能的机会)、序列性(即后一经验在前一经验基础上的泛化与深化)、综合性(即课程的横向联系)的标准来组织学习经验。

(4) 课程评价。泰勒认为评价是课程编制的一项重要工作。它既要揭示学生获得的经验是否产生了满意的结果，又要发现各种计划的长处与弱点。

(二) 体验教育理论

所谓“体验”，简而言之是指通过实践来认识事物。“体验教育”就是教育对象在实践中认知、明理和发展。这里的“体验”至少应包括两个层面，即行为体验是一种实践行为，是亲身经过的动态过程，是学生发展的重要途径。内心体验则是在行为体验的基础上所发生的内化和升华的心理过程。两者是相互作用，相互依赖的，对促进少年儿童的发展具有积极作用。“体验教育”是倡导以体验为核心的学习方式的教育派别，它旨在唤醒、开掘与提升学生的潜能，促进学生的自主发展；它着眼于学生的全面成长，促进学生认知、情感、态度与技能等方面的和谐发展；它关注学生的生活世界和独特需要，促进学生有特色的发展；它关注学生终身学习的愿望和能力的形成，促进学生的可持续发展。

我国学者对“体验”的含义进行了深入系统的探讨，主要形成“图景思维说、情感说、特殊活动说、意义建构说、活动—过程说、活动—结果说、感受—领悟说”等观点。刘惊铎教授把体验定义为“一种图景思维活动”，并提出“体验是教育的本体”的理论命题。

“三创”课程以体验教育理论为指导，以实践—体验—感悟—提升为逻辑框架，突出培养学生的实践、创新和责任能力。

(三) “做中学”理论

美国著名的实用主义哲学家、教育家、教育哲学奠基人杜威认为，“从做中学”是儿童的天然欲望的表现。教育者应该对儿童的这种天然欲望加以引导和发展。如果教育者能对活动加以选择、利用和重视，以满足儿童的天然欲望，使儿童从那些真正有教育意义的活动中进行学习，那是非常有意义的。杜威认为，“从做中学”也就是“从活动中学”“从经验中学”，它使得学校里知识的获得与生活过程中的活动联系了起来，儿童能从那些真正有教育意义和有兴趣的活动中学习，从而有助于儿童的成长和发展。中国著名教育家陶行知结合中国的国情，对杜威的教育思想进行了改造，创立了“生活即教育，社会即学校，教学做合一”的生活教育理论。

“三创”课程以做中学理论为指导，强调学校与社区互动，课程内容与生活经验链接。

(四) 建构主义学习理论

建构主义的教学观强调要充分发挥学生个体的主观能动性，在整个学习过程中，要求学生能够用探究，讨论等各种不同的方法在头脑中去主动建构知识。在知识的有意义建构的过程中，培养学生分析问题、解决问题和创造性的思维能力。首先，建构主义学习理论认为学习的过程是学习者主动建构知识的过程，学习活动不是由教师单纯向学生传递知识，也不是学生被动地接受信息的过程,而是学生凭借原有的知识和经验,通过与外界的互动,主动地生成信息的意义的过程。其次,建构主义学习理论对学生所学的知识也提出了新的理解,即知识不再是通常所认为的课本、文字、图片以及教师的板书和演示等对现实的准确表征,而只是一种理解和假设。学生们对知识的理解并不存在唯一标准,而是依据自己的经验背景,以自己的方式建构对知识的理解,对于世界的认知和赋予意义由每个人自己决定。建构主义者关注如何以原有的经验、心理结构和信念为基础来建构知识,强调学习的主动性、社会性和情境性,学习者以自己的方式建构对于事物的理解,从而不同的人看到的是事物的不同的方面,不存在唯一标准的理解,通过学习者的合作使理解更加丰富和全面。提倡情境性教学,学习者的知识是在一定的情境下,借助他人的帮助,如人与人之间的协作、交流、利用必要的信息等,通过意义的建构而获得的。

"三创"课程探索建构的路径和方式,强调在真实环境下的真实探究,培养学生理解力、思维力和学习力。

(五) 协同教育理论

人类社会有三大教育系统,即家庭教育系统、学校教育系统和社会教育系统。每个系统都有各自组成的要素,要素间相互联系与作用,产生各自的教育功能。三大教育系统虽然是相对独立的,但也会产生系统间的相互联系与作用。家庭教育、学校教育、社会教育三大教育系统是相对独立的,但受教育者——子女、学生、社会成员实际上是同一的,也就是说三大教育系统中受教育者这一要素是共同的,另外两个要素才是各自系统独有的。它们在系统内相互作用形成家庭教育功能、学校教育功能和社会教育功能。三大教育系统中,某一系统那些独有的要素或信息进入另一系统与另一系统的要素相互联系与作用,产生协同效应,影响了该系统的教育功能,这种现象称为协同教育,如表 2-1-1 所示。

表 2-1-1　协同教育理论表

类　型	内　涵
协同家庭教育	(1) 学校协同家庭教育。是学校教育系统要素教师或学校教育媒体进入家庭教育系统,协同产生教育功能 (2) 社会协同家庭教育。是社会教育系统的要素社会教育组织者或社会教育资源进入家庭教育系统,协同产生教育功能
协同学校教育	(1) 家庭协同学校教育。是家庭教育系统要素进入学校教育系统产生教育功能 (2) 社会协同学校教育。是社会教育系统要素进入学校教育系统产生教育功能
协同社会教育	(1) 家庭协同社会教育。是家庭教育系统要素进入社会教育系统产生的教育功能 (2) 学校协同社会教育。是学校教育系统要素进入社会教育系统产生教育功能

"三创"课程强调学校与社区、家庭的协同建设,以形成完整优化的教育生态,提高教育整体功能。

第二节 校本课程建设的价值取向

一、校本课程建设的目的

各国实施校本课程建设的目的各有不同，就我国教育现状来看，实施校本课程建设的最主要目的可以简要概括为三方面①。

（一）让所有学校都“动起来”

校本课程建设把学校推到了课程改革的前沿，学校成了课程建设的主体；在制度化教育形成之前，学校是独立的教育单位，但在制度化教育形成之后，学校成了整个教育系统的一个分子，而随着现代化教育体系的日益庞杂，单个学校越来越没有了自我，庞杂的教育体系很难灵活变动地适应现代社会的急剧变化，校本课程建设则再次确定了学校作为课程建设的责任单位的地位，让每个学校都行动起来，这样既可以提高学校自身的实力，也可以为国家减轻负担。

（二）让所有教师都“站起来”

教师对待所教的科目及其内容一直是敬畏有余的。科目对他们来说，是国家规定的，教材对他们来说，是专家编写的。他们被要求严格忠实于国家的所有课程文件，甚至连教学的具体步骤都严格遵照教学参考书制定的教学步骤和课时数，教科书对他们来说是神圣不可侵犯的，他们跪拜于教科书的神威之下。然而校本课程建设的过程中，他们亲自参与到课程编制的整个过程。国家提供的课程标准，成为他们主动学习研究的指导性纲要，国家提供的配套教材成了他们自主选择的对象，不再是抗教师的课程集装箱，他们可以站在学校这块基石上，鸟瞰国家的课程或其他学校的课程。

（三）让学校的教师、学生、家长、校长、校外课程专家和学科专家以及社区成员等各方面的人员彼此沟通起来

高度集中的课程编制使得所有学校、所有的教师、所有级别的教育行政人员各自分别地对中央负责，他们彼此之间缺乏沟通和理解，校本课程建设使不同方面的人士为了一个共同的目的走到一起，他们不仅更容易了解对方，而且更渴望了解对方。

二、校本课程建设的意义

对我国来说，校本课程建设至少有以下几个方面的现实意义。

① 徐玉珍. 校本课程建设的理论与案例[M]. 北京：人民教育出版社，2003：36-40.

(一) 可以弥补国家课程建设的不足

我国地域辽阔,人口众多,东西部在经济文化发展上存在着较大差异,而我国长期遵循自上而下的国家课程建设模式,过于重视共性和同一性,忽视了个性和地方性,与地方教育需求、与学校办学条件、与教师和学科发展等相脱节,已经不能照顾地区间的差异,也不能满足学生健康发展的需要。校本课程则正好补充国家课程建设模式的不足,能够较好地满足地方和学校的需求,满足学生有差异的学习需求。

国家课程是由国家专门机构建设的课程。它反映了国家教育标准,体现了国家对各个地方中小学教育的共同要求。在我国当前的情况下,普及九年义务教育、确保义务教育的质量和大力发展高中教育是基础教育发展的方向。国家课程对保证基础教育的质量是十分必要的,特别在我国幅员辽阔,各地经济文化发展不平衡,教育发展水平差距较大的现实条件下,国家课程规定了最基础的、最低限度的学习要求,并带有一定的强制性,这有助于教育的均衡发展,让所有的学生都能够接受基础的有一定质量要求的教育,从而体现教育的公平。

为了保证基础教育改革的正确方向和基础教育的质量,21 世纪初的基础教育课程改革突出强调了国家课程标准在教育实践中的地位和作用。《基础教育课程改革纲要(试行)》明确指出,国家课程标准是教材编写、教学、评估和考试命题的依据,是国家管理和评价课程的基础,应体现国家对不同阶段学生在知识与技能、过程与方法、情感态度和价值观等方面的基本要求,规定各门课程的性质、目标、内容框架,提出教学和评价建议。《基础教育课程改革纲要(试行)》还指出,义务教育课程标准应适应普及义务教育的要求,让绝大多数学生经过努力都能够达到,体现国家对公民素质的基本要求,着眼于培养学生终身学习的愿望和能力。普通高中课程标准应在坚持使学生普遍达到基本要求的前提下,有一定的层次性和选择性,并开设选修课程,以利于学生获得更多的选择和发展的机会,为培养学生的生存能力、实践能力和创造能力打下良好的基础。可见,国家课程标准,特别是义务教育阶段的国家课程标准,主要是对全体学生提出的基本要求、统一要求,相应建设的国家课程带有统一性、普遍性的特征,在照顾地区、学校、学生的差异性和满足学生不同学习需求和个性发展方面存在着局限性,因此必须有新的课程类型来予以弥补。校本课程是学校针对学校实际情况和学生实际需要而自主建设的课程,由于校本课程本身所具有的针对性、灵活性、选择性等特点,正好可以起到弥补国家课程不足的作用。

(二) 有利于学生的个性成长

现代教育倡导学生生动活泼、全面和谐的发展,力求帮助学生在完成社会化的同时,实现个性化。每一个学生既有与同龄人相同的年龄特征,更有与众不同的特殊性和差异性,照顾学生的差异性,满足不同学生的发展需要,只靠国家统一的课程和统一的要求是不行的,校本课程所承担的基本任务之一是满足学生的实际发展需要,校本课程的灵活性和多样性决定了其可以满足不同地区、不同学校、不同发展水平的学生的实际需要,能够为促进学生的健康发展提供有利的条件。

(三)有助于教师的专业发展

校本课程给教师专业发展提供了较大的发展空间。首先,校本课程的建设有利于培养教师的课程意识,使教师学会站在课程的立场上看问题,从本质上把握问题的实质。其次,校本课程实施给教师提供了更多的课程自主权,使教师直面从拟定目标、选择材料、组织安排课程到评价学习效果等方面遇到的问题,提升解决各类问题的能力。最后,校本课程的建设是一个有多方面人士参加、合作和探究的过程,在这个过程中,教师可以在实际操作中得到专家和同行的指导和帮助,并反思自己在课程建设或实施中遇到的问题,进而找到答案,在过程中提升自己的专业技能。

教师专业发展与校本课程建设是紧密联系的,一方面校本课程建设需要有一大批具备课程意识与课程建设能力的专业化教师队伍的参与和支持;另一方面,参与校本课程建设也是教师培养自己的课程意识与课程建设,促进自己专业发展的重要且有效的途径之一。从成功的校本课程建设案例来看,那些参与课程建设的教师的确在校本课程建设中得到了较好的发展,他们的成长除了得益于学校的培训外,更重要的原因在于校本课程建设与研究中,通过不断地学习、研究、实践、反思,教师的专业能力得到一次质的飞跃。可以说,教师专业发展是校本课程建设的一个重要条件,而任何校本课程建设,都要关注教师的专业发展,只有这样才能促进校本课程建设。

有研究指出,学校本位课程发展,强调专业的重要性,将会活化课程参与者角色,提升教师专业能力。学校本位课程发展是以学校的自发活动或学校的课程需求为基础的发展过程,在此过程中,透过中央、地方和学校三者的权力和责任之再分配,赋予学校教育人员相当的权利和义务,使其充分利用学校内外的各种可能资源,自主而负责地去规划设计、实施和评鉴学校课程,必要的话可以寻求外来专家顾问的协助,以满足学校师生的教育需要,提供师生多元的选择机会。课程结构的改变,为教师参与课程实践提供了一定的空间。

台湾地区近几年课程改革的经验之一,就是通过鼓励教师参与学校课程发展的策略,协助进行教师专业发展。一方面,结合全体教师之专长,进行学校整体课程之规划,发展学校课程特色。学校本位课程发展是学校的所有成员参与课程规划、设计、参与与评鉴整个学校方案活动的过程,校长、主任、教师等透过正式与非正式的关系来促进学校文化的改变,逐渐形成共识,培养学校团队精神与合作态度。教师除应执行正式课程,以符合国家的课程要求之外,还要应学生兴趣与特殊需要,善用非正式课程的弹性空间,加以主动设计,由此教师不再只是正式课程的转化者,也是非正式课程的设计者,扮演着学校课程发展者的角色。由于学校课程发展具有相当大的空间,就成为教师在学校的专业生活中的重要组成部分。另一方面,依据教师专长,进行各学习领域课程设计,扮演教师专业角色。课程纲要中规定的“弹性学习节数”,增强了教师教学的自主性,也较好地符合学区、学校或班级的特性与需要。特别是由教师成立“学校领域课程设计小组”,进行七大学习领域的课程设计,统整相关学科知识,既能避免科目林立,知识支离破碎,又能考虑课程逻辑顺序和学生身心发展过程,以及学习领域与学生生活经验的统整,为学生认知、情意、技能的统整发展设计出相应的课程,为教育适应每个学生的实际需要作出积极的努力。同时,也使教师的课程意识、课程设计与实施能力等得到了充分锻炼和提高。

(四)有助于学校形成办学特色

学校办学特色主要是由每所学校中的课程哲学、办学方向、学生的发展现实和发展需求、课程资源等决定。校本课程改变了过去全国课程“大一统”的局面,给学校形成和体现自身的办学特色提供了一个坚实的平台,有利于学校发挥各自的优势,发掘校园内外丰富的课程资源,凸显学校的独特风格。校本课程建设强调学校利用自身的资源、自主规划、自我负责,这十分有利于学校发挥各自的优势,形成自己的特色,过去,总是批判我国学校千校一面,而如今,只要去一些实施校本课程建设的学校看看,便会感叹那里的“绝”和“独”。

(五)有助于促进教育的民主化

在我国,传统的国家课程建设采用的是一种自上而下的“中央——外围”的课程建设模式,课程建设的权力集中在国家有关机构手里,由相关机构组织专家、学者对课程进行建设,然后在实践中予以实施,其效果由国家机构进行评价,真正的课程使用者几乎无法表达自己对课程的意见,只能是“忠实地执行”。实际上,课程是为学生发展服务的,课程应该让学生真正受益,学生才是课程真正的“生长点”。学校本位的课程发展所持的是“草根式民主的理念”,主张国家要赋予学校课程决策的自主权,在政策上要给予学校以弹性空间,而学校则要赋予教师参与课程建设的权利和责任,提高教师参与课程建设的兴趣,同时也要赋予学生、家长、社区人士参与课程决策的权利和机会。这一理念的渗透,对于唤醒广大教师、学生、家长、社会人士的课程意识,引导他们关心学校课程,突破以往高度集中的课程管理模式等有十分重要的现实意义。

当前,三级课程管理的实施,体现出我国课程权力的下放和课程决策权力的分享。教育的民主化表现在民众参与意识和能力的提升上。校本课程建设,要求学校教师、学生、家长和社会人士的广泛参与和民主决策,主张师生共享决定、共构学习经验,这将有利于激发他们的参与意识,提升他们的参与能力。校本课程建设过程是由教师、学生、家长、课程专家和社会等共同决策的过程,在此过程中各方人士各抒己见,集思广益,上下沟通,共同协商,这是以民主、平等为前提条件的,反过来又进一步推动教育的民主,实现课程决策的真正民主化。例如,一些学校为了建设校本课程,专门成立校本课程建设的组织机构,包括课程发展委员会以及下设的学习领域课程小组、学年课程小组、教师自组研究小组。

课程发展委员会主要由学校行政人员代表、学年及学科教师代表、家长和社区代表等组成,必要时还要聘请学者专家列席咨询。课程发展委员会是学校跟家长、社区沟通及建构学校共同愿景的组织,负责审查全校各年级的课程计划,以确保教育品质;检视各科是否充分考虑学校条件、社区特性、家长愿望、学生需要等相关因素;结合全体教师和社区资源,建设学校校本课程,规划全校课程方案,并在实施之前将整年度的课程方案呈报给主管机关备查。各校课程发展委员会的产生一般需要经过学校行政会议讨论通过,并由学校行政会议对课程发展委员会的组成人员、运作方式等作出审定。

课程发展委员会下设的学习领域课程小组,是由不同年级教同类学科的全部或部分教师组成。各学习领域的教师在一起讨论、分享和交换个人的课程,学生辅导、教学与评量等经验和做法,一起研究课程与教学,相互教学督导,选择教科书或编写教材,共同设计各学习领域的教学主题与教学活动,协调各学习领域内的课程,决定如何分科或合科,以及统整相关学科知识等。学年课程小组是由各年级所有任教的教师组成,各学年的所有教师一起协调各科课程,讨论课程统整,设计主题式课程统整教学活动,分配各学习领域教学节数,规划全学年活动。教师自组研究小组是由本校或跨学校的一些志同道合的教师组成的研究小组,大家围绕某个主题或门类的校本课程,开展调研、设计、实施、评价等互动。通过校本课程实践,小组成员相互激励,相互帮助,共同成长。从上述及中国校本课程建设的组织机构看,校本课程建设是一个充分调动各方人士参与,互动协商、民主决策的过程,这无疑对推动教育的民主化进程产生积极的作用。

(六)有助于推动我国素质教育改革的深化

首先素质教育的一个重要特征就是全民教育,在基础教育阶段,素质教育就是要满足所有学生的学习需求,不管他们的性别、种族、智力水平和学习准备如何。我国过去的"升学教育"只注意到少数考分高的学生的发展,而忽视了那些低分和处于中间水平的大多数。当这些人毕业走向社会时,成了"失败者",学校将大批"失败者"推向社会,而社会中的绝大多数工作由这些"失败者"来承担,这样必然会影响到整个国家的经济发展和全民的总体素质水平。校本课程建设强调课程要适应不同学生的不同需求,尤其要帮助那些学习困难的学生获得充分的发展。美国、英国的很多学校都有一种补救性课程,这类课程就是为满足学习上未达标的学生的特殊需要而开设的。其次,素质教育的另一个重要特征就是全方位教育,这也就是说,要打破"应试教育"只重视学生智力的发展,忽视情感、态度、动作技能、社会交往等其他方面的发展的不良现象。校本课程建设大多数集中于体验型、表现型、实践型和操作型的课程领域,这十分有利于学生的多元智能的和谐发展。

(七)有利于学校更好地适应市场需求

我国自20世纪80年代以来,各地出现了一批私立或民办的学校,这些学校的课程基本上都是校本建设的,这些学校的校本课程建设不仅仅为公立中小学的校本课程建设树立了榜样,同时也对私立中小学提出了挑战,它们在逐步占领教育的市场。如今,越来越多的家庭宁愿多花钱,也要上好学校,教育是一项基础性投资的概念已被多数家长所接受。家长择校一方面受高考驱动,另一方面也在为孩子选择一个合适的教育环境。公立学校如果抱残守缺,裹足不前,很容易失去"市场的份额"。校本课程建设强调自主决策、自主建设,特别有利于公立学校提高其教育品质,更好地适应市场的需求,并逐步提升自己在市场中的位置。

第三节 “三创”课程的系统构建

一、“三创”课程建设的基本理念

1. 学校特色的形成和持续发展，核心是思路，支架在课程，超越靠文化。深刻研究和把握学校特色定位，构建特色课程体系，寻找文化自觉自信自强，是学校创新驱动和超越发展的重要基础，是学校个性魅力与办学特色的集中体现，是提升教育内涵和品质，培养高素质人才的内在要求。以文化建设为引领，以课程体系为支撑，全面优化教育、教学、科研及管理水平，大幅度提升学校整体素质与核心能力，是现代学校创新发展的基本战略。

2. 通过研究论证，进修附小依托北京文化创意产业带西山文化创意大道核心区优势，确定以“创意、创新、创造”为精神内核，以引导创意、鼓励创新、推崇创造为校园文化，以“创以求真、创以养善、创以立美”为教育信条，致力于打造一所重在培养和挖掘学生创造力及潜能的品质校园。通过学校社区协同构建和特色课程建设，对于突出育人品质，培育内涵文化，促进教师专业发展，培养学生具有创意智慧、创新思维和突出学习力、想象力、探究力、创造力的良好素质，是学校特色发展和转型升级的适切路径。在协同构建上形成思路、策略、实施方法。与“一品香山御香园、中间艺术馆、火星时代实训基地”等周边教育资源互动沟通，实现双赢。开展校外综合实践活动，开阔学生视野，培养学生的艺术素养、操作能力、思维能力、信息收集能力，更好地把学科知识和社会实践结合起来，促进学生发展。

3. 贯彻《国家中长期教育改革和发展规划纲要(2010－2020年)》精神，以《基础教育课程改革纲要》和《教育部关于深化基础教育课程改革进一步推进素质教育的意见》为指导，依据国家小学课程标准和各级校本课程建设及教材建设的意见，以创意创新创造为轴心，全面深化实施素质教育；创新特色教育发展方式，搭建多元优质资源平台；开拓创新教育的广度、深度、效度，融通传统、现代和未来，实现转型发展和品牌增值，创造和奠定新建学校的特色优势地位，并促进学校教育品质的整体提升；尊重个性，崇尚体验，深度探索，激发潜能，着力培养学生创意智慧、创新思维、创造能力，打造专业性、特色化、生态型课程特色，为培养具有良好学习力、想象力、探究力、创造力新型人才提供专业支撑。构建基于国家课程标准，高于国家课程标准水平的课程结构体系。依托学校教师、周边优势教育资源，将尊重个性、崇尚体验、深度探索、建设潜能渗透于课程设计与实施之中，着力培养学生“乐进步、善合作、会创造”的良好学风，促进全面发展。

4. 秉持“创以求真、创以养善、创以立美”原则，打造科技＋艺术＋人文课程体系，把“创意＋创新＋创造”和“求真、养善、立美”培育成为文化竞争力，构建引导创意、鼓励创新、推崇创造的教学氛围，用以开启孩子未来之路，致力于提升孩子们的体验、鉴赏、品味、探索、创造等能力，让学校创意火花四溅，点亮孩子的心光。

5. 体系优化。形成“基础课程、拓展课程、特色课程”的课程结构体系。基础课程、拓展课程与特色课程，分别占课程总量的60％、30％和10％。

二、课程结构

根据教育部课程建设的总体精神，结合学校原有基础和学生认知规律及生源结构特点，特别是考虑学校教育拓展、升级、创新的需求，统合“模块化＋主题式＋渗透性”资源要素，高立意、多求索、深互动，打造个性化、探究式、建构性特色教学模式，建立学校三创特色课程五个维度结构，以覆盖知、情、意、行各个要素，形成对三创教育及学校特色建设提供支撑的框架体系。

三创课程作为一个动态开放体系，主体部分设计有“创意语言、绽放思维”“创意美劳、滋养身心”“创意数理、建设心智”“创意表演、精彩人生”“创新设计、拓展素质”“创新工场、提升能力”“创造发明、体验成功”“创造生活、丰富精神”“文化传承，敢于担当”“优雅行为、快乐成长”等 10 个主题板块，让校本课程更加科学而富有活力，并形成体系。

三、内容体系

三创课程内容体系如表 2-3-1 所示，部分课程如图 2-3-1 所示。

表 2-3-1 “创意·创新·创造”课程内容体系

资源项目	资源特色	统领领域	适用年级	备注
智慧双语	创意语言、绽放思维	美术、绘画、表演、建筑设计、社会、科学、英语	一至六年级	
创意美劳	创意美劳、滋养身心	美术、建筑设计、话剧、社会、科学、英语	一至六年级	
创意世界	创意数理，建设心智	话剧、美术、音乐欣赏、社会、科学、英语	一至六年级	
创意表演	创意表演、精彩人生	美术、建筑设计、话剧、科学、社会、体育、英语	一至六年级	
创新空间	创新设计、拓展素质	科学、实践 美术、社会、体育、英语	四至六年级	
创新工场	创新工场、提升能力	美术、建筑设计、科学	四至六年级	
创造发明	创造发明、体验成功	综合实践、科学、英语	一至六年级	
创造未来	创造生活、丰富精神	建筑设计、文学欣赏、美术、英语	四至六年级	
民族记忆	文化传承，敢于担当	文学欣赏、美术、英语	四至六年级	
创意人生	优雅行为，快乐成长	建筑、科学、文学、美术、英语	一至六年级	

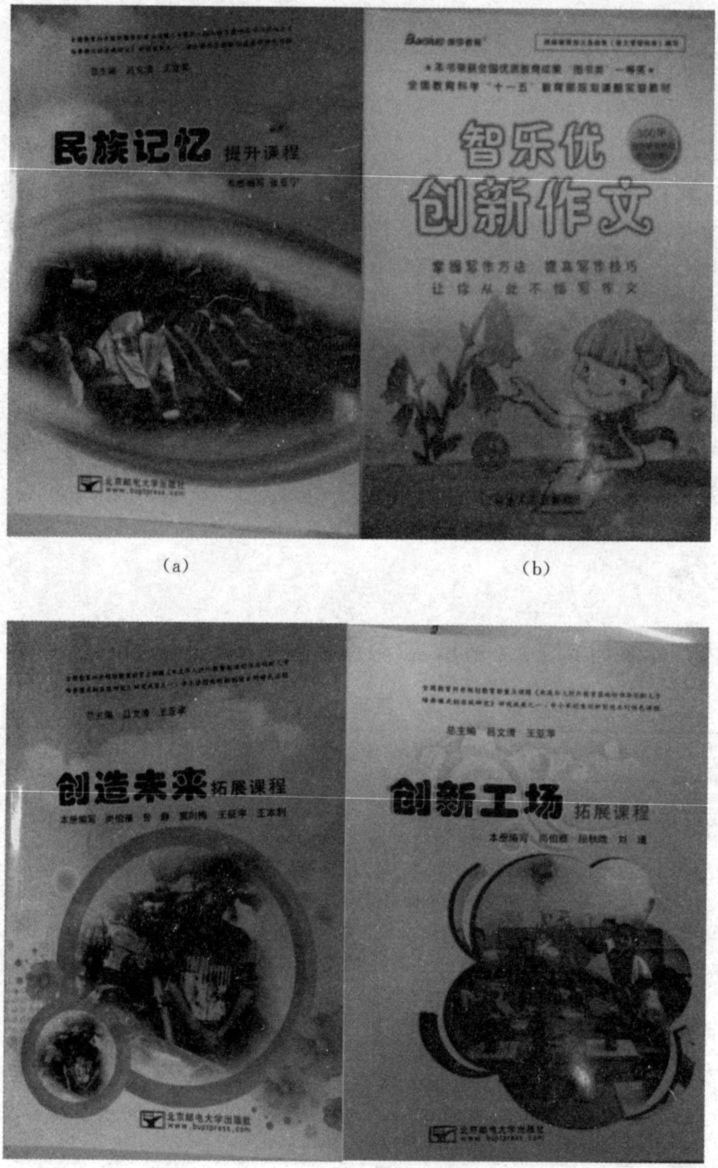

(a)　(b)

(c)　(d)

图 2-3-1 “三创”课程

第三章

“三创”课程框架设计

第一节　课程设计的体系结构

一、课程设计的内涵

在《现代汉语词典》中，对“设计”的界定为：“在正式做某项工作之前，根据一定的目的要求，预先制定方法、图样等。”由此可以看出，设计必然是以某个问题为起点，以解决这个问题的实施计划或方案为终点。那么将以上对“设计”的认识移植到“课程设计”，就可以得出两点结论：其一，课程设计从大的属性范围来说，隶属于课程建设的系统；其二，课程设计必然包括和强调设计的结果，当然也包括设计的目的或价值旨趣，设计的规范、方法和策略。

课程设计是按照育人的目的要求和课程内部各要素、各成分之间的必然联系而制订一定学校的课程计划、课程标准和编制各类教材的过程，是课程建设系统工程的一个组成部分。

二、课程设计的基础

任何事物的产生和发展都是多方面因素综合作用的结果，因此关于任何事物的最基本研究就是从多方面探讨其产生和发展的基础或原因①。

（一）客观基础

客观基础即一种现实的物质基础，没有它，那么此事物就失去了存在和发展的必要。关于课程设计产生的客观基础可以概括为三个，即社会发展的要求、学生成长的需要和知识增长的影响。

---

① 钟启泉．课程论[M]．北京：教育科学出版社，2007，69-72．

1. 社会基础

课程是实现教育目的的中介,虽然社会需求并不是教育目的的唯一来源,但却是主要来源。一方面,教育的发展必须与一定的社会现实需要相适应,这是教育存在的根基;另一方面,教育的发展必然要依赖于一定的社会现实,这是教育发展的现实基础和物质基础。因此,在进行课程设计时,必然要考虑到社会的各方面因素,包括课程设计的价值取向、课程设置的结构、课程内容的选择等。

2. 学生基础

学生是课程设计的中心,课程设计必须考虑学生的现实水平和实际需要,要以学生的身心发展规律为设计的出发点,这样才能保证课程设计的适切性。课程的主要功能在于促进学生发展,或促进学生更好地适应社会需求,因此学生是课程设计的主要服务对象,必然要求将学生作为课程设计的中心。

3. 知识基础

知识是课程设计的内容。课程设计首先是关于知识的设计,科学合理的设计不仅体现社会发展的需求、学生身心的特征,还要体现出不同领域知识自身的体系和特征。

可见,社会、学生和知识三大基础,都是位于课程设计中心位置的因素,对课程设计而言,失去其中任何一个方面,都不仅仅是影响其完整、完美的问题,而是关系到其存在、发展的致命性问题。在具体设计过程中,应综合关注三个方面的因素,以保证比例关系的协调搭配,发挥其综合效用。

(二)思想基础

客观基础为事物的存在和发展提供了根本原因,相比较而言,课程设计的思想基础的重要意义在于对事物深入、理性的认识,是事物发展的一种外在的、人为的动力。

1. 哲学基础

哲学是所有学科的基础学科和指导学科,对课程设计而言,其意义同样体现在基础性和指导性上。在课程领域,哲学所要探讨和回答的核心问题是关于知识和知识体系的性质、存在方式、价值和意义问题,即知识观问题。它影响着课程设计对知识的态度及相应的处理策略和方式。首先,不同的知识观有着不同的课程设计取向,对什么是"知识"有着不同的界定,因此在课程结构、学科的设置、学科内容的选择上必然强调和关注事实性知识;而实用主义的知识观则强调个体的经验,在课程的设置上更强调以学生的兴趣、需要为基础的活动性课程,在内容的选择上也关注可以引发学生兴趣、自主情境性的因素等。其次,不同的知识观决定着不同的课程内容选择,如果认为知识的价值在于促进社会的发展,那么在内容的选择上必然以社会的发展需求为导向;如果将知识的价值定位于对社会的改造上,那么就要以社会的现实问题为中心来选择和组织内容;若将知识的价值定位于学生的全面发展、个性发展或对传统文化的继承上,在内容的选择和组织上表现出的差异就更为明显了,因而在进行课程设计时,首先需要确立的是哲学观。

2. 社会学基础

一方面,课程是社会文化的一个组成部分,在其发展的过程中始终受到社会经济、政治等因素的影响;另一方面,社会是由人组成的,课程直接的服务对象也是人,它们之间连接的焦点在于通过课程来实现受教育者(人)的不断社会化。因而,社会方方面面的因素会在课程中有着不同程度的体现,不同的社会理念也影响着不同的课程表现形态。

3. 心理学基础

心理学是以人为研究对象的一门学科,对于课程设计而言,其意义在于使课程设计更加的理性和贴近学生实际。从一般意义上来看,心理学可以为课程设计提供理论上的支撑;从具体方面来看,不同的心理学流派会直接导致不同的课程设计思路。

(1) 行为主义心理学的课程设计

行为主义流派认为,人类一切行为的变化都可以归结为刺激—反应模式,而教育、教学的主要目的就在于使受教育者的行为发生预期的改变,因此刺激—反应这一模式也就成为目标达成的主要途径。其在课程设计上的表现可以集中描述为美国心理学家斯金纳的“程序性教学”,强调对总体目标的分解、对学习内容尽可能的细化以及及时的反馈、强化等。

(2) 认知主义心理学的课程设计

认知主义心理学强调学生在学习过程中的内部心理活动,认为真正的学习在于在不同知识之间建立起实质性的联系,以使所有知识都成为一个整体,叫作个体的知识结构。因此才有了布鲁纳对“知识结构”的强调,奥苏贝尔的“先行组织者”理念等。在具体的课程设计上,他们更加关注对知识的纵向与横向组织,强调学科的基本结构以及逻辑序列。

(3) 人本主义心理学的课程设计

人本主义心理学认为,情感在学习中有着非常重要的作用,强调源于学生内部的学习动力,反对任何外界的强迫;他们关注知识对学生个体的意义,认为知识的价值主要来源于其对学生个人的有用性。在课程设计上,他们强调对学习环境的创建,目的在于引发学生内在的兴趣、主动求知的欲望,同时提供给学生有意义的材料,使学生在主体性的活动中取得自我收获。

三、课程设计的层面

(一) 宏观层面的课程设计

宏观层面的课程设计主要解决课程设计的基本理念问题,如课程设计的价值取向、主要任务、结果等。从国内外关于此问题的理论研究及实践模式来看,在课程设计的价值取向上,主要有以学科为中心、以社会为中心和以学生为中心的三种课程设计取向。不同的设计取向影响甚至决定着课程内部的很多因素,如内容选择的标准,课程目标、功能,对内容的组织以及传授内容时的指导理念等;其最大的区别体现在课程设计的结果以及课程实施的结果上,不同的设计理念产生不同的课程类型,而实施不同类型的课程,教育的结果也就不同。

另外,宏观层面的课程设计还需确定学校课程的宏观结构,如以文件形式表现的义务教育课程计划、普通高中课程计划等,它们具体规定在各级各类学校中开设什么课程、开设的顺序、课时的比例分配等①。

① 钟启泉. 课程论[M]. 北京:教育科学出版社,2007,68.

（二）中观层面的课程设计

中观层面的课程设计的主要任务是对前一阶段课程设计的结果进一步具体化，即在学校宏观课程结构的基础上，针对一门门具体的学科进行设计，目标在于制定关于具体学科的课程标准、教科书以及其他形式的文字资料等。相比较而言，该层面的课程设计会涉及许多具体要素，如课程目标、内容、学习活动、评价程序，甚至于学习材料，教学的时间、空间和环境，教学中的分组情况以及教学策略等。在进行具体的课程设计时，需要依据不同的设计理念、价值取向对这些要素进行安排、处理，它直接影响到不同要素之间的搭配以及重要性的排序，自然，设计的结果就是不同的课程功能和编制风格。

（三）微观层面的课程设计

微观层面的课程设计主要是指教师在实施已有的课程（课程标准、教科书）时，根据教学目标，学生现有的水平、特征，以及课程资源等实际情况对已确定的课程材料进行重新组织设计，以服务于现实的教学。它类似于在理论和实践中日益受到重视的教学设计。从设计的结果看，表现为教师的教学计划、教学方案及发生在教室中的各类教学活动等，基本等同于一般意义上所谈及的“备课”。从设计所涵盖的因素看，包括教师自身在课程实施上的特征及素养，学生的知识准备、现有水平，课程实施的有利、不利因素，以及课程资源的准备等，在设计过程中，需对这些因素综合考虑，协调搭配，以发挥整体功效。其设计的主体主要为课程实施者，是根据实施的现实情况对课程进行再加工、再设计的人员。

第二节　课程设计的模式借鉴

课程设计的模式有许多不同选择，归纳之，主要有：目标模式（objectives model）、过程模式（process model）、情境模式（situation model）、实践与折中模式（the practice and balanced model）。不同模式间主要差异只是立论著重点的不同，并非某一模式即完全专注单一层面，忽略其他模式所强调的层面[①]。

一、目标模式

目标模式（objectives model），顾名思义，此一学派在课程设计时最重视的便是目标的分析与设定，而且强调以行为目标方式叙述呈现，依据所订定的行为目标来编制发展课程。

此模式又被称为“工学模式”（technological model），显示此模式重视课程设计的技术层面，将课程设计视为中性的、技术性的活动，强调要以合理的、慎思的、系统的方式来设计课程，以完成某些既定的目标。

---

① http://wenku.baidu.com/view/76d78693cc22bcd126ff0c5c.html.

一般抱持科技主义取向的课程意识形态者，会偏向采取此课程设计模式。目标模式者的哲学观，偏向属于原子论、决定主义，其基本主张是教育要预先决定我们希望学生发展的行为特征(以行为目标方式呈现)，然后测量预定的行为改变是否达成，亦即学生有无学得我们希望学生发展的行为。

目标模式的主要代表人物有：巴比特(Bobbitt)、查特斯(Charters)、塔巴(Taba)、布鲁姆(Bloom)、泰勒(R. W. Tyler)等人，其中最有名的是泰勒。

泰勒提出的“泰勒法则”(Tyler rationale)，强调课程设计应遵循：决定教育目标、选择教育经验、组织教育经验、评鉴达成情形等四步骤。由泰勒法则明显可证，目标模式是以教育目标的决定为核心与首要的考虑，并强调目标与结果之间达成程度的衡量。

在诸多课程设计的模式，以目标模式为主流。而目标模式中，又以泰勒在1949年出版《课程与教学的基本原理》一书，所提出的“泰勒法则”或“泰勒理论”，最为一般人所熟悉或讨论。泰勒法则中所揭橥的课程设计四个基本问题，分别为：

1. 学校应达成何种教育目的？
2. 为达成这些教育目的，应提供何种学习经验？
3. 这些学习经验应如何有效的组织起来？
4. 如何确知教育目的达成与否？

课程设计之初，首先必须问的问题是学校应达成何种教育目的，亦即要确定课程目标，究竟想透过课程与教学，让学生产生怎样的学习与成长。这属于课程目标方面的问题。课程目标的决定，必须综合考虑多方来源的需求，包括学生、社会以及学科等的需求。考虑这些需求来源之后，可以得到一个暂时性的一般目标，这暂时目标进一步透过教育哲学与学习心理学两方面的过滤，而获致精确的课程目标，亦即学校适用的少数、重要与可行的教学目标。这就好像一个负责家人饮食的母亲，她会先考虑家中成员的饮食需求或偏好，对家人饮食有初步看法后，再去参阅一些书籍或专家建议，来确认家人真正适合与需要的餐饮，并开出适当的菜单出来。在这个部分，可以证明目标模式并非完全没有考虑如何妥贴地选择课程目标的问题。进一步言之，目标模式在课程目标的选择上，偏向采取折中立场，兼顾精粹主义的学科学术传统取向、经验主义的学生取向、社会行为主义的社会取向以及科技主义的技术取向等。

课程目标确定之后，接着要问第二个问题“为达成这些教育目的，应提供何种学习经验”，亦即要选择学习经验，究竟要提供学生怎样的内容或活动，方能有效达到前面订定的课程目标。这属于课程选择方面的问题。这就好比母亲必须依据家人的饮食与营养需求、设计的菜单，去采买所需的食材等。

选择适合的学习经验，亦即选出了许许多多的内容或活动后，就必须关心第三个问题——这些学习经验应如何有效地组织起来，亦即要组织学习经验，把这种种散乱的内容材料或活动，适切合理地组织起来，成为一套系统的、适合用以教学的教材。这属于课程组织方面的问题。这就好比母亲必须把采买回来的那些食材，作成适当的分配，并将分配好的食材，依据烹煮的程序，煮成一道道菜肴等。

完成教材的组织之后，若不考虑实验试用的问题，便进入实际的教学使用，亦即要指导学习经验，把课程透过教材内容或活动，以及老师的教学引导，让学生学习。这属于课程实施方面的问题。这就好比母亲煮好的菜肴，提供给家人享用。不过，泰勒法则的四个问题中,并未实质探讨这部分。

学习经验指导过程告一段落,必须考虑如何确知教育目的达成与否,亦即要评价学习经验,以考查了解课程实施情形及适切与否,究竟能否或有无达到原订的课程目标。这属于课程评价方面的问题。这就好比母亲会问问家人对菜肴的意见,以便决定未来是否持续提供此种菜肴,或是该要如何调整,或者是干脆放弃等。如果用图示的方式概括泰勒目标模式,则如图 3-2-1 所示。

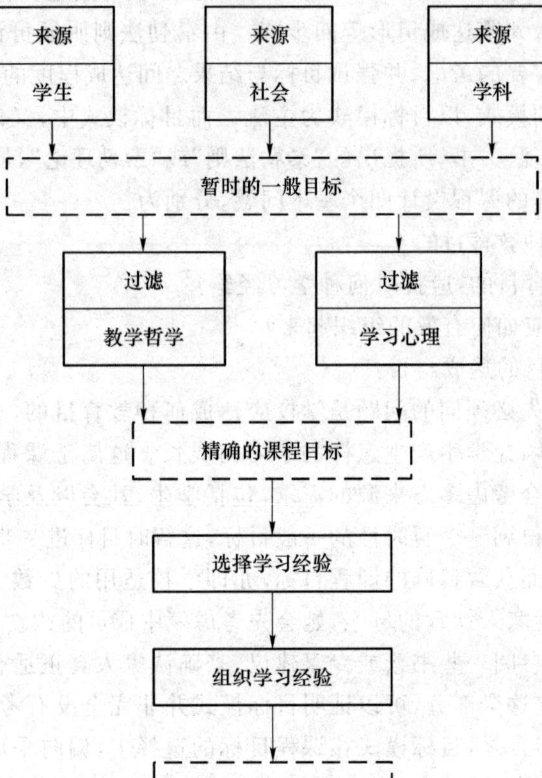

图 3-2-1 “目标模式”图(注:此图来源于互联网①)

泰勒的学生塔巴认为课程的设计应该依据 7 个步骤,依序为:(1) 需要的诊断;(2) 目标的拟定;(3) 内容的选择;(4) 内容的组织;(5) 学习经验的选择;(6) 学习经验的组织;(7) 评鉴标准的决定。其所提出的课程设计模式,可谓为泰勒模式的应用。

目标模式是课程设计的主流模式,不过它也有备受批评之处。目标模式一般被认为过于强调技术性手段目的之工具价值,标准化生产的教育观,重视管理控制与操纵制约,只考虑外铄的、易量化的、分析性的、预订性的教育目标,可能导致课程沦为冷酷无情、支离破碎、

① http://wenku.baidu.com/view/76d78693cc22bcd126ff0c5c.html.

表面肤浅之危险，忽略了课程应有的自由自主、创造、思考、批判等。

另外，目标模式常被批评无法提供选择目标的依据，它回避价值问题的探讨，对于应该选择哪些目标，或者所选择的目标是否适当，并未具体讨论。不过，虽然这些不是目标模式的强项，但是目标模式并非完全忽略，例如泰勒模式中对目标选择仍然有所触及。

二、过程模式

虽然有很多人在以前的课程设计中都采用过与这种模式类似的方法，然而第一次明确提出这个模式的是英国教育家斯腾豪斯，他认为，过程模式比起目标模式来，更适合于以知识和理解为中心的课程领域。其基本思想是："人们可以通过详细说明内容和过程中各种原理的方法，来合乎理性地设计课程，而不必用目标预先制定所希望达到的结果。"他认为，人们可以从具有内在价值的知识形式中，挑选出那些能够体现该知识形式的内容，这些选择出来的内容，能够代表那些最重要的过程、最关键的概念和该知识形式中固有的准则。对这样的内容进行挑选，不是根据它所要引起的学生行为，而是根据它在多大程度上反映该知识形式，这种内容本身不需要从外部加以论证①。

"过程模式"对于课程的设计，比较不注重课程目标或内容的事先详订，也不硬性预订学生学习的行为结果，过程模式强调的是过程，亦即教育的过程与方法或原则。此一模式认为，教师在教学中能达到的目标，许多并非预期的，学生的兴趣也随时改变，因此课程发展并非始于详述目标，而是先详述程序、原则和过程，然后在活动、经验中不断地改变和修正。只要教师具备一定的专业素质，并能把握适当的程序原则或方法，例如发现教学法、探究式教学法等，便可达成理想的课程的设计。

在课程发展上，不管教学目标如何，要先观察教学活动引起的一切事情，并由专家、教师、学生或父母，从不同的观点加以评鉴。其课程设计程序为：(1) 设定一般目标；(2) 设计并实施有创造性的教学活动(含编制与活用的教材)；(3) 记述教学活动引起的结果(不限于前定的一般目标)；(4) 评鉴教学活动引起的结果(不受目标限制的评鉴)。由此可见，过程模式还是可能会先设定一些课程目标，某种程度还是应用目标模式，但是仅将这些课程目标视为一种暂时性的、发展性的、多变的课程目标，可以随时修正或补充。

过程模式似乎偏向着眼于教学相关模式的讨论，而非典型的课程设计模式。其兴趣焦点在于思考方式、求知技能、分析能力、理解等的学习，而非内容知识。至于其教学，偏向喜欢使用讨论，针对具有争议性的问题进行探究，或针对学生的需求兴趣，选择课程内容。过程模式也偏向主张学生主动参与，教师扮演催化者或共同学习者的角色，站在辅导、引导立场帮助学生学习。因此，此模式与其说是课程设计模式，不如说更像一个教学模式。

过程模式的成败，高度仰赖教师素质，若教师素质不理想时，恐怕影响学生学习内容的质量。且如果不同学生间的需求或兴趣有所差异时，教师如何取舍也是一个考验。其次，也容易产生价值相对性的问题，不易让所有学生学得最基础、最共同必需的课程内容。此外，也有人认为过程模式容易忽略情意的教学。

---

① 菲力普·泰勒，科林·理查兹，王伟廉. 课程设计的三种模式[J]. 外国教育研究，1986(2)：38-42.

三、情境模式

“情境模式”则主张必须先进行学习情境的评估与分析。在课程设计中，必须先分析情境，然后据此拟定课程目标，依据课程目标设计课程方案，经过师生教学的诠释与实施后，进行评估与回馈。

情境模式与文化分析关系密切。依据 M. Skilbeck 的看法，他认为课程设计与发展应置于社会文化架构中，学校教师引导学生了解社会文化价值、诠释架构和符号系统，进而改良及转变其经验。D. Lawton 的文化分析模式也有类似主张，认为文化是一个社会的整个生活方式，应该透过教育将文化的重要部分传递给下一代，因此要适当地选择文化中的重要价值部分，作为学校的课程。

情境模式的优点是从事课程设计时，更加重视教育情境或系统的统观。至于其缺点是从文化选择的角度来诠释与设计课程，太重视社会需求，忽略学生个人兴趣或知识体系。此外，也容易受到特定的意识形态的牵制，对于中下阶层的学生较为不利。

情境模式虽然注重情境分析、文化分析，但是随后仍然会拟订课程目标，换言之，其多数设计要素与程序，与目标模式仍然相当类似。整体而言，目标模式、过程模式、情境模式三者之间，仅是关注焦点或设计起点略有不同，彼此之间并非截然对立或不同的三个模式。

四、实践与折中模式

施瓦布是美国著名的课程理论专家和生物学家，曾与布鲁纳等教育家一道领导了美国五、六十年代的结构主义课程改革运动——“新课程运动”，他的《自然科学的结构》一书与布鲁纳的《教育过程》一样对结构主义的课程理论产生了重要的影响。施瓦布走向实践的课程哲学思想和实践的课程模式观汲取了三个方面的营养，一是古希腊的哲学传统尤其是亚里士多德的“实践观”，二是现代美国的实用主义哲学观特别是杜威进步主义教育哲学思想，三是现代欧洲大陆的人本主义思想。

首先，实践的课程哲学思想强调课程的终极目的是“实践兴趣”。它与泰勒技术取向的课程哲学不同，泰勒的目标模式注重目标、效率和行为控制，强调通过控制学生的学习行为和教师的教学过程来促进学生对于知识和技能的获得；而施瓦布的“实践兴趣”指向的是建立在对意义的一致性解释基础上、通过与环境的相互作用而理解环境的基本兴趣，它强调过程和行为自身的目的，强调理解环境以便能与环境相互作用。实践的课程模式把教师和学生作为课程的有机组成部分和相互作用的主体，把课程理解为相互作用的有机“生态系统”。这个有机生态系统指向的不是知识技能的掌握对环境的控制，而是兴趣需要的满足和能力德行的提高。

其次，实践的课程模式把教师和学生看作是课程的主体和创造者。按照这种课程模式观，教师和学生都不能孤立于课程之外，而是课程的有机构成部分，是课程的主体和创造者，他们与课程内容和环境一道构成课程审议的第一手信息来源。这与传统的目标模式尤其是中央集权的课程开发理念存在根本性的差异。按照泰勒的目标模式和中央集权的课程开发理念，课程按照规定的目标来编制，教师和学生都按照规定的目标来接受和完成课程。因此教师和学生都是被目标所控制的,他们被排斥在课程之外,只能被动地接受课程目标,缺少课程主体性。教师沦为课程的亦步亦趋的被动执行者,而学生更是受到课程与教师的双重控制。在实践的课程模式中,师生双方都作为课程的有机组成部分,同是课程的合法主体和创造者。教师是课程的主要设计者,或者可以在执行课程的实践中根据特定的情境发挥自己的创造性,学生则有权对于什么学习和体验是有价值的以及如何完成这种学习和体验等问题提出怀疑和要求解答。就这样,师生双方共同加入到了课程开发的过程之中。

第三,实践的课程模式强调课程开发的过程与结果、目标与手段的连续同一。施瓦布认为,脱离具体实践情境的抽象结果是没有意义的,真正有意义的结果是在适应实际的兴趣、需要和问题的过程中实现的,是内在于过程之中的。同时,手段与目的也是密不可分的,目的内在于手段之中,手段是“期望中的目的”。因此,课程开发中关注的焦点应该是课程系统诸要素间相互作用的连续过程,尤其是学习者兴趣和需要,把学习者和学习群体置于研究的中心。很显然,这种观点受到杜威实用主义教育哲学思想的深刻影响,与杜威反对“二元论”、主张“儿童中心”的课程观一脉相承。

第四,实践的课程模式强调通过集体审议来解决课程问题。按照施瓦布的观点,审议就是在特定情境中作出行动决策。施瓦布的课程审议所具有的特征大致可以归纳为以下几个方面,即形成和选择各种可能的备选课程问题解决方案,是课程审议的一个首要特征;课程审议遵循的是实践的逻辑,而不是形式的逻辑。也就是说,从课程问题的提出到课程问题的解决,课程审议都依靠实践的语言,依赖实践的智慧,进行实践的判断,最后得出关于行动的实践——结论;课程审议具有集体的和教育的特征。施瓦布强调,通过审议形成一个学校共同体。所以课程审议是一种集体审议,而不是一种个体审议,更不是无集体的审议。课程审议要求有多方代表的参加,尤其是要有那些将受到行动决策后果影响的人参加。集体参与课程审议不仅是作出合理行动决定所必需的,而且是参与者彼此互动、相互启发的教育过程。为了使集体审议能够有效地解决课程问题,施瓦布主张运用实践的艺术和择宜的艺术。前者替实践说话并为实践规划,从而弥补理论的不足;而后者可以旨在使理论处于备用状态,借助择宜可以发现并实事求是地考虑某一理论对其研究课题所透射的观点有何歪曲和局限之处。施瓦布建议,以学校为基础成立包括校长、社区代表、教师、学生、教材专家、课程专家、心理学家和社会学家等组成的课程集体对课程问题进行审议,其中审议集体的主席应由课程教授来承担。

施瓦布实践的课程模式对“实践兴趣”的追求,必然要求把课程探究、课程编制甚至课程评价结合起来,并将统合的基础置于特定的实践情境。因此,课程开发的主体就不仅只是课程专家或学科专家了,而是包括了“课程集体”或“审议集体”的全部成员。其中,教师和学生是核心,因为他们不仅直接参与课程开发,而且本身就是课程的构成要素。他们的需要、兴趣和问题是课程审议的核心问题,这些问题是因人而异、因地制宜的。因此,施瓦布理想的课程开发基地自然是每一所具体的学校。“在施瓦布看来,课程实践探究最终是要导致课程决策体制的变革。具体说来他主张变革那种‘自上而下’的课程决策模式,确立‘自下而上’的模式。决策的基础在地方,而不是在中央。”事实上,这种课程开发的思想就是校本课程开发所包含的基本理念。

施瓦布的实践与折中模式的重点是围绕“理论”与“实践”的对比而展开的,认为传统的课程探究是“理论的”,而他所主张的理论是“实践的”。实践与折中模式强调问题来源于“事态”,即具体的实际情境中的问题或障碍,而不是研究者的抽象幻想,关注特定情境,而不是治标式的问题解决;认为实践的课程探究过程的主体是对情境的洞察与理解,而不是广泛适用的、法规般的通用理论;课程探究方法强调理解特定的情境问题,以便做出决定;探究目的是增强在教学情境中有效行动的能力,具体表现为对解决实际问题的行动能力的增强。

除了以上三种课程设计模式,还有的学者是从学科中心、学习者中心以及问题中心的角度划分了课程设计模式。

学科中心模式。艾伦·C.奥恩斯坦等人认为学科中心设计是最流行且最广泛的课程设计。学科中心设计模式将学科知识看成是课程内容的中心,在我们的文化中,内容是学校教育的中心,因此学科中心的课程设计模式具有悠久的历史同时也最为著名。20 世纪 30 年代中期,罗伯特·赫利斯指出了由什么学科来构成这种课程设计:(1) 语言及其运用(阅读、写作、语法、文学);(2) 数学;(3) 科学;(4) 历史;(5) 外语。

学习者中心模式。强调课程以学习者为中心的课程设计模式可以追溯到卢梭的《爱弥儿》。他认为,对儿童的教育应该与他们的自然环境联系起来,根据他们的需要和兴趣设计出一种教育方案。此外,还有裴斯泰洛奇和福禄贝尔,最有代表性的当属杜威。杜威提出了关注儿童的经验,教育即“经验”的观念促使课程的设计迈向以学习者为中心的设计基点。20 世纪 20 年代,课程的儿童中心设计主要是柯林斯和克伯屈等进步主义者。儿童中心设计强调学生的兴趣,让学生成为课程的主体。

问题中心模式。问题中心设计从社会问题、学生需要、兴趣和能力出发,因而存在几种不同的类型,包括生活情境设计,它把学习者过去和现在的经验,用于对基本生活领域进行分析:核心设计、社会问题和改造主义设计。

第三节 校本课程设计的原则框架

一般说来,课程设计包括两个层面的含义。第一个层面是指课程及其结构的调整,它要回答的问题主要有:应该开设哪些学习科目?为什么开设这些科目?这些学习科目之间的关系如何(如课时比率等)?它们在课程计划中的先后顺序如何?第二个层面的课程设计是指具体学习科目的内容的选择和组织。它要回答的主要问题是:应该选择什么样的学习内容(学习主题、单元或活动经验等)?如何组织这些内容?就校本课程开发而言,课程设计还包括第三个层面上的设计——教学设计。因为校本课程开发的主体是教学第一线的教师,他们在开发课程的过程中,内容的选择和组织往往是和教学方式、方法的选择和创新交织在一起的。这一层面上要回答的主要问题是:如何更有效地组织学生学习这些内容[①]?

一、课程框架结构的构建

当学校的课程开发涉及整个课程体系结构的调整的时候,这实际上是在进行全部课程

① 徐玉珍.学校本位的课程设计:原则和策略[J].上海教育科研,2002(6):45-49.

的开发。然而，由于种种现实条件的限制，校本课程开发很少直接对整个的课程体系和结构作全新的重构，大多数情况下是进行局部至多是大部分的调整，例如，增加或减少国家课程之外的某个或某些科目，合并或整合相关科目，开设多种形式的活动等。但即使是局部的调整，也必须顾及整体结构的合理性。这也就是说，课程结构的调整可以根据学校的不同情况而采取不同的策略，但有一些基本的原则还是必须遵守的。

(一) 基本原则

1. 多样性。多样化的课程类型是形成课程结构的一个前提。而校本课程开发的基本宗旨就是满足不同学生的不同需求以及同一学生的多元的学习需求，所以，课程的丰富多样也是校本课程开发的一个重要特征。

2. 整体性。任何课程的开设都要考虑学校的整体的发展目标，学校特有的教育哲学和课程理念。只有这样，学校开发的丰富多元的课程整体上才会“形散而神聚”，在结构上才会“多而不杂”“错落有致”。校本课程开发还要把学校本身视为一个整体的教育环境，学校如何使得学校环境中各教育要素“相辅相成”“相反相成”，是布局学校的课程框架结构时所必须考虑的一个重要方面。

3. 平衡性。平衡性原则首先体现在各门课程的课时分配上即课时比，其次还表现在科目学习的先后顺序上。时间顺序上的平衡主要依据的是学生学习和发展的基本规律。例如，我国过去在语文和数学这两门学科上从小学至高中一直齐头并进。然而，对儿童语言和数理学习的研究表明，0～6 岁及小学阶段是儿童语言学习的关键期和快速发展期，而数理的学习同样需要语言的基础。因此，有学校如北京市力迈学校早在 1995 年就确立了“语言学科中心下移，数理学科中心上移”课程框架结构调整策略。此外，平衡性原则还包括保持课程中学生可以控制的因素与不可控制的因素之间的平衡。例如，我们强调课程的选择性，但是，中小学生的自我选择能力有一个发展的过程。因此，学校课程在必修与选修、指定选修和自由选修之间必须保持平衡。

(二) 参考策略

1. 开发丰富多样的课程菜单

我国过去只有单一必修的分科学科课程，后来增加了一些选修类的、活动类的课程、综合课程和职业的课程，以及正在开发的高中探究性课程。

近年来国内外在这方面做了许多的尝试和努力，可供借鉴新的课程类型主要有：

(1) 相关课程又称“联络课程”，由具有科际联系的两门以上科目组成，如语文/历史、数学/科学、语文/社会等。组成相关课程的各相邻科目既保持原有的学科之间的界限，又在各科课程标准中确定了相关科目的科际联系点，使各科教材之间保持密切的横向联系。具体到校本课程开发而言，相关课程的开发实际上就是相关学科的教师之间的互相合作，不同科目的教师共同找出可以相互连接的焦点的事实、主题、原则或技能。例如，在一个数学/科学课程的课堂教学中，第一次课由科学课的老师讲授植物生长的基本规律和条件，并要求每个学生自备几颗黄豆种子，让学生将种子种在生物试验田里。过了一周的第二次课上，数学老师带领大家去试验田观察、测量自己种的种子的发芽和生长情况，并将所获得数据填写在观察记录单上。接下来的第三次课，科学课老师让学生们根据自己在观察纪录单上填写的数据来报告、解释自己种的那几颗种子的生长情况。

（2）融合课程是指两门以上有关联的科目融合而成的一门新的科目。与相关课程不同的是，原有科目不复存在。例如，将自然科学中某些领域如地质、气象和地理融为一门新科目地学地球科学；“区域文化”则融入了历史、区域地理、音乐、文学等科目。注意，融合课程强调的是科目内容之间的有机融合，不是科目内容的“拼盘”。当然，这样的要求对于学校本位的课程设计者教师来说，确实有些望尘莫及。不过可以寻求外来研究者的帮助或引入人才。

（3）广域课程是指将学校所有学习科目总体上依其性质重新划分为数个大的学习领域，每个领域较原来的学习科目在教材和内容范围上都有所扩大。例如，台湾2000年新颁布的“国民中小学九年一贯课程改革纲要”将中小学校的学习科目重新划分为七大学习领域，即语文学习领域、数学学习领域、社会学习领域、艺术与人文学习领域、健康与体育学习领域、自然与生活科技学习领域、综合活动学习领域。香港于2000年颁发的《终身学习，全人发展——香港教育制度改革建议》将中小学校所有学习科目纳入八个不同的学习领域，即中国语文教育、英国语文教育、数学教育、科学教育、科技教育、个人、社会及人文教育、艺术教育、体育。

（4）生成课程是指在一个学习科目里，学生的学习内容从一个主题产生另一个主题，又从另一个主题中产生另外一个新的主题。于是全部的课程内容不是事先预想和精心设计的，而是在师生互动过程中自然地生成的。其实，许多学校的校本开发的课程内容并不完全是事先精心设计的，而是在教学过程中不断生成的。这样生成的课程对学生来说是乐学、要学的，对教师来说就是学生本位的课程设计。

（5）核心课程是指为所有学生都要学习的那部分科目。一如语言艺术、科学、数学和历史，被认为是美国中学“普通学习的核心”。二是指以问题为核心，将几门学科（必修或选修）结合起来，由一个教师或教师小组连续教学的课程。核心可以是一个一个学术领域或主题，也可以是儿童的发展需求或儿童的活动经验，也可以是社会问题。这后一种意义上的核心课程才是学校有可能开发的。

（6）综合课程又称“整合课”。有学科的综合，有活动的综合，也有学科与活动的综合；学科的综合有邻近学科的综合，也有跨学科的综合；另外还有学科、活动、社会问题等混合的综合等形式。学科的综合如前面介绍的相关课程、融合课程、广域课程和生成课程，探究性课程或研究性课程，实际上就是一种综合了学科与活动的综合课程，核心课程则是一种混合形式的综合课程。

（7）个别化课程这一尝试主要包括：使课程能适应学生的能力、兴趣、背景和需要，如分层教学及设计；为不同学生达到共同的目标提供各种可选择的方法，如掌握学习和程序教学；为不同学生寻求不同的目标和获得不同水平的成就提供机会。例如，有些国家将一些学术科目分为不同的类别、等次，如数学1、数学2，物理1、物理2，英语1、英语2等；另外还有个别地制定学生要达到的目标等。

（8）补救性课程这实际上是个别化课程中的一种。旨在帮助那些学习成绩差、未能达标的学生达到基本的要求。

（9）微型课程这是20世纪60年代在美国首先开创的一种不分年级的选择性的课程类

型。一般说来,它是短期(起码不超过一个学期)的选修课程,是建立在教师和学生的兴趣基础上,强调深度而不强调广度的课程。它可以是计学分的,也可以是不计学分的(自由选修),它可以是学术的,也可以是非学术的。已经在美国的学校实际开设的这类课程有诸如:数学和圆顶建筑、恐怖文学、吸毒的心理研究、草地保护、天文学入门等。

2. 配制结构合理、营养丰富的课程套餐

儿童的身心发展固然需要多方面的营养供给,但并不是越多越好,关键在于各方面的平衡,这是保证儿童身心和谐发展的必要条件。因此,学校的课程设置不仅要考虑开设哪些科目菜单,而且更重要的是要周密地组合、配制课程菜单。这包括适当的课时比例、合理的顺序、可流通的层次及互补的组合。可供参考的课程套餐至少有下面这样一些不同的组合。

(1) 单一课程+综合课程,如单一的学科课程+综合的学科课程(相关课程、融合课程、广域课程和生成课程等),单一的活动课程+综合的活动课程或者它们相互之间的交叉组合,旨在实现局部与整体、分析与综合的结合。

(2) 核心课程+个别化课程旨在实现统一要求与个人基础的结合,一般目标和分层目标的结合。

(3) 必修课程+选修课程旨在实现统一安排与个别选择的结合,可控制因素与不可控制因素的结合,要我学和我要学的结合。

(4) 系统课程+微型课程旨在实现广度与深度的结合,长期与短期的结合,课程内容、教师能力与学生兴趣的结合。

(5) 基础性课程+拓展性课程+研究性课程,这是目前上海市正在实验、探索的一种新型的课程结构。旨在打好基础、拓展视野、深化研究。

(6) 文本课程+网络课程是指传统的文本载体的课程与现代的超文本载体的课程的结合。旨在强调校本课程开发一定要充分利用现代信息社会所享有的新科技成果。

二、内容的选择和组织

在构建好整个的课程框架之后,接下来的任务便是选择和组织每一类课程及每一个学习科目的内容,为不同套餐的每道菜精心选料、配料。

(一) 基本原则

1. 兴趣优先

校本课程开发的出发点是学生的学习需求,校本课程开发的优势之一便是容易引发学生的学习兴趣。因此,所设计的任何课程都必须能够满足并不断地引发学生的内在学习兴趣。

2. 活动主导

一般说来,在学校本位的课程设计中,学生自主的学习活动往往占据主导部分,教师的作用主要是辅导、答疑,或直接参与活动。

3. 资源为本

校本课程设计要求教师在选择学习内容时不局限于某一本教科书或配套的教参或某一

个别学科的知识体系,而是充分开发和利用校内外广泛的课程资源——网络资料、图书、报刊、媒体、大自然,不一而足。教师设计的校本教材也不一定是书籍式的课本,可以是活页的资料集,可以是影像辑录等。

案例 3-3-1:

在语文课堂中激发学生多角度的创造思维

海淀区教师进修学校附属实验小学　田金梅

创新是一个民族进步的灵魂,是一个国家兴旺发达的不竭动力,而青少年是民族创新能力的生力军。小学生有着记忆力强、想象丰富、无拘无束的特点,正是培养创新思维的关键时期,有学者曾说过:"我们开发学生的创造力,不是要削弱基础,而是要改革基础课教学,把教学过程和培养学生创造思维过程统一起来。"如何在语文课堂中激发学生多角度思维,培养有创意、敢创新、会创造的学生? 我在教学中做了一些初步的探索。

一、设计新颖活动,激发创新意识

苏联著名教育家沙塔洛夫曾指出:"教师的创造性是学生创造性的源泉"。要想激发学生的内在潜能,课堂的形式就要跟紧时代的步伐,形式多样有趣,例如在北师大版六年级下册《寓言二则》的教学中我就设计了"奔跑吧,组员!"的小组活动,我先引导学生共同回忆并利用思维图梳理学习寓言的方法和重点。接着出示本节课的教学目标,通过小组合作的方式鼓励各小组创造性地将目标进行分解,在充分自学的基础上分层设计出不同的关卡——不同形式的知识点考核,例如:(1)去标点读文言文。(2)重点字词互译。(3)抓阄说寓意……在设定关卡的过程中学生讨论得异常激烈,充分调动了学生的自主性和创造性,而在闯关的过程中学生的表现更是异彩纷呈,这样一改以往文言文学习中学生略感枯燥的特点,学习在自主探究的过程中既完成了教学目标,又激发了学生无限的创造性。

要激发学生的创新潜能,教师就要大胆创新体现语文课堂教学的开放性、兼容性、灵活性和独创性,充分调动学生思维的积极性和主动性。例如,北师大版四年级下册"计谋"一单元的教学中,为了激发学生的阅读兴趣,培养学生自主阅读性以及激发学生的创造潜能。我将 36 计以抽签游戏的形式布置给学生,每个学生领到"任务"(36 计中的某一计)后积极查阅书目阅读,并乐于把故事内容以自己独特的方式介绍给其他同学,这样既激发了学生阅读的主动性,又给了学生无限发挥创意的空间。

二、鼓励质疑,培养思维的独立性

"学起于思,思源于疑""疑"是创新课题的核心,学生的学习过程是一个不断发现问题——提出问题——解决问题的过程,我在课堂教学中鼓励学生大胆质疑,并培养学生善于从不同角度发现问题:(1) 从题目出发提出质疑;(2) 课文某个词语或句子提出质疑;(3) 从课文内容方面提出质疑;(4) 从文章的写法上提出自己的质疑。教师要善于发现学生质疑问题中有价值的闪光点,例如:在六年级下册第一单元《古诗二首》的教学过程中,针对"日长篱落无人过,唯有蜻蜓蛱蝶飞"的诗句,这句诗是指夏天已至,白天越来越长了,农民忙于农事,庭院白天很少见到人。一位同学提出了质疑:这里的"长"应读"zhǎng"指的是日子一天一天过去了,庭院总也见不到人影。我充分肯定了他的质疑,并组织大家就这一问题展开辩论,学生在思维的碰撞中真正明白了诗意,并在脑中勾勒出夏末初春,美丽清新的田园画卷。

三、作文课补白和想象,展开想象的翅膀

培养学生的创造思维,离不开想象能力的训练,想象是创造力的翅膀,一切创造性的活

动都离不开想象。秦牧把想象比作“思想上的野马”，有了它，思路就开阔，思维就灵活，语言就丰实，写文章时就会妙笔生花。作文课上我通过作文命题有意识地培养学生的想象能力，如高年级的想象作文“当我20岁的时候”“假如我当妈妈/爸爸”；在阅读教学中，通过想象体会作者的感受并写下来，如阅读书籍《假如只有三天光明》后，我让学生闭上眼睛体会一下什么都看不见的滋味，然后以“假如只有三天光明”为题写自己的体会，这些方法都有利于培养学生的创造性思维。

总之，在语文教学中，要想培育学生大胆的创新精神和丰富的创造力，教师要先有之为，为学生树立榜样；其次，还要做好充分的准备工作，创设有利于培育学生创新意识和创造能力的温床；最后，还要讲究方法，以更有利于学生创新精神和创造力的发挥。只有这样，才能在语文课堂中激发学生多个角度去思维，去突破局限，努力去探究、尝试创造，逐步促进学生的创新思维发展。

(二) 参考策略

总结国内外很多的校本课程设计案例，大致可以归纳为以下几个方面的设计策略以供参考。

1. 单元设计(或模块设计)

这是将某个学科或某些相关学科的内容，或某种活动或某些相关活动的内容，按某些学习领域或主题重新组合成彼此连贯或相对独立的一个个模块，每个模块构成一个单元。一个独立的模块可相对地称之为小单元设计，而多个模块的组合可以称之为大单元设计。一般而言，“单元”包括下面这几项内容：(1) 一般目标；(2) 单元学习的先决条件；(3) 具体教学目标；(4) 诊断式前测；(5) “单元”实施者；(6) “单元”学习内容；(7) 相关经验；(8) 评价或后测；(9) 单元评估。单元设计根据学生可否具有选择性及选择性程度的大小相对地划分为非选择性单元设计、部分选择性单元设计和自由选择性单元设计。

① 非选择性单元设计

这种设计强调学科或活动内容的内在连贯性，学生按照教师事先设计好的顺序一步一步地完成单元的学习。其优点在于有利于学生系统地掌握学科知识和系统地训练某种学习技能或行为习惯，有利于教学的管理。其缺点在于容易导致教师中心，难以照顾到个体间的差异。

② 部分选择性单元设计

将某一科目的内容按主题设计成核心单元和选修单元，每个主题包括若干个核心单元和多个选修单元。其中，核心单元都是必修单元，选修单元由学生自主选择。这种单元设计又被称为“核心＋选修的单元设计”。

③ 自助餐式(或自由选择性)单元设计

即将每一学科按核心学习领域和选修学习领域设计成多组不同层次的学习单元。每一单元清楚地陈述学习的先决条件、教学目标、评价程序，学生按照单元的这些说明自己选择学习单元。这些单元总体上构成了一个课程的“自助餐厅”，学生进入餐厅后可以自由选择。但至少每个领域选一个单元。这里核心单元也是可以选择的。自助餐式单元设计确实能够照顾到不同学生的不同学习兴趣，充分尊重了学生的自主性和选择权，而且多元的单元设计也体现了课程的丰富性和多样性。然而选择过多,容易产生选择的盲目性,导致选择权的滥用和误用。选择往往还带有尝试的性质,因此变动太大,大大加重了学校课程与教学管理的难度,甚至会导致课程分裂。不过在我国条件比较好的学校完全可以尝试在某些局部的学习领域开一些"自助餐厅"。但不管怎样,"自助餐厅"里的一个个单元是值得我们在校本课程设计中借鉴的。

案例 3-3-2①:

香港码头涌官立下午校小学四年级创意作文"游记"单元设计片段

单元设计的主要步骤:

步骤 1:语文组的教师共同协作,将小学各年级的语文课本中有关游记的课文按内容深浅顺序组合成"游记"作文教学的阅读材料。

步骤 2:选择学生自读参考书目。有校图书馆的《优秀作文精选》《小学生作文指引》《小莲游莫内花园》(汉译本)和校外图书《魅力的世界》《雪乡假期》共五本书。

步骤 3:编辑阅读材料。课本中游记题材的阅读课文不多,所以从自读书目中选出优秀的小学生游记作文作为补充材料编辑成册。

步骤 4:阅读教学。

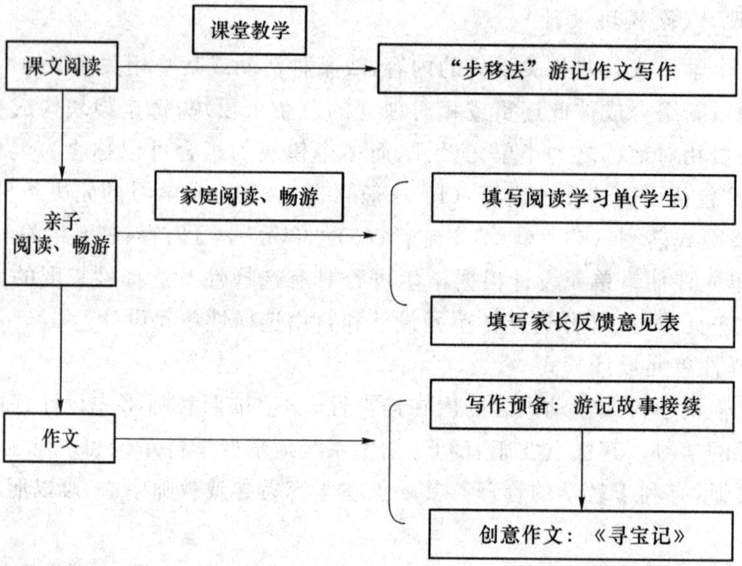

(资料来源:徐玉珍. 校本课程开发的理论与案例,北京:人民教育出版社 2003 年版,第 118 页)

2. 分层设计

将国家规定开设的必修学科按照 A、B、C 等几个不同的层次重新设计和组合。分层设计的关键是对国家统一的课程标准(教学大纲)中所规定的教学目标的分解,以适应不同学生的学习需要。学生可以自由选择不同层次,而且自主自愿在不同层次间流动。分层设计在某种程度上也可以说是一种单元设计。两者都是对学科课程进行改组,以适合学生的不同学习需求。但分层设计出的"单元"之间必须体现出分明的层次性,在教学目标、学习的方

① 徐玉珍. 校本课程开发的理论与案例[M]. 北京:人民教育出版社,2003:118.

式方法的要求上都有明显的递进或递退。其目的重在保证具有不同学业基础的学生可以通过不同的途径达到统一规定的学业水准。单元设计总体上并不要求单元之间具有明显的层次性，有层次性的单元设计的目的也不在于使不同的学生能够最终达到某个统一的标准，而在于为学生提供多个层次的课程选择机会，为个体提供获得多元发展的机会。

案例 3-3-3：

北京十一学校数学分层设计

A 层次：

教学目标：超纲文本，掌握知识并会综合运用，解较难题。

教学方法：放开走，设计问题灵活，对难度大一点的材料进行分析。

练习作业：完成 A、B 组习题，设计综合性题，培养综合能力。

B 层次：

教学目标：达纲据本，理解掌握基本知识，初步学会解难度中等题。

教学方法：设计问题介于两者之间，根据材料能抽象概括，进行初步理性分析。

练习作业：完成 A 组题，布置中档题，深化练习题，加深理解和提高应用水平。

C 层次：

教学目标：达纲缩本，理解并掌握基本知识，会解双基题。

教学方法：设计问题简单，梯度小，采取“小步子，慢速度”，提高感性材料，形成表象。

练习作业：量小，难度低，以模仿性、基础性练习为主，帮助记忆和巩固。

（资料来源：李金初、曲艳霞主编：《创造适合学生的教育》，北京文津出版社 2000 年版，第 250 页）

3. 主题设计

以主题的形式来选择和组织学科或活动的内容，是学校本位的课程设计中最为流行的一种。主题设计的适用范围比较广泛，既可以用于学科课程的内容设计，也可以用于活动课程的设计。主题设计的形式也多式多样，这里仅提供可以被学校普遍采用的 4 种不同的变式。

① 主题活动设计这是指某一年级围绕一个或几个活动主题而学习的设计。

② “轮形”主题统整设计是指以某一个主题为核心，其他学科围绕这个核心展开学习活动的设计。这样，核心主题与其他学科共同织成一个齿轮状的统整结构，故而称为“轮形”设计。

③ “线形”主题统整设计是指为不同年级、不同程度的学生围绕某一个核心的学习主题而安排的不同年级、不同程度的分主题的设计，这种形式的设计在美国被称为“核心课程”。与“轮形”的核心主题统整设计相比，这种主题设计更像是一条从低年级到高年级的“直线”，在此姑且称之为“线形”设计。

④ 问题中心设计即选择某一或某几个重大社会问题或具有重要意义的人类生活问题，围绕这个或者这几个问题来统整各学科的内容的设计。注意，这也是一种很典型的“轮形”设计，只不过是以问题为中心。这也就是说，问题中心设计与主题核心统整在设计策略上没什么不同，只是选题稍稍有所不同。前者要求是重大的社会问题或人生问题，这些问题的解决往往需要一个探究过程。因此，这样的课程设计一方面试图通过尝试这个问题的解决而综合学习和运用相关科目的知识，另一方面也是更重要的方面，则试图通过这种整合的课程

学习而培养学生关注社会问题的意识,实现学校课程所应发挥的社会重构的职能。主题核心统整的主题的社会意义可大可小,主题的内容一般来说都是确定的。学习的目的侧重于整合相关学习科目的内容。另外,根据设计主题的不同还可以有教师主导、学生主导、师生合作等不同的设计。如上海七宝中学的主题性课题探究活动的设计有许多就是师生共同设计的结果。教师提出大的研究主题,学生申报研究的子课题,教师评审,最后形成内容丰富多样的研究课题系列。

案例 3-3-4:

台北市立师范学院附设实验国民小学主体活动安排表(1999 学年度上学期)

年级	活动主题
幼稚园	主题一:小可爱(年级、班级课程)
	主题二:生日(全校整体课程)
	主题三:穿新衣(年级、班级课程)
一年级	主题一:我(年级、班级课程)
	主题二:校庆(全校整体课程)
	主题三:过年(年级、班级课程)
二年级	主题一:森林童话(年级、班级课程)
	主题二:蹦蹦跳跳——迎校庆(全校整体课程)
	主题三:欢天喜地过新年(年级、班级课程)

(资料来源:陈伯章、卢美贵:《学校本位课程发展的理念与实践》,载《课程研究》2000 年第 3、4 期)

三、教学方式方法的选择和运用

与校本课程开发的基本理念相一致,教学方式方法的选用的一个基本原则就是学生为本,同时兼顾到教师的个人特征和内容本身的设计①。

(一) 探究学习

强调学生在教师的帮助下,自己选择研究课题,自己查询资料,并撰写小论文。

(二) 问题解决学习

注重设置问题情景,启发学生观察、思考问题场景,发现问题,并解决问题。校本课程开发更强调选择学生现实生活中的实际问题或当代社会的重大问题,促进学生思考并帮助学生分析和解决问题。

① 徐玉珍. 校本课程开发的理论与案例[M]. 北京:人民教育出版社,2003:132-133.

（三）合作学习

校本课程设计中的主题设计、问题中心设计及大单元设计，往往都需要学生组成学习小组，共同协作才能完成学习任务。合作学习是校本设计的课程的一种首选的重要学习方式。

（四）资源中心学习

校本课程开发的一个重要特征就是充分利用并开发各种课程资源。因此学生的学习材料不再局限于正规的课本，图书馆、资料中心、网络、电视等成了学生学习的重要场所和主要信息通道；教师不再是学生获得知识的唯一源泉，教师由知识的传授者转换为知识、信息的咨询者和学习资源的开发者。

（五）体验学习

学校本位的课程设计强调活动主导，重视以活动的形式来设计各项学习内容。活动教学的主要目的就是让学生学会在活动中体验科学的价值、感受自然的美好，感悟人生的真谛。学生在活动中体验，在体验中成长。

（六）协同教学

又称“小队教学”。校本课程开发的整体性特征要求教师的合作参与，有些课程设计如单元设计、主题统整设计、分层设计等都不是某一位教师所能完成的，需要集体的分工和合作才能成功地完成教学任务。而问题统整类的课程设计则更需要各科教师的协作教学。

总之，学校本位的课程设计是一个丰富多彩的世界，除了一些基本的原则之外，在设计的方法和策略上并没有固定的、唯一的标准模式。校本设计不仅因校而异，而且因人（设计者与学习者）而异。另外，每一种可能的设计策略都不是全优或全劣的，而是各有千秋。因此，学校必须综合运用各种策略并创造自己的设计策略。

第四节 “三创”课程设计框架

一、“三创”课程的设计思路

（一）整体目标

以“创意·创新·创造”为精神内涵，以成长成才成功的素质教育思想为指导，培育引导创意、鼓励创新、推崇创造的校园文化，培养学生的创意智慧、创新思维、创造能力，建设具有全球化视野、开放性思维、开放性思路的学校。

（二）关键目标

1. 从主体素养，学校全员有20%能达到对创意·创新·创造有浓厚兴趣，认知水平较高，有一定欣赏水平。

2. 在学校文化环境上，有比较浓厚的创意创新精神内涵，有鲜明的物质文化特色符号系统。

3. 在学校特色教育成果上，每年的创意创新创造教育论文、方案、案例、教案、设计作品、参展规模和获奖率均显著高于区域平均水平，并逐年提高。

4. 形成系列品牌活动，如举办班级、年级、全校的创意创新创造成果展示展览活动；组织社区互动观摩和实践活动；举办美丽中国创意北京活动等。

（三）以建促研，以研带建

1. 做好学生校外实践基地总体设计。和周边的实践基地共同设计学生综合实践活动的计划、活动内容，做到有计划、有主题。

2. 构建课程体系。形成“基础课程、拓展课程、特色课程”的课程结构体系。开发实施“强调个性、体验探索、开启潜质”的三创四力课程内容体系。

（1）基础课程，指国家课程和地方课程。基础课程是贯彻国家课程标准的主渠道，整合实施，提高实施的实效性，最大限度完成国家和地方课程育人目标。包括：语文、数学、英语、美术、音乐、体育、品德与生活、品德与社会、生活与科技、科学、综合实践、信息。

（2）拓展课程，指在基础课程的基础上的深度拓展，以活动性和操作性为主要特点。包括：快乐阅读、智慧数学、外教英语、小乐手、舞蹈、戏剧、跆拳道、足球、花样跳绳、科学实验、创意纸工、德育校本课程。

（3）特色课程，指依托学校周边的教育资源，与社区协同构建的校本课程。以年级组为单位，结合学生年龄特点利用各类社会实践基地进行各类探究活动。特色课程显现课程的体验性、探究性，启迪学生在反思和探索中形成创新思维。包括：社区实践课程、主题活动课程、研究性学习课程、国际理解课程。

3. 实施策略：开展教学改革、学生学习过程自主化、教学评价多元化。知识与方法兼修，素质与实用相辅；加强技能训练，提高文化素养；强调规律规范，尊重发展个性；面向全体普及，因材施教提高。

4. 形成“协同促进、多元匹配、动态发展”的课程建设配套体系。

（四）实现方式

1. 内容要素

理念—原理—目标—课程—策略—评价

2. 注意事项

以学生和学习为中心，关注教学化、互动性、灵动性；多用图表、示例，增强知识拓展、信息整合、思维优化；注意对话性、立体性设计。

3. 建构逻辑

导言—知识技能—过程方法—情感态度—文化提升

4. 课程设计

课程项目—资源利用—内容整合

5. 拓展项目

设计或承诺若干三创项目，打造学生三创项目品牌。考虑到学生的心智和能力水平，联系区域特色，在全体师生中进行项目设计征集。对全年所有三创比赛进行题库建设，每人每月都完成一个创意项目，作为常规型项目。每年编制一套课题指南，举办课题发布会，建立课题培训指导体系，作为探究型项目。

6. 社会服务

注重开展任务型项目研习活动。承接社会委托项目，承接市区交办的创意任务。承接兄弟学校创意服务项目。积极参与社会产业领域的创意实践，参加社会设计招标、创意大赛等。

（五）协同机制

1. 学校社区协同

· 举办班级、年级、全校的创意创新创造成果展示展览活动；
· 组织社区互动观摩和实践活动；
· 参与专业领域研讨和探究交流活动；
· 举办美丽中国创意北京活动；
· 组织创新文化使者团活动。

2. 三种课程形态协同

主要通过创意创新创造校本课程、学科渗透及实践创作活动开展三创教育。基础课程，以班级常态教学为主，完成基本知识、基本思维、基本技能、基本认知的培养任务；拓展课程，以年级活动课程为主，与课后一小时融通，完成相关优势知识、技能、思维、素养的培养；提升课程，以社团实践、研究、创作为主，与各学科实践教学、综合实践活动、社会大课堂等融通，完成三创课程标准中“专业”素养和完整优势思维、认知智能的培养。一至三年级，每周开设一节校本三创课；三至六年级每周安排一个主题的三创实践活动课。在队会、美术、科学、数学、综合、艺术等课程中，要结合学科特点开展形式多样的创意创新创造教育。在综合实践活动中适时开展创新教育。

3. 研习与创作同步

从一年级探究和体验结合；从三年级开始，加强实践鉴赏教学，过渡到方法与鉴赏兼修；五至六年级加强创作教育交流，过渡到创作与交流兼顾。

4. 技能与文化并重

从一年级开始，渗透创意创新创造内涵，强调创意创新创造实践；从三年级开始，增加创意创新创造鉴赏教学课时，知识、技能、鉴赏并重，逐步建构创意创新创造文化，实现专业技艺与风格。

5. 基础与提升协调

坚持打好技能基础、坚持兴趣引领、注重人格修养、提高文化素质的原则。

研习的基本要求：培养学生良好的思维习惯，养成严谨的态度，一至三年级首先要能在教师指导下进行 3～5 个项目的研习；三至四年级逐步要求有探究实践规范，力求价值。

创作的基本要求：学生要基本的创作方法步骤；大致了解创意创新创造的评价标准；从作品的内涵、技法、结构、价值等方面鉴赏成果，培养初步的创作能力、欣赏能力，提高审美情趣综合素质。

6. 突出社团引领

学校创意创新创造社团规模要保持在 200 人以上；注意吸收低年级学生参与社团活动，形成梯队；加强社团技艺研习，初中高水平呈金字塔式结构。创意创新创造社团活动以专题实践为主，每学期 12 次，每月一个专题，一至六年级共计 36 个专题，在记忆实践的基础上研究和讨论相关知识、规律，让社团成员达到能与专业人士深入讨论交流的水平，成为创意创新创造的引领者。

（六）评价体系

创意创新创造课程评价，按照课程评价和学生能力评价两个层面，创新知识技能、创新思维、创新人格三个维度，发现问题、明确问题、形成假设、验证假设、形成结果五个步骤，设计三创评价体系。创新知识与技能是创新活动的基础。创新知识可以用基础知识水平、交叉知识水平、创新知识水平这三个三级指标来反映。创新技能是创造新事物的技巧和能力的总和，主要包括信息加工能力、动手操作能力、发现问题的能力、学习探究能力和标新立异能力。创新思维由发散思维、直觉思维、形象思维、逻辑思维、辩证思维和横纵思维六个要素观测指标。创新人格包括创新意识和创新精神两方面。创新意识是由创新兴趣、创新信念、创造意志作为评价主要指标。创新精神由质疑精神、勇敢精神、探索精神、科学精神和团队精神五个指标来反映。在小学，为增加操作性，把创新能力要素在发现问题、明确问题、形成假设、验证假设、形成结果等创新的五个步骤中的典型行为来观测，既保证评价的科学性，又保证评价的可操作性。

二、“三创”课程设计过程

（一）课程开发需求调研

1. 调研并分析学生及家庭需求。
2. 参考并借鉴国内外创新课程标准。
3. 分析学校课程体系建设的需求。

（二）学校发展水平诊断

1. 调查分析学生创意创新创造教育诉求符合程度，各种变化要素及成因。

2. 调查研究教师成分、结构、成长诉求和潜力。

3. 调查研究学校创意创新创造教育特色发展的瓶颈及条件要素。

(三) 学校发展预测

1. 学校创意创新创造教育及整个课程体系的构建研究。

2. 学校创意创新创造课程建设和教育资源优化方式研究。

3. 学校创意创新创造特色课程开发的目标路径和创新方式。

4. 学校现实资源、潜在资源和利用条件。

5. 教育政策因素影响及利弊分析。

(四) 开发步骤流程

1. 进行需求调研,进行学生、教师、社区、家庭深度访谈,进行政策和创意创新创造教育状况调研。

2. 确定总体方向和基调,进行规划方案框架研制。

3. 各册课程资源及教材开发。

4. 统筹协调,课程统修,形成征求意见稿。

5. 进行课程论证,征询专家意见、学生家庭等有关方面意见,组织教学评估。

如图 3-4-1 所示。

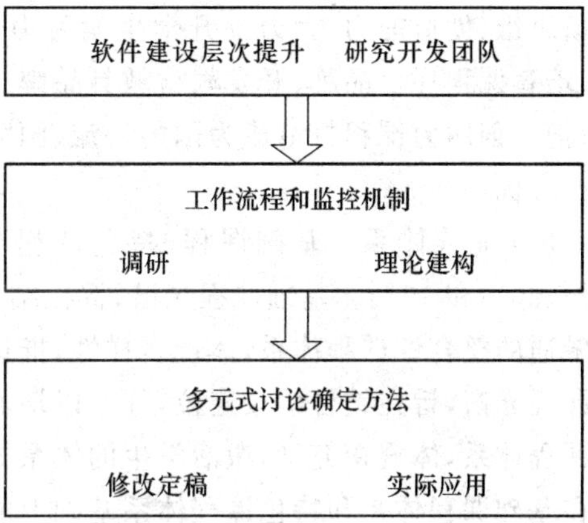

图 3-4-1 开发步骤流程图

(五) 实践路径

1. 总体规划

(1) 整体设计。依托区域功能产业和重大项目,以环境实施布局为载体,以形象标识创意为重点,构建形成绿色校园、创意校园、开放校园,使学校成为区域整体发展的重要元素。以团队建设为核心,以课程建设、教育教学创新为抓手,培育学校品牌理念、统一学校价值追求,树立学校品牌建设,把学校教育打造成为有较高知名度的一流优质教育品牌。

(2) 有效互动。适应北京建设世界城市的需求,借助海淀科技、教育、文化资源三组动力,以高端课程建设、优质团队形象打造、综合管理体系创新为重点,培育引导创意、鼓励创新、推崇创造的高端教育品牌。

(3) 系统集成。以培育品牌理念集群、打造品牌形象集群、开发品牌标志集群、熔铸品牌管理集群为目标,把学校打造成为青少年创意、创新、创造孵化培养基地,成为国内一流、国际知名的具有强大影响力、号召力和凝聚力的创新教育品牌,形成个性突出、格调高雅、内涵丰富的学校创新文化品牌。学校品牌美誉度和忠诚度大大提升。建立形成完善的学校品牌推广、维护运转体系。

2. 开发思路

(1) 生态建构。立足生态化建构，以课程建设为载体，以现代课程理论为依据，博采中西方教育之长为我所用，以基础课程、特色课程和提升课程为生态，以萌发学生创意智慧、启迪学生创新思维、铸就学生创造能力为核心，以培养学生学习力、想象力、探究力、创造力为目标的课程光谱。

(2) 理念优先。形成集课程设计者、课程实施者与课程反思于一身的教师主体课程编制团队，设计出版与之配套的教材教具和课程评价机制，树立学校三创四力课程品牌，将其创造成优质课程品牌。

(3) 打造精品。以优质基础课程、优质特色课程、优质提升课程为支柱，贯穿创意智慧、创新思维、创造能力，大力提升学生学习力、想象力、探究力、创造力，打造课程编制品牌团队、培育课程评价品牌、开发教材教具品牌、营造课程展示品牌平台、熔铸课程推广品牌为目标，把三创四力课程打造成为国内一流、国际知名的，具有强大辐射力、号召力和凝聚力的高端教育标杆。

(4) 完善体系。基础课程、特色课程与提升课程三大分光谱，分别占课程总光谱的60%、30%和10%。基础课程光谱，旨在结合创意创新创造目标，推出国家课程、地方课程相融通的整合性课程体系，体现多样性，推进学生的个性化知识构成，萌发学生创意智慧；特色课程光谱，旨在结合学校定位，开发以培养学生创意智慧、创新思维、创造能力为主线的校本课程体系，体现探究型，激活学生的体系式主动学习，开启学生创新思维；提升课程光谱，是在基础课程体系和特色课程体系基础上的进一步深化，力求设计各种学生愿意参与、易于参与、便于参与，具有较强表现性、现代性、国际性，可以获得满足感、成就感、幸福感的高端校本课程体系，体现活动性和项目特质，增强学生研究型操作展示，铸就学生创造能力，形成创意创造创造十大课程光带，并最终形成合力，迸射凝聚创意智慧、创新思维、创造能力的课程之光。

(5) 优化结构。坚持“强调个性、体验探索、开启潜质”原则。基础课程强调个性，形成知识，渗透创意创新创造；整合国家与地方课程，提升学习力，重视形成个性化知识，萌发创意智慧。形成语言与文字、数学、人文与社会、科学、信息与技术、身心发展与健康等学科领域的整合渗透。每个学科课程由知识奠基、知识拓展与视野开阔三大部分组成。特色课程强调体验和探索；拓展创意创新创造；构建校本课程，提升想象力、探究力；注重学生思、能、行的统一和问题意识的培养，启迪创新思维。构建认知与反思型、体验与探索型两类，供学生选学。提升课程强调潜能，落实创意创新创造，丰富校本课程，提升创造力。关注每个学生的优势潜能，构建旨在开发每个学生优势潜能的潜能开发型和均衡每个学生综合发展的综合期望型两大类。从“做”中学创造，从“作品”中铸就创造能力。

(6) 落点精准。坚持“协同促进、多元匹配、动态发展”原则，以跨学科和学生自主研修为基本形式，提升课程以“动手做”和“交流展示”为主要特征，引发学生运用创新思维方法，开展创造性活动。明晰课程开设的规范标准，推进精品教材建设，构建与课程实施相匹配的现代化、多类型研修基地，完善多元动态评价系统。

3. 教学形态

(1) 创新教学理念。致力于为学生一生的创意智慧打好底色，让每一名学生都叩开创意之门、体验创新之趣、享受创造之乐。立足教师发展和学生成长的需要，设计创新教学研究项目，制定系统化措施，形成相对稳定的创新教学组织框架；营造“人人创意，时时创新，处处创造”的学习氛围，初步建立一套真正激发学生创造性，促进其全面而个性发展的教育教学模式；并逐步形成与之相匹配的教学评价体系。通过提供更加多元的学习机会和选择，帮助每个学生建构知识、发展潜能、追求卓越，在成长中体验快乐，在快乐中实现成才。

(2) 创新教学平台。以“人人创意，时时创新，处处创造”作为创新之理念，通过营造全方位的创新氛围，培养和造就具有突出学习力、想象力、探究力和创造力的高素质人才。“人人创意”涉及全校师生，鼓励学生做学习的主人，鼓励教师自觉进行创造性工作。“时时创新”强调全时间性，包括课上课下课内课外，“处处创造”强调全空间性，包括教室内外、学校内外、家庭内外、区域内外。

(3) 创新教学组织。成立研究教学的专门性组织“创新研究室”，成立服务教学的专门性组织“教师工作室”，成立学生兴趣发展组，成立学生创新项目组。围绕三创核心理念，探索特色创新教学。

(4) 创新教学形态。形成贯通“三态、四力”的学生培养策略。创新三大教学形态——课堂教学、活动教学、项目教学。开展多元主体参与的开放式教学。强调“四力”贯通的学生培养策略。建设家校合作、校企合作的创新教学基地。创建以能力素质考察为导向的评价体系。

4. 实践突破

(1) 提升精神。坚持“创以求真—创以养善—创以立美”教育信条，创意生活内涵，创新教育方式，创造生命之美。以课堂渗透、主题活动、社会实践为途径，培育学生真善美的情感，为成长、成才、成人奠基，为创意、创新、创造树人。

(2) 多元互动。建立“学校—社区—社会”多主体协同共育工作体系。在学校建立小小创造屋、创意工作室、创意角、创意大讲堂、创意发布台、创意大课堂、创新小论坛等校内实践基地。在校外设立颐和园耕织图景区和香山双清别墅两个爱国主义教育基地，设立背景植物园曹雪芹纪念馆为传统文化教育基地。开展丰富多彩的创意文化节、创意庙会、创意大擂台、创意交流周、创意班组评比、创意作品大赛、传统节日创意汇、点子嘉年华等系列德育创新活动。

(3) 服务社会。举办项目研习交流成果展，构建“三创”成果展示活动体系：每月组织实地观摩，每年组织国际“三创”交流，承办“创新项目”大赛，每年一届师生创新论坛，每年一届校园服装设计展示会，每年一届“三创”成果展。学校可定期举办类似创意成果展览比赛，邀请协作单位和社区人员前来参观，适时推动学生创意成果的产品化、艺术化、商品化，打造具有校本特色的品牌项目。

5. 彰显文化

无限丰富的学生活动体系、无限精彩的创意活动平台等诸多方面均形成示范价值。学校教育对周边区域亦形成辐射，成为本地区创意文化高端文化的培养孵化基地，达到学校、家庭和社会教育的和谐统一，构建形成成就学生终身学习和全人发展目标的品牌学校。

第五节 “三创”课程设计案例

一、课程设计案例

（一）社区实践校本课程设计案例

案例 3-5-1：

海淀巨山小学社区实践校本课程《走进一品香山御香园》课程设计纲要

主讲教师姓　名	园内工作人员、学校科学、综合实践组教师	课程类型	综合实践课程	教学材料	一品香山御香圃教育资源
授课时间	每年4月至10月份	授课对象		四、五年级学生	
课程背景	一品香山御香园占地600亩，种植有几十种草莓、樱桃、香蕉、苹果、梨、海棠以及亚热带的果实等植物。园内饲养了鹿、孔雀、羊驼等多种动物；园区里还建立了学生动手课堂，让学生亲自动手制作糕点、陶艺、五彩冰激凌、蜡烛等。是四季青地区集种植、采摘、手工制作、培训、科研、休闲的为一体的园区，是面向青少年进行科普教育的社会实践基地 我校和园区建立了良好的联系，已经开展了入园综合实践活动。学生在活动中实践体验，兴趣浓厚，收获了很多课内学不到的知识和能力，发展了学生多种能力。因此从课程角度深入开发形成课程对学生成长十分有益				
课程目标	1. 开阔学生视野，培养学生的操作能力、思维能力、信息收集能力，更好地把学科知识和实践体验活动结合起来，发展学生多种能力； 2. 总结梳理活动内容，积累师生活动案例； 3. 针对不同年级学生的认知特点形成课程，完善课程				
课程内容	**（一）参观动植物养殖基地，学习动植物的知识** 1. 课前准备 （1）师生做好课前的知识准备，带好相关的观察记录材料； （2）制定研究小课题，形成学习小组 2. 学习过程 （1）在老师和工作人员的带领下参观园区内的动植物基地。做好观察记录； （2）找到自己最喜欢的动植物，与之合影； （3）做到“多看、多思、有序”，养成文明参观的好习惯 3. 回校后在老师的指导下完成后续学习任务				

续 表

课程内容	**(二) 在园区动手实践加工坊,开展动手实践活动** 1. 课前准备,提前做好小组分工,提出活动任务、活动要求 2. 学习过程 (1) 走进活动场地,遵守活动要求,认真聆听老师的讲解; (2) 在工作人员和学校教师的指导下,观察操作流程,思考问题; (3) 与老师进行交流,提出自己的问题; (4) 分享活动中的收获。做好活动记录,总结自己的收获 3. 拓展活动 尝试将所学到的技能运用到生活中,形成新的作品
课程实施	方法、组织形式: 和园区沟通,做好活动计划。四、五年级分年级参与活动,讲授、观摩、动手实践结合;学校科学综合实践教师组织学生;工作人员、专家主讲、学校教师主讲 时间安排:四至十月份期间,安排四五年级参与课程 场地及设备:一品香山御香园(动物园区、植物园区、动手实践工作坊) 班级及规模:四、五年级,分年级参与
课程评价	1. 自评与师评结合。学生填写活动记录单,并进行自我评价;学校教师评价学生表现; 2. 学生上交作品,开展学生作品展览

案例 3-5-2:

海淀巨山小学社区实践校本课程《走进“火星时代实训基地”》课程设计纲要

主讲教师姓名	火星时代讲师	课程类型	综合实践课程	教学材料	火星时代实训基地资源
授课时间	周三下午	授课对象		六年级	
课程背景	“火星时代实训基地”紧邻巨山小学,是一家专业从事动漫策划制作、版权经营和衍生产品开发的高科技综合性动画企业。自 2004 年成立以来,为国内培养了十多万名 CG 精英人才。十多年来连续获得国内外各项大奖,包括国家文化部、腾讯网、国际大学生动画节、ATC 和 Adobe 颁发的各项荣誉。学校挖掘周边教育资源,拓展了“储蓄中华民族财富,做了不起的中国人”为主题的实践活动内容,2012 年 9 月正式挂牌成为巨山小学社会大课堂实践基地				
课程目标	1. 参观“火星时代实训基地”,开拓学生眼界、增长知识; 2. 通过观看动漫制作的全过程了解民族动漫产业,激发学生的学习热情				
课程内容	1. 参观“星时代实训基地”,在多功能厅集中听讲师培训; 2. 授课主要内容:神奇的三维世界 (1) 欣赏历年火星时代学生获奖作品; (2) 三维世界的应用领域——动画、游戏、建筑动画、影视特效等方面; (3) 三维动画的制作流程; (4) 世界顶级动画公司 Pixar 公司介绍; (5) 三维在非广泛领域方面的应用——医学模拟、军事、航空、文物修复、虚拟现实等领域				

续表

<table>
<tr><td>课程实施</td><td>方法、组织形式:采用年级授课制,讲授与观摩相结合;学校综合实践教师、信息教师组织学生;火星时代实训基地教师主讲
课时安排:每学期每班1课时
场地及设备:火星时代多功能厅
班级及规模:六年级,每班35人左右</td></tr>
<tr><td>课程评价</td><td>1. 参观后学校组织开展闪校园动漫手抄报比赛
2. 学生填写参观记录
<table><tr><td>年级</td><td></td><td>姓名</td><td></td><td>日期</td><td></td></tr><tr><td colspan="6"></td></tr></table></td></tr>
</table>

(二)社团课程

案例 3-5-3:

“放飞梦想”航模课程设计纲要

科学组

教师: 外聘　　**校内:** 刘梦迪等教师

授课对象: 三、四年级学生

课程类型: 选修课

课程简介:

航空模型活动是当前最受青少年喜爱的活动之一,它不仅是一项竞争激烈的体育活动,也是一项含有多学科知识的科技活动。经常参加航空模型活动的青少年,不仅在活动中锻炼了身体,同时也开阔了眼界,增长了学科知识,更为重要的是通过模型飞机的设计、制作、调整、试飞、比赛等一系列活动,培养了青少年积极主动、勇于探索的学习态度,认真细致、精益求精的钻研精神,以及吃苦耐劳、奋发向上、开拓进取、不断创新等许多优秀的意志品质。在学校开展航空科技普及教育活动,既可以在广大青少年中宣传普及航空航天科技知识,开阔视野,又可以提高青少年的分析判断能力,思维创造能力,动手制作能力,同时也很好地进行了爱国主义和国防意识的教育。

课程目标:

1. 传授航空航天知识、模型制作和飞行方法。
2. 提高学生制作能力、创作能力和模型飞行能力。
3. 辅导学生进行航模活动,参与相关比赛等。
4. 开展各种校内外交流活动,疏通各条渠道,拓展学生视野。

课程内容：

主　　题	内容和活动
什么是航模？	认识及了解航空航天模型运动
简单上单翼手掷飞机制作	认识航模制作工具、飞机组成及了解重心对飞行的影响
单折翼型手掷飞机制作	了解升力的产生、翼型及翼型对升力的影响
手掷飞机出手动作及飞行调整	掌握手掷飞机出手动作及飞行姿态的调整
折纸飞机	了解区、市和全国纸飞机比赛及纸飞机折叠要领
橡筋动力直升机制作和飞行	掌握橡筋动力模型的橡筋标准系法，认识直升机模型，了解螺距
橡筋动力模型制作	了解扭力、扭矩

课程实施所需要的条件和保障：

简单常用模型制作工具及简单航空模型材料，科学教室一间。

课程评价：

根据课程内容对学生集中进行航模基础理论知识普及授课，安排学生分组制作，选定时间集体进行外场飞行调试。考评按照自评、互评、教师评价相结合的原则进行，最后形成综合评定等级。

案例 3-5-4：

“蒲公英”戏剧社课程纲要

授课教师：张喆（外聘）、曹佳佳

授课对象：二至五年级 26 名学生

课程类型：社团课

课程简介：

在中国，大多数学生，甚至是大学生，听到“戏剧”二字的时候，感觉是遥不可及和虚无缥缈的，甚至是高深莫测的，其实在美国，戏剧课早在 kindergarden（学前班）的时候，就在很多学校设为必修课了。

为什么要开设这门课？我想，可以从戏剧的几个特性来说。

第一，戏剧是一门综合的艺术，一台戏剧的排练演出，需要导演，演员，舞美，配乐，舞蹈，灯光设计等，这几乎就涵盖了所有的艺术门类，这样就可以充分的发挥和调动学生全面的艺术天分和才干。

第二，戏剧的排练演出的过程，本身就是一个考验个人与集体或是团队合作的极佳的机会，从最初的排练到最后的演出，都需要各个部门紧密合作和协调，这对学生在校期间抑或是进入社会之后的团队合作能力，也是一个很好的锻炼机会。美国人很注重团队合作精神，故而培养这种能力，从长远来看，是一个很好的契机。

第三，戏剧表演本身就是一个展示自我和表现自我的绝佳形式，通过在舞台上的各种形式的表演，充分地把自己的天性逐渐地解放出来，自身的潜质也通过参与这一过程而逐渐得到了释放和加强。

进修附小开设戏剧课，将使学生了解到戏剧的相关知识，解放孩子的天性，激发想象力、创造力，引导学生不断地发现自己，体会到成功的快乐；同时，增强学生的合作意识，培养学生感受美、欣赏美、表现美、创造美的能力；培养学生高尚的道德情操和健康的审美能力，形成正确的价值观和积极的人生态度。

课程目标：

1. 了解戏剧的基本起源、相关知识；喜爱戏剧，乐于参与戏剧活动；
2. 规范语言，掌握准确的发音、咬字的方法；
3. 解放天性，能够自然的、大方地进行表演；
4. 学会观察，能够运用语言、肢体动作模仿自己所观察到的动物、人物等；
5. 掌握戏剧表演的基本技巧：舞台站位、语言表达、肢体动作等；
6. 学会合作、欣赏他人，乐于在戏剧活动中从事任何服务型的工作，享受到团队合作的魅力；
7. 培养高尚的道德情操和健康的审美能力，形成正确的价值观和积极的人生态度。

课程内容：

主　题	内容和活动
戏剧的初步认识	以大量的戏剧观摩为主要手段，帮助学生了解戏剧的分类、表现手段、角色定位等相关知识
语言(正音)训练	通过练习《五音四呼》、绕口令、贯口《城隍庙》《南北全席》、散文《落叶》等形式，规范学生的咬字吐字、呼吸等，提高基础语言能力
人物的对白训练（一）	了解人物对白在戏剧表演中对于刻画人物起的重要作用，并进行对白练习《狐狸和乌鸦》，尝试用语言表现狐狸的狡诈、诡计多端；乌鸦的愚蠢和虚荣
人物的对白训练（二）	进一步提高台词的表现技巧和表达能力。经历从无意识到有意识、从无技巧到有技巧的过程。练习《陶罐和铁罐》
人物的对白训练（三）	通过分析、揣摩人物心理，学会正确的把握人物形象，提高戏剧表演中人物语言的感染力。练习《丑小鸭》
人物表情训练	让学生明白戏剧源于生活但高于生活，学会适度夸张的神态辅助人物对白，推动情节发展。分组练习《考试之后》
人物动作训练	理解什么是动作的虚化，并能用虚化的动作表现情景，为戏剧表演奠定基础。练习场景：放学推门回家；小明犯错，爸爸打了他一巴掌；端起茶杯喝水；趟水过河等

课时及安排：每周一课时(120分钟)

场地：二层音乐教室

课程资源：

1. 校内资源：热爱戏剧的教师和学生群体；支持戏剧课程发展的校领导；学校物质资源的强大支持；教学所需的场地、音响、教材等资源。

2. 校外资源：北京儿童艺术剧院，资深编导张喆老师；中间剧场的场地资源等。

课程评价：

1. 评价内容：课程本身、目标、内容实施以及效果。

2. 评价方式：自我评价、小组评价、过程评价、结果评价等。

3. 评价方法：讨论法、观察法、展示法。

4. 评价者：学生、教师、家长及他人。

（三）国学课程

案例 3-5-5：

《弟子规》课程纲要

授课对象： 四年级

课程类型： 校本选修课

课程简介：《弟子规》原名《训蒙文》，全文以《论语学而》第六条“弟子入则孝，出则弟，谨而信，泛爱众，而亲仁，行有余力，则以学文”为序，具体列举出为人子弟、在家、出外、待人接物、求学应有的礼仪与规范。《弟子规》是一本教我们做人的一些基础规范的最佳教材。

课程目标：

一、知识与能力

1. 了解儒家的思想核心及《弟子规》的有关知识，明确其在历史上的地位。

2. 了解《弟子规》的一般常识，能掌握重点字词的读音、含义及一些虚词的用法。

3. 对于《弟子规》中的道理有正确的理解和感悟，并将其应用于现实生活中。

4. 能熟练背诵并理解《弟子规》全文。

5. 培养学生良好的国学素养。使学生在诵读技巧，国学教材的赏析，对课本的理解和再创造能力得到提升。

二、过程与方法

1. 有感情地朗读课文，养成良好的诵读习惯。

2. 通过分类整理培养学生对文章内容归纳的能力及习惯。

3. 理解文章所蕴含的深刻哲理，培养学生把所学知识、道理运用于实践的意识。

4. 在授课过程中，将古今进行对照，以提升学生的思辨能力。

5. 课上进行多种形式教学，使学生在学习过程中体会到学习《弟子规》的乐趣，真正做到快乐学习。做到有方法，有趣味，有意义，有成果。

三、情感态度价值观

1. 汲取课文的语言精华和思想内涵，在传统文化的熏陶中提高自己的道德修养。

2. 重于实践。在教师的引导下，学生学习和理解《弟子规》中所体现的道德行为规范，正确理解，使学生在现实生活中拥有良好的情感体验。

3. 规矩为自由的前提，在学习规矩的前提中，由教师循序引导方面，注重让孩子自我思考，通过自身想明白道理，自己形成规矩，形成较为成熟的辩证思想。为学生今后的发展奠定基础。

授课内容：

主题(关键词)	内容和活动(关键点)
有趣味，重理解	三字经引入，齐读，火车接力读 小篆，逐句讲解 学生上台讲故事，三字经中的故事视频
辨对错，有思考	复习小篆，拼爹现象辨析； 辨析为什么唐宋会是中国前所未有的一个盛世； 礼尚往来和，三纲五常的古今不同辨析； 体会辨析古今学习条件的不同
自主学，鉴文化	复习火车接力读，玉文化，二十四节气讲解 中国历史兴衰顺序引入，三皇五帝的介绍，龙文化讲解以及龙生九子的故事，介绍秦始皇 学习小篆 辨析五谷和转基因食物 康雍乾盛世最后的余晖 十二生肖 学习古人的传奇学习历程
有方法，学知识	复习，音乐欣赏，小组背诵比赛，视频动画 四书讲解 火车读的诵读
有总结，学有果	复习所有所学，汇总学写的小篆，励志小故事改编课本剧演出

课程实施所需要的条件和保障：多媒体设施、简单的手工材料、画笔书本等教具。

课程评价：

为养慈爱孝悌、为育平忍和诚、为立忠勇恕节、为学重情明理。

通过《弟子规》的教学，有助于小学生：

(1) 重情养性。重孝悌、尊亲敬长。

(2) 修身立德。知谨信、明礼律己。

(3) 育爱亲仁。亲仁者、兼爱天下。

(4) 懂理学文。善思考、追求真理。

案例 3-5-6：

《论语》课程纲要

授课对象：三年级

课程类型：校本选修课

课程简介：《论语》是春秋时期一部语录体散文集，主要记载孔子及其弟子的言行，集中反映孔子的政治主张，伦理思想，道德观念及教育原则。书中记载了孔子循循善诱的教诲之言，启发论辩之词。《论语》不仅是道德与传统文化的重要载体，也是古代圣哲修身明德，修道悟道的宝贵经验和智慧结晶。

课程目标：

一、知识与能力

1. 了解儒家的思想核心及《论语》的有关知识，明确其在历史上的地位。

2. 了解文言文的一般常识，能掌握重点字词的读音、含义。

3. 熟读《论语》

二、过程与方法

1. 有感情地朗读《论语》,养成良好的诵读习惯。

2. 通过分类整理培养学生对文章内容归纳的能力及习惯。

3. 理解文章所蕴含的深刻哲理,培养学生把所学知识、道理运用于实践的意识。

三、情感态度价值观

1. 理解课文的思想内容,让其成为反省自己的镜子。

2. 汲取课文的语言精华和思想内涵,在传统文化的熏陶中提高自己的道德修养。

授课内容:

主题(关键词)	内容和活动(关键点)
国学经典、《论语》、孔子	分组;讨论何为“国学、国学经典”引出《论语》;讲述《论语》及孔子的基本知识;写小篆;反思
劝学篇:孝	游戏引入;朗读前准备(开嗓、深呼吸——闻花香);朗读,解释何为“劝学”;引出子曰:“弟子入则孝……则以学文。” 谈何为“孝”;讲述两句话的主要内容:“子游问孝……何以别乎?”、“子夏问孝……曾是以为孝乎?”;案例分析谈一谈如何做到孝(表演);朗读;写小篆
劝学篇:诚信、感恩	复习;问题引入——真诚;讲解两句话的主要内容:“人而无信……其何以行之哉?”“子曰……过则勿惮[dàn]改。”;现实案例分析;谈论如何交朋友——真诚待人;讲解“问人于他邦,再拜而送之。”;朗读
劝学:学习	复习;朗读;讲解“子曰:“学而时习之……不亦君子乎?”“子曰……为师矣。”;“习”的汉字演变过程;案例分析;讨论学习思考的重要性;朗读
活动展示课	写小篆、学生课外知识拓展(提前布置)、击鼓传花、翻卡片游戏……通过学生展示、做游戏等活动复习所学过的知识、扩充新的知识
智慧篇:中庸之道	复习;由天平引出中庸;实际问题讨论;讲解“子曰……然后君子。”;案例分析:孔子弟子;讲解“君子和而不同,小人同而不和”“子钓而不纲,弋[yì]不射宿。”以狼图腾的例子讲解中庸之道;案例分析:破茧成蝶——讨论;朗读;布置任务;写小篆
智慧篇:忠恕	复习;展示上节课布置的任务;朗读;讲解“子闻之曰……既往不咎。”“子曰:不患人之不己知,患不知人也。”“人不知而不愠,不亦君子乎”;讲述优恨袋的故事;讨论故事;讨论我们应该怎么做;朗读
理想篇:贫富、治国、德治、法治	复习;朗读;故事:士人之常;讨论故事;引出并讲解“子贡曰……富而好礼者也。”;讨论对于贫富的态度;讲解“子曰……有耻且格。”联系实际,讨论德治和法治的优缺点,辩论;总结;朗读;写小篆
理想篇:宽容、义	复习;朗读;班超的故事;讨论故事;引出并讲解“子曰……吾何以观之哉!”;联系实际讨论;损人利己的故事;引出并讲解“子曰……义之与比。”;讨论什么是“义”,什么属于义、什么不属于义;案例分析:讨论这符合“义”吗?;总结;朗读
理想篇:君子、身正	复习;朗读;匿名听讲的故事;引出并讲解“子曰……然后君子。”;讨论如何才能成为君子;联系自己说说该怎么做;故事:曹操割发;引出并讲解“子曰:“其身正……虽令不从。”;联系生活谈身边的例子;案例分析;讨论总结;写小篆

续表

主题(关键词)	内容和活动(关键点)
活动展示课	游戏、写小篆、朗诵展示……通过学生展示、做游戏等活动复习所学过的知识、扩充新的知识
心态篇:患不知人、视其所以……	复习;朗读;夜郎自大的故事;引出并讲解"子曰……患不知人也。";实际案例分析并讨论;游戏;以貌取人的故事;引出并讲解"子曰:"视其所以……人焉廋哉?";案例分析:小吴的故事;讨论自己的看法;总结;写小篆
心态篇:君子、珍惜时间	复习;朗读;故事:吴隐之饮贪泉水;引出并讲解"子曰……小人长戚戚。";讨论:(1) 你认为能真正让一个人快乐的因素是什么?(2) 生活中,什么事情常令你烦恼?你觉得这烦恼可有解决之道?;游戏;司马光的故事;引出并讲解"子在川上曰……不舍昼夜。";讨论:怎样做才算珍惜时间;击鼓传花读一读
心态篇:乐、小人、君子	复习;朗读;欣赏视频;讨论视频内容;引出并讲解"子曰……于我如浮云。";讨论:(1) 就一名学生而言,做什么事情会让你"乐在其中"?(2) 你认为快乐需要用金钱才能买到吗?游戏翻卡片;忧心如焚故事;引出并讲解"子曰……小人骄而不泰。";讨论我们要做一个____的人。总结;写小篆
汇总演出	展示《论语》课上学生的精神风貌:照片视频;复习所有所学;汇总写的小篆;为学生颁奖

课程实施所需要的条件和保障: 多媒体设施、一些必要文具。

课程评价:

传民族之文化,承国学之经典;
渗传统之美德,指行为之规范;
滋儿童之心灵,启德育之生机;
感仁德之精神,养君子之气质;
求人生之价值,塑不凡之人生。

二、教学设计案例

案例 3-5-7:

《有趣的刮画》

课　题	《有趣的刮画》
执教	刘爱玲
教学目标	显性内容与目标: 应知:了解刮画作品的特点和工具的使用方法。 应会:涌现面方式表现身边的生活或者是想想创造自己所喜欢的故事。 隐性内容与目标: 用不同的表现方法创造与众不同的画面,培养学生的创新意识和探究能力,感受色彩变化的美感,增强审美能力

续 表

课　　题	《有趣的刮画》			
教学重点	了解刮画作品的特点和制作方法			
教学难点	在刮画过程中，粗细线条的排列和线、面结合的方法			
教具准备	各种纸张及其他容易操作的材料；小型的实物；剪刀；胶棒			
教学设计方案	教学程序	教师活动	学生活动	复备
	导入	组织学生分组欣赏探究：桌上的刮画作品与绘画作品有什么不同？说说这些画是怎样制作出来的？（刮画工具）	学生欣赏 介绍刮画作品的特点	
	讲授新课 学生尝试 小组讨论	让学生利用不同工具在刮画纸上尝试，引导学生发现、感受线条的变化 色彩与线条的变化 看课件（刮画方法）	学生动手尝试 介绍： 刮出的线条为单一色 刮出的线条五颜六色 线条有粗有细 刮画的底色不同 工具不同线条也不同	
	学生探究学习 看录像 欣赏作品 学生思考 作业要求	组织讨论： 刮画的纸是怎样做的？ 刮画纸的做法 主要是画面的内容以及线条和块面的处理法 还可以用哪些工具刮画。用刮画的表现手法表现自己喜欢情景 不同的工具组合，不同的画面安排，能使刮画作品即美观又有个性	学生思考并回答问题 学生欣赏、介绍 回答问题 小组讨论 创新个性作品	
	学生制作	教师辅导：构思、制作底纸、绘画表现	小组交流构思，互相启发 学生制作表现	
	展示评价	展示各组作品 师生分析评价作品	各小组不知自己的作品展示评价。巡视参观各组同学的作品	

续表

课　　题	《有趣的刮画》
课后反思	学生通过自己寻找刮画下面隐藏的秘密，了解刮画的制作过程，加上我和同学们一起分析范画上的些许精彩之处，使学生萌发了很多想法，再运用平时学习的点、线、面等知识，很感兴趣的创作出了一副副别出心裁的画面，很好地完成了本节课的教学目标

案例 3-5-8：

《水墨游戏》

海淀区教师进修学校附属实验小学　李　靖

一、指导思想与理论依据
本课以小学美术新课标为指导，以学生发展为本。以学生为教学主体，着力体现以下基本理念：(1) 激发学生学习美术的兴趣。通过丰富的教学资源和多样的课堂实践活动，使学生充分进行感受、体验，在游戏中学习国画知识和技能。(2) 在广泛的文化情境中认识美术。通过欣赏和分析教材中的作品，使学生感到国画的魅力。(3) 培养创新精神和解决问题的能力。将教学目标分解为一个一个地具体问题，以问题来引导学生，调动学生学习的主动性。(4) 在教学中运用多媒体，通过直观展示增强视觉效果
二、教学背景分析
(一) 教材分析 本课是北京市义务教育课程改革实验教材第 11 册第 12 课，属于“造型・表现”学习领域的内容，通过学习水墨表现树木，让学生了解中国画家是如何观察、认识、分析和掌握树木的结构与特征。从而，使学生感悟中国山水画的形式美感，激发学生学习传统绘画的兴趣 (二) 学情分析 (1) 知识方面：能够区分出白描法、没骨法、点虱法、勾勒填色法 (2) 在技能方面：掌握中锋、侧锋用笔，熟悉水墨的干、湿、浓、淡变化 (3) 同时该年龄段孩子在分析力、表现力、理解力方面逐渐形成了自己个性，有自己独特的想法 (4) 欠缺对水墨课学习兴趣的持久性，及对水墨技法的实际应用能力 (三) 教学方式 讲授法、体验法、演示法等 (四) 技术准备 教学手段：数字化校园系统、电子白板设备、PPT 课件、教师范画、实物投影等多
三、教学目标(含重、难点)
(一) 教学目标 1. 知识与技能：学会运水墨技法表现树； 2. 过程与方法：通过欣赏、观察、游戏等形式，学习运用水墨技法表现树的形态特征； 3. 情感态度与价值观：培养学生热爱中国传统艺术的情感，增强民族自豪感 (二) 重点难点分析 1. 重点：运用水墨技法表现树的叶和枝； 2. 难点：叶与枝干的穿插组合

续表

四、教学过程
(一)导入 欣赏:教师作品,明代艺术家视频 设问:“仔细观察,比较教师及艺术家的作品,哪幅山水作品动中有静,更富有生气?” 学生:教师的山水画中只有一些山、水、石的景物,很静,死气沉沉。而艺术家的作品中有“树”,使山水画面更富有生气 教师板书:“树” 教师:我们来看一看添画树以后的作品给我们带来的感受 教师出示PPT课件 小结:添画树的作品,画面立刻充满生机 【设计意图】学生感悟中国山水画的形式美感,了解树是中国山水画中重要的景物之一,激发学生对学习本课的兴趣。 (二)讲授新课 1. 欣赏画家作品 学生:了解不同笔墨技法表现的树 教师:画家运用娴熟的笔墨表现了不同树的特征,使画面更加的生动和精彩 教师:今天我们就一起来研究如何运用水墨表现树 补充完整课题:水墨表现——树 【设计意图】通过作品的欣赏,完善课题,使知识点承上启下,突出水墨概念 2. 不同树的特征 分析:学画古树一课学生已掌握树的结构,但水墨表现树是第一次 教师:出示几张塑封好的树叶作品 设问:“大自然中树的种类多种多样,猜一猜这是什么树的叶子?” 学生:柳树、松树、杨树的叶子 教师示范:叶的画法 教师:出示多幅用点叶法、夹叶法创作的作品 小结: 点叶法:用色或墨直接点出树叶的形状 夹叶法:先勾出树叶的形状,然后以色彩填充 【设计意图】学生通过直观的视觉感受,掌握“夹叶法”和“点叶法”的概念 3. 树干的穿插 观察:教师出示树盆景,引导学生观察树干的变化 游戏:用手代替枝干,引导学生观察枝干的前后穿插关系 (互动游戏) 连线游戏:观看平面图片,查找枝干穿插变化 教师示范:鹿角法 教师板书:双钩法、鹿角法 教师:介绍多种水墨表现树的范画 实践:学生尝试运用水墨形式表现树 教师:根据学生出现问题进行总结,教师示范完整作品

续表

四、教学过程
【设计意图】通过教具演示，从立体的观察到平面的表现，使学生了解树分四枝的关系，突破教学难点 4. 欣赏作品 出示：多幅作品 【设计意图】引导学生运用多种表现技法表现树，丰富学生创作思路 （三）学生艺术实践 内容：用所学枝、叶画法完成一棵树的水墨表现 要求：枝干的穿插关系、用水墨的技法表现 （四）教师巡视辅导 【设计意图】通过巡视辅导，将本课的重点进行强调，提升作业效果。关注不敢下笔、动作较慢的学生，进行个体辅导。发现普遍问题，进行集体辅导，辅导中围绕本节课的教学重难点 （五）展示 出示作业的时候让学生把自己所画的树贴在一张画上，由教师把学生作品变成一片树林。有组织的疏密高低变化 独枝不成树，独木不成林 【设计意图】既是对下节课知识的过渡，又是学科德育的巧妙体现 （六）评价 评价要根据课堂实践要求进行，以激励性评价为主 【设计意图】为了更好地使学生对学习国画产生持久兴趣 （七）拓展 欣赏教材中白雪石的《杨树》等作品，感受意境美 【设计意图】进一步做到课堂兴趣的延伸
五、学习效果评价设计
教学评价的方法 1. 通过课堂上两次艺术实践作品进行对比； 2. 利用学校数字校园评价系统中的投票器功能进行即时评价，关注每位学生
六、本教学设计与以往其他教学设计相比的特点
1. 教师能够宏观把控教材，明确知识体系的纵向关系； 2. 大胆展示教师水墨画基本功，使展示具有时效性、指导性； 3. 教师会借助肢体语言，诠释绘画语言； 4. 有意识地提高学生审美意识、审美情操； 5. 教学环节清晰、条理清楚； 6. 能将学科育德巧妙体现。让学生在优美的环境中理解大德育观

第四章

“三创”课程的目标设计

第一节　课程设计与开发总目标

一、教育中各层次目标及其之间关系

(一) 教育目的、教育目标、课程目标与教学目标

1. 教育目的

教育目的又称“教育总体目标”。它根据一定社会的生产力、生产关系和人类发展的需求,概括地规定了教育的发展方向①。如《中华人民共和国宪法》第 46 条明确规定我国教育目的:“国家培养青年、少年、儿童在品德、智力、体质等方面全面发展。”教育目的是教育活动的基本出发点。

2. 教育目标

教育目标是在教育目的的指导下,根据各级各类学校、各专业所承担的任务以及学生的年龄、文化、知识水平所提出的培养要求②。与教育目的相比,教育目标的表述比较具体。它往往用简短的语言表达丰富的内涵,所要说明的是学校教育应满足社会、国家需要,是对学校教育的统一要求,具有方向性、整体性、概括性、稳定性等特点,在制定各层次目标时,是学校教育各层次目标中的最高目标,也是制定学校教育中各层次目标的依据。

3. 课程目标

课程目标是指课程本身要实现的具体目标和意图。它规定了某一教育阶段的学生通过课程学习以后,在发展品德、智力、体质等方面期望达到的结果及程度,是确定课程内容、教

---

① 王道俊,郭文安. 教育学[M]. 北京:人民教育出版社,2009:83.

② 丁念金. 课程论[M]. 福州:福建教育出版社,2007:37.

学目标和教学方法的基础①。课程目标必须与教育目的和教育目标保持一致。与教育目的和教育目标相比，课程目标更加具体。

4. 教学目标

教学目标是教学中师生预期达到的学习目标和要求。教学目标必须符合教育目的、教育目标和课程目标的意图，它是实现教育目的、教育目标和课程目标的根本保证，也是教学活动的依据，在整个教学活动中起具体的导向作用②。

（二）教育各层次目标之间的关系

1. 教育目的、教育目标、课程目标与教学目标之间呈现出由抽象到具体的关系。教育目的是最高层次的目标，以下依次为教育目标、课程目标与教学目标。最高层次的目标是抽象的、笼统的和宽泛的，最低层次的目标是具体的、狭窄的③。但也恰恰是最低层次的目标操作性最强。

2. 在制定目标时，学校教育目标依据教育目的而制定，学校课程目标依据学校教育目标而制定，学校教学目标依据学校教育课程目标而制定，是由上而下的制约关系。在目标实现时，是先从实现学校教学目标开始，经过完成学校教育课程目标过程后，达到和发展学校教育目标的目的，从而实现教育目的。

3. 教育目的、教育目标、课程目标与教学目标是相互关联的。在确定课程目标和教学目标的过程中，务必依据教育目的和教育目标，并与教育目的和教育目标保持一致。

二、校本课程目标

（一）校本课程目标的含义

校本课程目标是课程目标的下位概念。课程目标是在课程设计与开发过程中，课程本身要实现的具体要求，它期望一定阶段的学生在发展品德、智力、体质、素养等方面所达到的程度。校本课程目标是指学校在开发校本课程的过程中所设定的、校本课程本身所要实现的、学生应该达到的一种指向于未来的结果④。也就是说，校本课程目标是指向学生发展的，说明通过校本课程的实施，学生的发展应达到什么样的水平。校本课程目标有总目标和具体目标之分。一个学校的校本课程开发需要有一个总目标，这个总目标同时服务于国家课程总目标。学校课程开发者依据总目标，确定学校课程的结构，设置校本课程类型，再将它细化成各门课程的具体目标。某一具体的校本课程目标涉及对学生成长与发展的预期要求，是校本课程总目标的一种具体化，它具有更强、更直接的操作性和评价性。

① 王道俊，郭文安. 教育学[M]. 北京：人民教育出版社，2009：85.
② 王道俊，郭文安. 教育学[M]. 北京：人民教育出版社，2009：85.
③ 王道俊，郭文安. 教育学[M]. 北京：人民教育出版社，2009：86.
④ 吴刚平. 校本课程开发[M]. 成都：四川教育出版社，2002：133.

(二)校本课程目标设计的意义和价值

课程目标是构成课程内涵的第一要素，是课程设计的起点，它制约着课程设计的方向，规定着课程内容的构成和学生学习活动方式的性质。同样，科学合理地设计校本课程目标是校本课程成功的关键。校本课程目标对校本课程开发有重要的指导价值，它是校本课程内容选择的依据，是校本课程实施的依据，还是校本课程评价的重要依据。可以说，校本课程目标的研制与实现贯穿于校本课程开发的全过程。人们只有正确认识校本课程目标，科学地设计校本课程目标，才能比较理想地实现校本课程目标。

三、校本课程目标的设计与开发

校本课程开发已成为基础教育课程改革当中的热点研究问题，而如何确定校本课程目标是校本课程开发的首要问题。拉尔夫·泰勒于1949年出版了《课程与教学的基本原理》一书，提出了课程编制的基本原理，确定了编制课程的四个基本问题：如何确定目标、怎样选择经验、怎样组织经验和如何评价结果[①]，而这四个问题是在编制任何课程时必须回答的。通过对“泰勒原理”的探析，可以对校本课程目标的确定提供启示。

(一)“泰勒原理”

泰勒认为，课程与教学的基本原理是围绕着四个基本问题展开的。如果要编制课程，就必须回答：(1) 学校应力求达到何种教育目标；(2) 要为学生提供怎样的教育经验，才能达到这些目标；(3) 如何有效地组织好这些教育经验；(4) 如何才能确定这些教育目标正在得以实现[②]。

在泰勒提出的四个基本问题中，目标的确定是最为关键的一步，针对学校应该达到哪些教育目标这一问题，泰勒明确提出了确定学校教育目标的三个来源：对学生需要的研究、对校外当代社会生活的研究、学科专家的建议。而任何单一的目标来源所提供的信息是不足以成为确定目标的明智选择，所以要对大量的目标进行筛选。为对已收集的目标进行筛选，泰勒提出了两个“筛子”：教育哲学和学习理论。依据明确的教育目标选择学习经验，选用有助于选择学习经验的方式呈现已确定的教育目标。根据组织学习经验的三项主要准则：连续性、顺序性和整合性，去组织作为课程组织线索的课程要素。最后从已确定的教育目标着手去评价教学的成效对评价的结果进行反思，以用来指导新的课程编制。

(二)校本课程目标的确定

校本课程是课程开发主体为学校，由学校自主开发与实施的一种课程，它与国家课程、地方课程共同组成了在学校中实施的“三级课程”结构。校本课程开发既是一种理论性的研究，又是一种实践性的工作，它力图设计一种能够达到教育目的和课程目标的系统。所以校

---

① [美]泰勒.课程与教学的基本原理[M].施良方，译.北京：人民教育出版社，1994：1.

② 靳玉乐.课程论[M].北京：人民教育出版社，2012：183.

本课程的开发需要理论层面和实践层面双重指导。根据"泰勒原理"确定校本课程目标需要经过以下步骤。

1. 校本课程目标的来源

(1) 对学习者本身的研究

校本课程是"以学校为本""以学校为基础",一是为了学校,二是在学校中 ,三是基于学校。而学校存在的基础是学生,所以校本课程编制的最终目的是为了学生的发展,以让学生成为身心健康发展并具有一定的自我学习能力和社会适应能力的德智体全面发展的人才为落脚点。泰勒认为,对学习者本身的研究要抓住两个关键点:一是学生的需要,二是学生的兴趣。需要是指学生自身发展中的应然和实然的差距,所以作为校本课程编制主体的本校教师应关注学生目前的状况。这种状况应包括:第一,学生的基本情况。包括年龄、性别、家庭情况等,这是对学生基本信息的了解。第二,学生的学习心理状态。学习心理状态是指学生进行学习活动时,学生心理活动在强度、稳定性、持久性等方面所表现出来的特征,是学生有效、高效学习的载体、前提和保障。第三,对学生的学习动机、学习策略、学习方式和学习能力的了解。学校应在综合考虑学生各方面情况和需求的基础上制订校本课程目标,编制可以让学生投入其中并能有所得的课程。兴趣是最好的老师,可以指引学生走向知识殿堂,只有当学生充满兴趣,愿意积极主动地参与到校本课程的教学当中时,校本课程目标才可以得以实现。兴趣既是校本课程目标,又是与旨在达到目标的经验相关的动机力量。

(2) 对校外当代社会生活的研究

泰勒认为,由于社会生活的复杂性和多变性,学校有责任为学生提供可以将来立足于社会,可以让自己独立生活的知识内容,但社会生活中所迫切性的知识目标是否可以成为学校课程的合理目标是值得商榷的。因为社会生活内容若不符合学生的兴趣与需要,就算强加给学生,也必然会失败。所以当把对校外当代社会生活的研究作为选择校本课程目标的来源之一时,就需要把对社会生活研究中所得信息和其他来源信息结合起来考虑,以避免社会目标来源的单一性。而且我们认为对校外当代社会生活的研究是对学生所生活的校外当代社会生活的研究,所以应把这种对社会生活研究所得目标来源分为三个层级:第一,国家层面,整个社会大背景下对人才规格的要求;第二,社区层面,结合社区特色和社区与所编写校本课程相关的人员建议;第三,家庭层面,家长作为学生的监护人,有权利参与到学校的课程制订过程之中并提出建议,他们对校本课程目标的合理确定往往有重要的建设性作用。

(3) 学科专家的建议

学科专家通常是在某一领域专业化程度很高的研究人员,所以泰勒认为,学科专家应考虑的是校本课程的一般教育功能,而不是要把每一个学生培养成某一方面的学科专家,所以学校有责任跟学科专家合作制订校本课程目标,以使校本课程更具科学性和严谨性。学校是校本课程编制的主导,而学校中的教师是和学生在一起参与到学生校内生活的,他们对学生的成长有着至关重要的作用,而且教师作为学校当中的学科专家,他们的建议更有利于校本课程目标的确立,应在校本课程目标的确定中发挥自己的作用。

归根结底,确定校本课程目标的问题无疑是选择校本课程目标的问题。因而,目标必须是学校校本课程开发的负责人经过深思熟虑后做出的各种事实判断和价值判断的统一。为了指导做出这些判断,泰勒认为要考虑三个方面:第一,教育哲学在选择校本课程目标时必须运用;第二,学习理论在选择校本课程目标时必须运用;第三,选用有助于选择学习经验的方式呈现已确定的校本课程目标。

2. 校本课程目标的筛选与确定

(1) 教育哲学

当学校获得了三种来源的信息和知识时，通过教育哲学应用于校本课程目标的筛选，就会为校本课程目标的确定提供一个更为理智的基础，增加对校本课程目标做出更明智判断的可能性，以及使校本课程目标更具有意义和更具有效度。

(2) 学习心理学

学习理论是又一选择已提供的目标信息的“筛子”。而且在确定学校的校本课程目标时，还必须考虑到基础教育课程改革当中的三维目标：“知识与能力”“过程与方法”“情感态度与价值观”。它们不是简单地放到一起，而是应浑然一体，也作为校本课程目标确定或筛选的工具之一。因此，要注意学校校本课程与国家课程、地方课程所组成的“三级课程”的统一性和差异性。

结合“泰勒原理”预设的校本课程目标往往是预先精心设计选择的，被提升而超越于或外在于教育过程本身的。所以还得考虑到一个学校的校本课程开发本身是过程性的，是教育中对人的个性的张扬，以及对激发人的创新精神的高度关注。校本课程目标本身包含生成的成分，这种生成性的目标给教师和学生很大的主动权，并使得教和学可以随时随情境条件允许的状态而变化、调整，这与我国基础教育课程改革的理念是相吻合的。所以校本课程目标应生成于学校、教师和学生的行动之中，是学校、教师和学生在互动性活动中共同建立的，随情境的变化而改变①。

3. 确定校本课程目标取向应注意的几个问题

(1) 校本课程目标的确定要以国家的教育目标为基准

与注重统一性的国家课程不同的是，校本课程追求的是多样性，其目标取向体现出鲜明的“个性”。校本课程目标的确定要以国家的教育目标为依托，在设计校本课程时，应将校本课程的特殊目标与国家课程的一般目标结合起来，寓特殊性于一般性之中，使校本课程的特殊目标在与一般目标发生联系的过程中得到实现②。

(2) 校本课程目标的确定要以学生的个性发展为本位

校本课程以发展学生的个性特长为主要目标取向。学生是学习活动的主体，但它们的发展水平却不是整齐划一的。由于学生的生活阅历不同，他们在个性、兴趣、发展阈限及心理水平等方面也有着一定的差异，他们的学习能力和学习的结果也各不相同。国家课程目标关注的是学生整体的基本素质，难以顾及学生个体的兴趣及需要，而校本课程开发的根本内涵就在于尊重学生的个性，为资质不一、能力倾向相异的学生提供满足他们不同需求的课程，在充分发挥学生主体性和创造性的基础上，培养学生多方面的兴趣、特长和能力。因此在确定校本课程目标时，应该主要以学生的个性发展为核心，全面周详地考虑特定的学生群体在未来社会中的发展方向，尽可能满足每一个学生的需要。

① 柴玲玲. 泰勒原理与我国课程目标的确定[J]. 科教文汇(上旬刊)，2009，09：59-60.

② 严五胤. 校本课程开发的困境与出路[D]. 华中师范大学，2006.

(3) 校本课程开发目标的确定要处理好基础和发展的关系

校本课程开发仍然要关注每个学生基础能力的提高,着眼于学生的未来发展,在充分体现以学生为主体的个别化特征的前提下,开发学生的潜力。因此,校本课程开发目标的确定要处理好基础和发展的关系,做到在打好基础的前提下发展,在发展的过程中更加关注整体素质的提高。

(4) 校本课程开发目标的确定要处理好全面性和实用性的关系

校本课程目标的确定应当考虑促进学生的全面发展,但这里的全面发展并不是指学生在一定目标下的平均发展,而是指针对不同的学生设置不同的目标取向,使每一学生个性得到充分发展后,总体上的全面发展。目标取向既要全面,又要有极强的针对性。实用性强调课程和学校教育的有用性和功利性,直接为学生提供"有用"的课程和教育。校本课程在促进学生的全面发展中应以"扬长"而不是"补短"为目标,在全面发展的前提下,应该尊重学生的兴趣爱好,为他们提供贴近生活实际的实用教育,做到全面性和实用性的协调发展。

(5) 校本课程开发目标设计应该注意时限性、具体性、连贯性和超前性

校本课程目标的设计和实现,是整个学校课程目标研制的重要组成部分,在进行校本课程目标的设计时既要立足现实,又要考虑到未来社会发展的需要,力求目标的设计对现实有一定的超越。时限性是指高中体育与健康校本课程目标的确定,应当同特定的教学阶段相联系,而不应只是对所有教学阶段预期结果的笼统规定,因为目标不是固定不变的,它随着社会现实需要和未来需要不断调整;具体性是指设计目标时应当有描述学生身心发展和行为改变等方面预期结果的内容,明确学生所要达到的发展水平;连贯性是指高中体育与健康校本课程目标的设计,应该形成相对的前后衔接、左右照顾,具有内在连贯性的序列,使现实和未来、相同的学科和不同的学科、不同的学科和不同的教学阶段的课程目标,前后一致、相互促进,成为一个有机整体;超前性是指,由于课程目标描述的结果是预期性的,在结合现实需要的前提下,课程目标的确定对现实要做出必要的有意义的超越。

在校本课程开发过程中,确定课程开发的目标取向是很重要的,因为课程内容的设计和课程实施的进行,基本上是以人们对课程目标的学习、认识和把握为重要前提的,可以说,课程目标的研制和实现贯穿课程运行的全过程。

四、校本课程开发目标研制的指向

校本课程开发的基本要素:一是以学校为基地;二是以教师为主导;三是以学生为主体;四是以达成学校教育目的或解决教育问题为目的。因此,校本课程开发的目标是促进学生成长(特别是个性成长)、教师发展(特别是专业发展)和学校特色的形成。

(一) 学生个性成长

学生的成长主要包括学生的全面发展和个性的成长。以往的教育过多地强调全面发展、社会性发展,相对忽视学生个性的成长。而校本课程则强调在全面发展的基础上关注每个学生的差异,给学生一个相对自由发展的空间。健全的个性体现了个人与社会的内在融合。个性发展内在地包含了社会性的发展。追求个性发展成为校本课程开发的重要价值取向。

个性的发展不是在真空中进行的，而是与社会发展息息相关。校本课程开发在关注学生全面发展和社会性发展的基础上培养其独立健全的个性，也就是说要使学生的个性充分地、自由地、健全地发展。综合比较联合国教科文组织国际教育发展委员会编著的《学会生存》和联合国教科文组织国际21世纪教育委员会编著的《教育——财富蕴藏其中》的有关个性发展的论述，可以获得国际社会在以下诸方面所获得的共识：第一，个性是完整的，智识、情感、意志、创造力、想象力等是个性健全发展的表现①。经过陶冶而形成的个性，是一个不可分割的整体，是一个人整体素质的体现。第二，个性是独立的、特殊的、具体的。第三，个性发展内在地包含了社会性的发展，每个人的发展必然带来整个社会的发展。第四，个性发展是一个持续的完善过程。这些共识对校本课程开发具有特别重要的理论意义和现实意义。个性是完整的、独立的、具体的、特殊的，培养个性应关注个性的完整性和独立性；个性发展内在地包含了社会性，个性的成长是在现实社会生活中进行的；个性发展是持续的完善过程，因而终身教育与学习应成为每个人的内在需求。因此，校本课程的个性化、生活化是大势所趋。在校本课程开发过程中，增强学生的主体意识，提升学生的创新能力，激发学生的开拓精神，提高学生的个人价值是应然之义。一个主体意识较强的学生，才能富有激情与理想，懂得自尊、自爱、自强、自立、自制，对自己的一切负责；才能具有尊重他人的人格和意见，善于同他人平等和睦相处，合作共事；才能具有对家庭、对国家、对人类的使命感。一个具有开拓进取、富有创新精神的学生，才能突破传统，不盲目从众、唯书、唯上；才能面向未来，求真务实，勇于革新，充分发挥自己的潜能；才能目的明确，思维活跃，想象奇特，爱好广泛，善于随时空的改变而调整自己，表现出较强的应变力、适应力和自信心。

（二）教师专业发展

教师的发展是多方面的，尤其是教师的专业发展深深地影响着教育教学的质量。教师的专业发展是教育教学以及课程改革与发展的根本需要，就课程开发而言，校本课程开发更重视教师的专业发展，而不仅仅是开发课程文本。换言之，课程开发是手段，教师专业发展是目的。教师的专业发展包括专业精神、专业知识和专业能力等方面的发展，它是影响校本课程开发成功的重要因素。通过校本课程开发的实践，强化教师的专业精神，完善教师的专业知识结构，提高教师的专业能力等，从而使教师的专业素养得到一定程度的提升，这些又能更好地促进校本课程开发。使校本课程开发与教师专业发展走上一条相互促进的良性发展路径。

首先，通过校本课程的开发的实践，强化教师的专业精神和主人翁意识②。当教师以高度的热情、饱满的精神状态和主人翁的身份出现时，他才能更多地对自己的教育教学过程表示关注，对学生学习发展的情况、对自己教学活动的质量、对自己与学生的对话与互动进行思索，并提出改进的建设性意见。教师的主体性也就能得以充分地发挥。因此，正是教师参与校本课程开发才激发了教师对教育活动进行研究的兴趣，才克服了教师在教学中的教育惰性与习惯，才会真正以一名“反思的实践者”和“反思的研究者”身份进入教育教学领域，去

---

① 国际21世纪教育委员会. 教育——财富蕴藏其中. 联合国教科文组织总部中文科. 译. 北京：教育科学出版社，1996.

② 孟艳. 教师与校本课程开发[D]. 云南师范大学，2005.

研究教育教学中的种种现象与问题。

其次，通过校本课程开发的实践，完善教师的知识结构。杜威认为，知识可以分为“旁观者知识”和“参与者知识”两类。对教师而言，旁观者知识主要包括教师所具有的学科知识（如语文、数学、外语等）、教育学、心理学、管理学等知识。这些知识主要通过系统的学习而掌握。参与者知识主要是指教师的实践性知识，这些知识源于教师的教育教学实践，而教育教学实践情景总处于不断变化之中，因此要求教师因人、因地、因时制宜，灵活多样，边实践边反思边总结，使自己的实践性知识不断丰富和发展。教师参与校本课程开发，不仅能加深自己对“旁观者知识”的掌握与理解，而且能积累、丰富“参与者知识”，使两种知识有机融合与内化，生成新的意义，形成自己的知识结构与体系。

第三，通过校本课程开发的实践，使教师的专业能力得到提高。校本课程开发要求教师把自己的知识结构与体系化为教育教学的实际能力。这些实际能力主要包括教学能力、教育科研能力、组织管理能力、人际交往能力等，并在此基础上形成自己的教育艺术和教育机制，改变长期以来形成的“教书匠”形象，使自己从“经验型”教师向“专家型”教师发展。

第四，通过校本课程开发的实践，提升教师的职业道德。教师职业道德是教师在从事教育劳动时应遵循的行为规范和品德，它主要包括对教育事业的道德；对学生的道德；对教师集体的道德和对自己的道德等方面。此外，校本课程开发的实践更要求教师弘扬人性，张扬个性，激扬生命。

第五，通过校本课程开发的实践，转变教师的课程观念。从课程学视野考察，校本课程开发有利于转变教师的课程观念。传统课程观认为，课程只是师生教学的文本，师生只要按照课程文本“按图索骥”就行了。从本质上讲，课程是人创生的，是师生共同的体验与享受。因此，课程不仅是教学文本，学科科目，它更是一种过程、一种体验和享受。所以，教师认识到自己并不是课程开发的“旁观者”和课程的“消费者”，而是课程开发的参与者和课程的生产者，是学校课程开发与生产的主体。从某种意义上讲，没有教师的发展就没有课程的开发与生产。

第六，校本课程开发实践证明，教师专业自主权是教师专业发展的重要条件，教师是否拥有相当程度的专业自主权，是衡量教师专业化水平的一项重要指标。教育课程改革中人们一直不断地呼吁强化教师的专业地位，给予他们自身工作更多的自主权和控制权，然而，现实中教师受多种因素的制约，其工作的自主权和控制权少之又少，教师参与教育与课程改革的积极性、主动性不高。必须赋予教师在符合主流社会要求的前提下，进行各种教育选择和课程开发的权力。处在教育教学第一线的教师更应该具备相应的专业自主权。只有在他们发现问题、解决问题的基础上才能最终保证校本课程开发的持续进行，最终保证教育教学质量的逐步提高。

第七，教师的专业发展还包括教师信息技术素养的提高。这些素养主要包括：(1) 熟练运用各种信息工具；(2) 熟练掌握获取信息的方法；(3) 对获取的信息进行处理的能力；(4) 生成信息的能力；(5) 创造信息的能力；(6) 发挥信息的效益的能力；(7) 信息协作的能力；(8) 信息免疫的能力①。

---

① 赵伟. 校本课程开发促进教师专业发展的研究[D]. 陕西师范大学，2010.

(三) 学校特色形成

学校特色形成是建立在学生成长(特别是个性成长)、教师发展(特别是专业发展)的基础上。换句话说,一个学校如果没有特色学生和特色教师,学校特色形成只是空谈。如何形成学校特色呢?

首先,学校要有自己的教育哲学和办学理念,即要有明确的办学目标。此目标应建立在国家教育目的的基础上,切合校情,应科学、合理、可行,体现学校特色。例如,“全面育人,发展特色”“德育为首,教学为主,健康第一,全面育人”“合格+特长”“掌握知识,表里如一,领导才能,伦理道德”等。

其次,把握课程政策,开发特色课程。《基础教育课程改革纲要(试行)》指出:“为保障和促进课程对不同地区、学校、学生的要求,实行国家、地方和学校三级课程管理。”国家实行三级课程管理政策的目的之一就是充分尊重地方差异和学校差异,给学校一个空间,让学校在把握国家课程的基础上,根据校情(如教育资源、师生特色、学校传统等)、社区环境的独特性和差异性,挖掘其丰富的课程资源,开发出具有社区或学校特色的课程,以满足学生的需求。因此,开发有特色的校本课程是学校特色形成的一种具体体现。

学生全面成长(特别是个性成长)、教师发展(特别是专业发展)、学校特色形成是同一问题的不同方面,它们相互联系、相互影响、相互依存,组成学校教育共同体,是校本课程开发的目标。

第二节　“三创”课程设计与开发分目标

一、“三创”课程的整体框架

(一) 学校整体课程框架

学校总体上把国家课程、地方课程和校本课程,按照不同的功能、任务目标和实施形态,形成“基础课程、拓展课程、提升课程”的课程结构体系。海淀区进修附小课程框架如表 4-2-1所示。

1. 基础课程,指国家课程和地方课程。基础课程是贯彻国家课程标准的主渠道,整合实施,提高实施的实效性,最大限度完成国家和地方课程育人目标。基础课程以班级常态教学为主,完成基础知识、基础思维、基本技能、基本认知和情感态度的培养任务。包括:语文、数学、英语、美术、音乐、体育、品德与生活、品德与社会、生活与科技、科学、综合实践、信息。

2. 拓展课程,指在基础课程的基础上的深度拓展,以活动性和操作性为主要特点。拓展课程,以年级活动课程为主,与课后一小时融通,完成相关拓展性知识、技能、思维、素养的培养,开发潜能,增强优势;包括:快乐阅读、智慧数学、外教英语、小乐手、舞蹈、戏剧、跆拳道、足球、花样跳绳、科学实验、创意纸工、德育校本课程。

3. 提升课程，指依托学校周边的教育资源，与社区协同构建的校本课程。以年级组为单位，结合学生年龄特点利用各类社会实践基地进行各类探究活动。特色课程显现课程的体验性、探究性，启迪学生在反思和探索中形成创新思维，以社团实践、研究、创作为主，与各学科实践教学、综合实践活动、社会大课堂等融通，完成课程标准中“专业”素养和完整优势思维、认知智能的培养。包括：社区实践课程、主题活动课程、研究性学习课程、国际理解课程。

表 4-2-1　海淀区进修附小课程框架

<table>
<tr><td rowspan="12">海淀区进修附小课程框架</td><td rowspan="12">培养有责任心、广学识、能担当的附小人</td><td rowspan="4">基础课程</td><td rowspan="2">知识奠基</td><td>国家课程</td><td rowspan="2">以班级常态教学实施为主</td><td rowspan="4">完成基础知识、基础思维、基本技能、基本认知和情感态度的培养任务</td></tr>
<tr><td>校本课程基础板块</td></tr>
<tr><td rowspan="2">视野开阔</td><td>地方课程</td><td rowspan="2">以班队会、主题教育和生活化会随机学习为主</td></tr>
<tr><td>社区生活课程</td></tr>
<tr><td rowspan="4">拓展课程</td><td rowspan="2">知识拓展</td><td>国家课程校本化</td><td rowspan="2">以年级活动课程为主，与课后一小时融通</td><td rowspan="4">完成相关拓展性知识、技能、思维、素养的培养，开发潜能，增强优势</td></tr>
<tr><td>校本课程拓展板块</td></tr>
<tr><td rowspan="2">潜能开发</td><td>地方课程校本化</td><td rowspan="2">以兴趣小组形式为主，与班队活动、社区实践服务、实验课程融通</td></tr>
<tr><td>社区实践课程</td></tr>
<tr><td rowspan="4">提升课程</td><td rowspan="2">认知反思</td><td>社团课程</td><td rowspan="2">以社团实践与各学科实践教学为主，突出综合实践活动</td><td rowspan="4">完成课程标准中“专业”素养和完整优势思维、认知智能的培养</td></tr>
<tr><td>课题学习</td></tr>
<tr><td rowspan="2">实践探索</td><td>校本课程提升板块</td><td rowspan="2">以项目学习、创客实践为主，与社会大课堂融通</td></tr>
<tr><td>社会大课堂</td></tr>
</table>

二、“三创”课程设计与开发的目标

随着社会的发展和人类的进步，创造力日益成为人的核心能力。教育应该把培养创造力放在突出的位置。现代学校应以“创意・创新・创造”为精神内核，以“创以求真、创以养善、创以立美”为教育信条，致力于挖掘学生创造力潜能，突出育人品质，培育文化内涵，促进教师专业发展，培养学生具有创意智慧、创新思维和突出学习力、想象力、探究力、创造力的良好素质。

(一)“三创”课程的发展维度

按照学生知情意行的发展维度、终身发展阶梯和兴趣、技能、习惯、欣赏、素养等发展性要素,构建三创四力特色课程坐标,如图 4-2-1 所示。

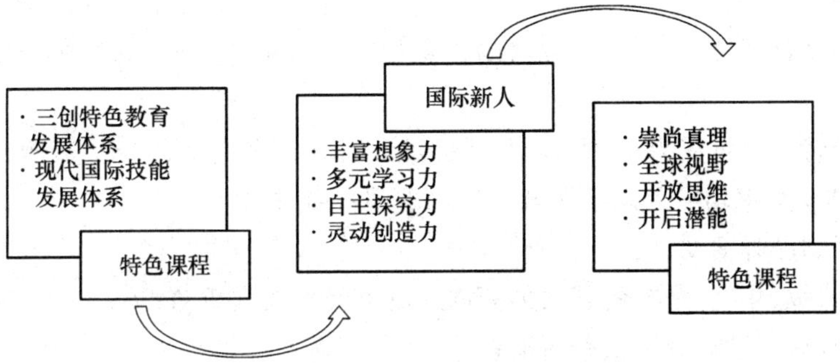

图 4-2-1 三创四力特色课程目标

(二)“三创”课程总目标

以“创意·创新·创造”为精神内核,以成长成才成功的素质教育思想为指导,培育引导创意、鼓励创新、推崇创造的校园文化,培养学生的创意智慧、创新思维、创造能力,建设具有全球化视野、开放性思维、开创性思路的学校。

1. 进修附小依托北京文化创意产业带西山文化创意大道核心区优势,确定以“创意、创新、创造”为精神内核,以引导创意、鼓励创新、推崇创造为校园文化,以“创以求真、创以养善、创以立美”为教育信条,致力于打造一所重在培养和挖掘学生创造力及潜能的品质校园。通过学校社区协同构建和特色课程建设,对于突出育人品质,培育内涵文化,促进教师专业发展,培养学生具有创意智慧、创新思维和突出学习力、想象力、探究力、创造力的良好素质,是学校特色发展和转型升级的适切路径。

2. 贯彻《国家中长期教育改革和发展规划纲要(2010—2020 年)》精神,以《基础教育课程改革纲要》和《教育部关于深化基础教育课程改革进一步推进素质教育的意见》为指导,依据国家小学课程标准和各级校本课程建设及教材开发的意见,以创意创新创造为轴心,全面深化实施素质教育;创新特色教育发展方式,搭建多元优质资源平台;开拓创新教育的广度、深度、效度,融通传统、现代和未来,实现转型发展和品牌增值,创造和奠定新建学校的特色优势地位,并促进学校教育品质的整体提升;尊重个性,崇尚体验,深度探索,激发潜能,着力培养学生创意智慧、创新思维、创造能力,打造专业性、特色化、生态型课程特色,为培养具有良好学习力、想象力、探究力、创造力新型人才提供专业支撑。

3. 秉持“创以求真、创以养善、创以立美”原则,打造科技+艺术+人文课程体系,把“创意+创新+创造”和“求真、养善、立美”培育成为文化竞争力,构建引导创意、鼓励创新、推崇创造的教学氛围,用以开启孩子未来之路,致力于提升孩子们的体验、鉴赏、品味、探索、创造等能力，让学校创意火花四溅，点亮孩子的心光。

（三）“三创”课程的关键目标

1. 从主体素养上，学校全员有20%能达到对创意·创新·创造有浓厚兴趣，认知水平较高，有一定欣赏水平。

2. 在学校文化环境上，有比较浓厚的创意创新创造精神内涵，有鲜明的物质文化特色符号系统。

3. 在学校特色教育成果上，每年的创意创新创造教育论文、方案、案例、教案、设计作品、参展规模和获奖率均显著高于区域平均水平，并逐年提高。

4. 形成系列品牌活动：

（1）举办班级、年级、全校的创意创新创造成果展示展览活动；

（2）组织社区互动观摩和实践活动；

（3）参与专业领域研讨和探究交流活动；

（4）举办美丽中国创意北京活动；

（5）组织创新文化使者团活动。

5. 在课程体系上，国家课程实施特色化，校本课程个性化，并将创意创新创造教育全方位渗透于各个学科、各种活动及教育教学的各个环节，逐渐形成以创意创新创造课程为载体的三创实践教育系统。

6. 建立高端三创社团，并以此为平台经常性开展多元、开放、高水准的交流活动。

（四）“三创”课程的教师素养目标

1. 兴趣。通过语言的引导、知识的普及、环境的激发、文化渗透和魅力引领，使每个人都对创意创新创造寄有精神向往，1/3多的教师达到热衷创意的程度。其中，校领导、管理干部、学科带头人、骨干教师达到80%，一线教师达到60%，后勤管理人员做到了解、知晓与支持。

2. 技能。有关技艺、绝活和能力，按照初级、中级、高级三个等次测量，初级达到80%以上；中级达到30%以上；高级达到5%以上。

3. 习惯。把习惯划分为三个层次：心态、坚持、反思，要有稳定良好的动力机制，长久坚持探索，注重反思提升，逐渐形成自己的独到方法与路径。

4. 欣赏。教师要有较高的“创意·创新·创造”欣赏水平和审美能力，所有教师都能做到：

（1）理解“创意·创新·创造”的观念和原理及教育内涵；

（2）了解“创意·创新·创造”名人的人生及所处的历史环境；

（3）懂得“创意·创新·创造”培养和指导要素；

（4）掌握“创意·创新·创造”的过程、方法和情态。

5. 素养。“创意·创新·创造”素养是知识和综合能力的表现，教师要达到：

（1）了解“创意·创新·创造”相关知识；

(2) 了解人类“创意·创新·创造”简要发展历程；

(3) 了解至少 20 位“创意·创新·创造”大师的人生和特色；

(4) 对“创意·创新·创造”人文精神和文化意义有深入理解，具备整合、提升和渗透到各科教学的能力。

(五) “三创”课程的学生素养目标

1. 兴趣。按照热衷程度比例测量，一至二年级达到 50%；三至四年级达到 30%～40%；五至六年级达到 10%～20%(社团级别)。

2. 技能。按照初级、中级、高级三个等次测量，一至二年级初级达到 30%以上；三至四年级初级达到 60%以上，中级达到 50%以上；五至六年级中级达到 50%以上，高级达到 10%以上。

3. 习惯。通过创意创新创造特色课程教学，促进学生良好思维习惯、学习习惯和探究习惯的养成，良好习惯率分别达到：一至二年级达到 30%以上；三至四年级达到 50%以上；五至六年级达到 70%以上。

4. 欣赏。通过创意创新创造特色教学，大幅度提高学生创意创新创造欣赏水平和审美能力，所有学生都能做到：

(1) 理解创意创新创造观念和原理及其社会价值；

(2) 了解创意创新创造的人生及其所处的历史环境；

(3) 懂得创意创新创造一般过程和条件要素；

(4) 感悟创意创新创造的策略、方法和情态。

5. 素养。30%以上的学生达到：

(1) 了解创意创新创造相关知识；

(2) 了解人类创意创新创造简要发展历程；

(3) 了解至少 20 位创意创新创造大师的人生和特色；

(4) 对创意创新创造人文精神和文化内涵有深入理解，具备渗透延展能力。

第三节 “三创”课程各册目标

一、创意课程的课程目标

(一) 创意课程的总目标

“创”，指创新、创作、创造，将促进社会和人的发展。“意”，指意识、观念、智慧、思维，是人类最大的财富；大脑是打开意识的金钥匙。创意(create new meanings)，用作名词时指有创造性的想法、构思等;用作动词时指提出有创造性的想法、构思等。创意也可以说是一种思维方式,新的想法创造出与众不同的产品。

创意是传统的叛逆;是打破常规的哲学;是大智大勇的同义;是导引递进升华的圣圈;是一种智能拓展;是一种文化底蕴;是一种闪光的震撼;是破旧立新的创造与毁灭的循环;是宏观微照的定势,是点题造势的把握;是跳出庐山之外的思路,超越自我,超越常规的导引;是智能产业神奇组合的经济魔方;是思想库、智囊团的能量释放;是深度情感与理性的思考与实践;是思维碰撞、智慧对接;是创造性的系统工程;是投资未来、创造未来的过程。

简而言之,创意就是具有新颖性和创造性的想法。创意是人类智慧与思想的结晶,创意也势必对人类的思想和智慧产生深远影响。创意是与人类劳动所共生的,劳动本身就携带着先天的创意和创造属性。人类在漫长的劳动中,不断增长创意意识和创意才能,从而创造出丰富的文化。创意是以人类的学科交叉为前提的,孤立的学科姿态不可能产生持续的创意。

创意起源于人类的创造力、技能和才华,创意来源于社会又指导着社会发展。

因此,培养学生的这种能力是十分有必要的。学校通过开发一系列创意课程的校本课程教材,帮助学生增长创意意识和创意能力,为学生以后顺利进入社会,实现自己的社会价值和人生价值做好准备。

创意课程的总目标就是通过学生对创意课程的学习,培养学生发现问题、解决问题的能力。学生在探究的过程中,能够不断发展自己的逻辑思维、形象思维、逆向思维、发散思维、系统思维、模糊思维和直觉、灵感等多种认知方式,并学会在面对不同问题情境时,能综合运用这些认知方式,更具创意地解决问题与发现新知。

(二)创意课程中各教材的教学目标

1.“创意语言、绽放思维”版块:《智慧双语》的教学目标是在不同主题的学习过程中,一方面发展学生的语言能力,包括汉语和英语的听、说、读、写能力;另一方面,了解中外文化经典,在对比学习中,熟悉中外文化的相同点和差异,促进学生的全球化。此外,在知识的丰富和拓展过程中,发展学生的认知能力。以创意+双语为目标,提高学生的语言能力与认知水平。

2.“创意美劳、滋养身心”版块:《创意美劳》的教学目标,旨在以创意+美育+劳技为目标,六年普及24项修养性技能。一是通过制作这些手工作品,发展学生的动手能力;二是在制作的过程中,帮助学生普及这些艺术的相关知识;三是在这一版块的学习过程中,培养学生的审美能力。因为这一校本教材是以双语为依托和载体,所以,其教学目标也旨在帮助学生提高语言能力,走向国际化道路。

3.“创意数理,开发心智”版块:《创意世界》以数学和科学为知识载体,将两者有机结合来探究生活中的趣味问题,旨在开发学生心智、拓展学生的知识面,进而培养学生的逻辑思维能力、解决问题能力。

4.“创意表演、精彩人生”版块:《创意表演》的目标是让每个孩子都有表演、表现、表达的空间和发现美、欣赏美、创造美的人文素养，强化学生的艺术感受力和生活理解力，丰富学习力、想象力、探究力、创造力。

5. “优雅行为，快乐成长”：《创意人生》通过设置与学生生活相沟通的情境，帮助学生更好地融入社会生活当中，发展学生的社会适应能力。

二、创新课程的课程目标

（一）创新课程的总目标

创新是以新思维、新创作、新发明和新描述为特征的一种概念化过程。最初起源于拉丁语，它原意有五层含义。第一，更新；第二，创造新的东西；第三，要点；第四，改变；第五，汲取经验。创新是人类特有的认识能力和实践能力，是人类主观能动性的高级表现形式，是推动民族进步和社会发展的不竭动力。一个民族要想走在时代前列，就一刻也不能没有理论思维，一刻也不能停止理论创新。

创新是指以现有的思维模式提出有别于常规或常人思路的见解为导向，利用现有的知识和物质，在特定的环境中，本着理想化需要或为满足社会需求，而改进或创造新的事物、方法、元素、路径、环境，并能获得一定有益效果的行为。

在这里，创新就是学生利用已存在的资源和要素，推出新的产品、方法以及新的一切，是对旧有的一切进行的替代、覆盖。它始于学习传承，始于学生创意。

创新不容易，第一，创新意味着改变，所谓推陈出新、气象万新、焕然一新，因为创新不容易，所以创新成为人才的一大特征，也就有了创新人才的问题。在培养人才创新本领的时候，不能忽略创新心理的培养。自信心不足，点子不能成为行动，行动不能得到坚持；缺乏激情，创新没有动力，思维会僵化，行动会迟缓；没有责任心，创新风险容易失控，即便成功可能也难取得持续进步。

学生创新能力的培养必须依靠教育。创新课程的实施能够为学生创造一个有创意的学习情境，在这个情境中设置有趣的问题，激发学生的兴趣，培养学生的逻辑思维，进而发展学生的创新能力。

创新课程的总目标就是帮助学生使创新成为可能。从创新思维、创新设计等方面发展学生的创新意识和创新能力，在探索和创新中收获成功。

（二）创新课程中各教材的目标

1. “创新设计、拓展素质”版块：《创新空间》的教学目标是通过整合学校周边的空间资源，创设一系列空间设计的主题，将科技与人文、审美与艺术结合起来，发展学生的创新思维和创新能力。

2. “创新工场、提升能力”版块：《创新工场》的教学目标旨在借助科学技术领域的相关知识，帮助学生了解技术设备，并在这一过程中，发展学生的创新能力。

三、创造课程的课程目标

(一) 创造课程的总目标

创造是指将两个以上概念或事物按一定方式联系起来,以达到某种目的行为。简而言之,创造看字面意思就是把以前没有的事物给产生出或者造出来了。这明显的是一种典型的人类自主行为。因此,创造的一个最大特点是有意识地对世界进行探索性劳动的行为。想出新方法、建立新理论、做出新的成绩或东西都是创造的结果。

创造,就是学生勇于突破、探索、实践,实现新的生活方式、生活内容,在创造中产生新的生命追求。创造是创新在大层面的升华,是引导学生做一个有社会责任感和对社会有用的人。

创造力是与创造紧密相关的概念。一切创造都源于人类高超的创造力。创造力是人类特有的一种综合性本领。一个人是否具有创造力,是一流人才和三流人才的分水岭。它是知识、智力、能力及优良的个性品质等复杂多因素综合优化构成的。创造力是产生新思想,发现和创造新事物的能力。它是成功地完成某种创造性活动所必需的心理品质。例如创造新概念、新理论,更新技术,发明新设备、新方法,创作新作品都是创造力的表现。创造力是一系列连续的复杂的高水平的心理活动。它要求人的全部体力和智力的高度紧张,以及创造性思维在最高水平上进行。

创造力的培养概括为以下几个方面:① 激发求知欲和好奇心,培养敏锐的观察力和丰富的想象力,特别是创造性想象,以及培养善于进行变革和发现新问题或新关系的能力;② 重视思维的流畅性、变通性和独创性;③ 培养求异思维和求同思维;④ 培养急骤性联想能力。急骤性联想是指集思广益方式在一定时间内采用极迅速的联想作用,引起新颖而有创造性的观点。

这里,学校通过开设校本课程,开发校本教材,通过创造课程培养学生的创造力。创造课程的总目标就是通过开设创造课程,设置具有创造性的学习情境和问题,激发学生的求知欲和好奇心,培养学生的逻辑思维能力、推理能力、联想能力等,帮助学生培养创造力。

(二) 创造课程中各教材的目标

1. “创造发明、体验成功”版块:《创造发明》的教学目标是帮助学生在社团活动中培养创造能力。社团活动可以满足学生的个性需要,使每个人都能发展自己的个性,教师通过给学生提供一定的辅助,帮助学生创造科技小发明,使学生在创造中获得成功。

2. “创造生活、丰富精神”版块:《创造未来》的教学目标是使学生在科学发现和实验探究的过程中,充分发展学生的想象力,达到创造生活、丰富精神的目的。

3. “文化传承,敢于担当”版块:《民族记忆》以北京的风土民情为主,通过设置这些与民俗有关的学习主题,帮助学生正确对待民族文化遗传,传承民族文化,创新和发展民族技艺,理解民族精神和人格,使学生成为有责任、有担当的民族少年。

第四节 “三创”课程目标设计案例

一、创意课程目标设计案例

案例 4-4-1:创意美劳——童趣的彩泥

《创意手工——童趣的彩泥 》课程纲要

教师:李俊巍

<table>
<tr><td>课程名称</td><td colspan="3">童趣彩泥</td></tr>
<tr><td>适用年级</td><td>一、二年级</td><td>总课时</td><td>33 课时</td></tr>
<tr><td>课程简介
(200 字内)</td><td colspan="3">童年,在历史年代,很多农村儿童都是玩“泥巴”长大的。而作为社会发展的产物,橡皮泥作为现代玩具代替了那“泥巴”。橡皮泥又称彩泥,是一种独特风格的游戏,在制作中左右手同时操作也可以调节思维,平衡左右脑智力开发。橡皮泥安全卫生、色彩鲜艳,经过孩子的巧手,千变万化成为各种各样的东西,更加符合孩子的天性,也同时使他们的好奇心得到满足。俗话说:心灵手巧,这句古话很有道理,反过来,只有手巧才能心灵。针对低年级孩子的年龄小,想象力丰富,活泼好动爱创造的特点,我们开设了童趣彩泥这门校本课程</td></tr>
<tr><td rowspan="2">背景分析
(500 字内)</td><td colspan="3">目的和意义:
1. 通过橡皮泥创作活动,培养学生观察、想象、创造和审美等能力;
2. 在橡皮泥创作活动过程中,体验创新和成功的乐趣,陶冶性情;
3. 通过橡皮泥展示自己的个性与才智,释放艺术才华,提升文化品位;
4. 掌握橡皮泥创作的一般规律,学会合作,体验合作的快乐</td></tr>
<tr><td colspan="3">学情分析:
一、二年级学生虽然年龄小,但是好奇心强,学习积极性高,拥有活跃的思维并具备一定的动手能力。根据他们的年龄和心理特征,此阶段的校本课程内容以培养学生动手能力和创造能力为主的橡皮泥制作课。通过捏橡皮泥这种丰富多彩的活动,培养学生动手能力和欣赏美、创造美的能力,并在活动中促进学生学习方式的转变,激发学生的参与意识,合作交流和主动创新意识</td></tr>
</table>

续 表

课程名称	童趣彩泥		
适用年级	一、二年级	总课时	33 课时
背景分析 (500 字内)	资源分析: 我校紧邻西流湖雕塑公园,为学生提供了潜移默化的艺术熏陶。张雯雯老师年轻有活力,画画基本功扎实,优秀的美术作品获得了学校领导的好评。荆瑞华老师亲和力强,善于做手工,尤其在花样折纸方面经验丰富。王芳老师辅导孩子特别有耐心,善于组织活动,善于挖掘每个学生的艺术潜能		
课程目标	1. 尝试运用揉、捏、剪、挑、压、粘、贴等方法,塑造一个自己喜欢的形象。提高学生的动脑动手能力,掌握各种捏制技巧; 2. 通过橡皮泥造型,陶冶学生情操,培养学生审美能力及表现美,创造美的能力; 3. 利用多媒体教学手段,发挥学生的主体性,培养学生的小组合作精神		
学习主题/活动安排 (请列出教学进度,包括日期、周次、内容、实施要求)	周次:第三周(3.11—3.15) 内容:用橡皮泥制作苹果、葡萄、石榴、草莓 实施要求:会制作简单的水果 课时:2 课时 周次:第五周(3.25—3.29) 内容:用橡皮泥制作莲花、向日葵、百合等花瓶插花 实施要求:会制作简单的植物 课时:2 课时 周次:第七周(4.8—4.12) 内容:用橡皮泥制作热带鱼、变色龙 实施要求:会区分一些基本形状,会制作简单的动物 课时:2 课时 周次:第九周(4.22—4.26) 内容:用橡皮泥制作母鸡孵蛋,蝴蝶采蜜 实施要求:试着制作一些简单的图形组合 课时:2 课时 周次:第十一周(4.23—4.29) 内容:用橡皮泥制作轿车、火车、飞机 实施要求:学会利用橡皮泥制作轿车、火车、飞机 课时:2 课时 周次:第十三周(5.6—5.10) 内容:用橡皮泥和小白菜制作鸭子 实施要求:生活中的蔬菜和橡皮泥有效结合制作出小鸭子 课时:2 课时		

续 表

<table>
<tr><td>课程名称</td><td colspan="3">童趣彩泥</td></tr>
<tr><td>适用年级</td><td>一、二年级</td><td>总课时</td><td>33 课时</td></tr>
<tr><td>学习主题/活动安排（请列出教学进度,包括日期、周次、内容、实施要求）</td><td colspan="3">周次:第十五周(5.20—5.24)
内容:用橡皮泥和香蕉皮制作章鱼
实施要求:学会利用香蕉皮制作章鱼
课时:2 课时

周次:第十七周(6.3—6.7)
内容:用橡皮泥和菜花制作山羊
实施要求:学会利用菜花制作山羊
课时:2 课时

周次:第十九周(6.17—6.21)
内容:用橡皮泥和生活中的土豆制作小刺猬
实施要求:学会利用土豆制作小刺猬
课时:2 课时</td></tr>
<tr><td>评价活动/成绩评定</td><td colspan="3">注重发展性评价,既要关注学生学习成果,又要重视学生积极参与活动的全过程,更要关注学生面对挫折和与人交往方面的表现以及习惯养成等。在检测方面以学生平时学习表现、动手、思维、创新、学具准备、制作成果为考评</td></tr>
<tr><td>主要参考文献</td><td colspan="3">1.《橡皮泥》，郭彦明，时代文艺出版社，第 1 版.
2.《小笨熊手工大全》，崔钟雷，哈尔滨出版社，2010-1-1.
3. 网络检索 http://image. baidu. com/i? tn=baiduimage&ct</td></tr>
<tr><td>备　　注</td><td colspan="3">活动收获：
有利于培养孩子各方面的能力
1. 培养创意思维
虽然创意思维需要从小开发,童话彩泥制作可使孩子的右脑得到开发和锻炼,使大脑的左右脑得以全面、均衡地发展,从而激发创意思维。为了制作新的粘土制品、为了独立完成心爱的小饰品制作,孩子们会在自己动手亲自操作的过程中提高创意能力
2. 有利于集中注意力
在用手揉捏彩泥的过程中,不仅能锻炼大小肌肉、促进大脑循环思维,而且还能使孩子用手指真切地触摸每一寸彩泥,有利于集中精神及注意力。即使是个性散漫、爱玩、爱闹、好动、淘气的小男孩儿,也能够通过童话彩泥制作的过程,较长时间地集中注意力
3. 增强自信
童趣彩泥制作会令孩子获得成就感,让孩子们感觉自己也能造出某类事物,增强孩子们的自信。孩子们大多会在玩彩泥的过程中轻轻松松地创造出新的事物,因此也会体会到非常大的自我满足感。特别是,平时话比较少或较为内向的孩子会通过童话彩泥制作有效地增强自信心
4. 培养审美能力
童趣彩泥制作是培养孩子们审美能力的有效方法</td></tr>
</table>

案例4-4-2:创意数理——分数的意义课程案例

小学数学创新课堂案例

海淀区教师进修学校附属实验小学　郭　林

学校举行的青年教师公开课活动中听了一节“分数的意义”感触颇深。“分数的意义”是北师大版小学数学五年级下册的内容,这部分教材是在学生初步认识了分数的基础上,通过学习使学生从感性认识上升到理性认识,理解单位“1”,概括出分数的意义。这样一节概念课教师在设计上突破传统教学模式,思路独特新颖,教学时,教师结合学生的实际经验和已有知识设计富有情趣和意义的活动,使他们有更多的机会,从周围熟悉的事物中学习和理解数学,感受数学与现实生活的密切联系,提高学生运用数学知识解决实际问题的能力,从而提高学生的综合素质。

【案例描述】

单位“1”的理解。

说学具,充分利用学具表示分数。

师:如果老师叫同学们用不同的事物表示分数,我想每个同学都有不同的表示方法,这样吧,老师请大家小组合作,用老师提供给你的圆片、毛线、4个小女孩的图片、12根小棒表示出分数。

学生动手操作,教师巡视指导。

反馈。

师:谁愿意说一说,你是怎样表示分数的。

生:把一张圆形纸片对折再对折,每份用分数表示。

师:你为什么要对折再对折?

生:平均分。

师:还有其他的表示方法吗?

生:将绳子剪成4段,每段是分数。

生连忙补充:将绳子剪成一样长的4段,每段是分数。

师:你们觉得他补充的对吗?他为什么要补充?

生:他前面没有平均分。

生:我把4个女同学中的其中的一个圈起来,它也表示分数。

生:我用4根火柴棒,把它们平均分成4份,每份是分数。

生:我用8根火柴棒,也平均分成4份,每份2根也是分数。

生:我用12根火柴棒,每份3根也是分数。

师:请大家想想,在表示的过程中有什么相同的地方?或不同的地方?

生:都是平均分。

师:有什么不同的地方呢?

生:分的对象不同。

生:有的分的是一个图片、一个物体,有的是好多个物体组成的。

师:一个图片、一个物体,平均分后表示其中的几份可以写成分数,那么像4个女同学中的一个,8根火柴棒中的2根等这些都可以用自然数来表示,为什么也要用分数来表示?

(1) 师:要不四人小组讨论一下怎么样?

（学生讨论，教师巡视指导）

(2) 反馈：

生：把好多个物体看成一个整体。

生：一个女同学，2根火柴棒都表示是整体的 。

师：我们把这些都看成一个整体，那请你观察一下我们身边有这样的整体吗？

生：我们的班的全班同学。

生：教室里的所有老师。

生：教室里的6盏日光灯。

师：像这些整体或可以看成一个整体，我们都可以把它们看作单位“1”(教师板书：单位1)。

师：你觉得这个“1”与自然数的1有什么不同？

生：它可以表示好多的物体。

生：它可以表示一个整体。

师：这样的话要把这个“1”与自然数的1要区别，你们觉得我们最好怎么处理？

生：给它加个引号。

师：我们把刚才的那些都看成一个整体，那请你说说他们中的一个或一盏可以表示出那一个分数？

【创新点】

“分数的意义”是一节常规性的观摩课，关于这节课的教案不少，课也听了不少，如何体现“观念更新，基础要实，思维要活”，我觉得教师对教材的把握与处理，对课堂的设计以及处理，给我几点比较深的感触。

1. 突破传统教学模式，思路独特新颖

传统教学的种种封闭压抑了学生个性的发展，学生迫切需要一种展现自我，发展个性的体验式学习。以前的教学改革，大多停留在数学学科层面上，往往比较注重将教科书上的知识教给学生。在教学中，往往是教师清楚要教什么，为什么这样教和怎样教，学生却不知道自己要学什么、为什么学和怎样学。学生的学习缺少方向，缺少动力，缺少方法，他们学习的主动性、创造性很难得到发挥。因此，当前教育改革的重点应是以教师教学方式的转变来促进学生学习方式的转变，从而更好地促进学生的主体性发展。教师把整个学习过程放给学生，让学生小组合作，全员参与，共同探究，由感性认识上升到理性认识，让学生参与知识获得的全过程。

2. 让概念学习具有一定的开放度

概念学习并不是枯燥的，用概念自身的魅力及教材的内在智力因素让概念学习也有一定的开放度。在上面这一环节中，教师注重教材的开放性和思考性，让学生有自主选择的权利和广阔的思维空间，如教师提供一些具有代表性的材料，让学生通过选一选、分一分、折一折等一系列的操作，在相互交流的过程中，理解表示的意义，再通过比较一个图片，一个物体，一个计量单位等一个整体和可以看成一个整体的一些群体，认识和理解单位“1”，教师让学生在基本理解的同时去区别单位“1”与自然数的1的不同，从而教师突破理解单位“1”这一难点，教学中教师突出了单位“1”的动态变化、分数与所对应的量之间的联系、“平均分”概念的进一步深入、分数基本性质的渗透。又如“我们身边有这样的整体吗”“可以表示那一个分数?”既渗透了数形结合的思想,有助于学生空间观念的建立,也让学生看到了分数与生活的联系,感悟了生活中的数学。也为理解分数的意义奠定基础,同时也培养学生的实践能力和合作精神。

二、创新课程目标设计案例

案例 4-4-3:创新英语

沿着音乐之桥走进英语的节奏、韵律

肖光耀

【案例背景】

2015 年 5 月我上了一节英语的语音拼读课,所用教材是人教版英语三年级下册 Unit 5 Let’s Spell,授课对象是随机抽取本校三年级的一个班。

Let’s Spell 板块是一个语音和拼读相结合。本课教学目标是引导学生了解字母 E 在开音节单词中的发音规律,并尝试拼出符合该规律的单词发音。但是在实际教学中英语教师都有这样的经历,在教某个语音时,学生能够模仿发音,但是语音、语调、节奏非常生硬。不管教师如何示范,如何反复强调,学生发出的读音带有浓浓的中文音调,甚至有的听起来像是小品演员在用地方方言读英文,惹得老师、同学哄堂大笑。

《英语课程标准》在语言知识中提出:了解英语语音包括连读、节奏、停顿、语调等现象。学生发音感觉别扭的原因就在于学生没有了解到英语韵律、节奏。因此我们迫切需要一种方法来帮助学生领会英语的节奏美、韵律美。

【案例主题】

英语的发音习惯、发音规则与汉语有很大的不同。英语的韵律、节奏包含有语言流中如何停顿(意群的划分)、在两个停顿中间的单词的重音和快慢及连读、弱读和省略以及语气和语调等。这些对完全依靠模仿为主的小学生来说,确实有难度。况且小学生的发音器官柔软,读出英语的韵律美,的确不是一件容易的事。音乐的三要素是旋律、和声和节奏,这和英语有相似之处的。我尝试把音乐引入英语的语音拼读课,利用音乐的三要素对接英语节奏、韵律。学生通过音乐感受英语的语言美。

在这堂课我选择打击乐——邦戈鼓(Bongos)。这种鼓由 2 个鼓组成,体积小巧,便于携带。大鼓演奏低音,小鼓演奏高音。我利用这种节奏感强,又有高低音变化的乐器辅助学生领会英语的韵律、节奏。

【案例过程】

5 分钟热身复习。

邦戈鼓主要是在新授环节使用。流程图如下:

教师播放有关字母 E 发音的 Chant,

(设计意图:学生感受 E 的发音,为 E 在单词中的拼读做准备)

↓

教师用邦戈鼓演奏一段乐曲(10 秒)

(设计意图:感受鼓点的高低,轻重变化,为后面学习清辅音,浊辅音做铺垫)

↓

音频示范 she 的发音,学生认真听

↓

音频示范清辅音 sh/ʃ/的发音

学生模仿,

教师轻拍高音鼓,节奏长慢,学生跟随鼓声再模仿

↓

音频示范 e 在单词中元音/i/的发音,学生模仿,

教师重拍低音鼓,节奏慢,学生跟随鼓声再模仿

学习 e 在单词 she 中的发音(设计意图:借助鼓声的变化,感受两种发音的不同)

↓

学生尝试用以上 2 个音素拼读 she

教师重复打击上 2 个节奏,学生跟随鼓声再次拼读 she

(设计意图:学生借助鼓声旋律,音素拼读成单词水道渠成)

↓

教师拍鼓,学生读有关 she 的 Chant

(设计意图:此环节是帮助学生由读词到读句。学生借助鼓声,读出语句的重音和快慢及连读、弱读)

学生小组互助,试拼 he
音频示范 he 的发音
尝试拼读 he　学生模仿,教师拍鼓辅助

↓

教师拍鼓,学生读 Chant

其他的单词,学生先自己尝试拼读,然后听示范音学生自行纠正,最后小组内设计有关这些单词 Chant,学生击鼓。

(设计意图:学生借助鼓声,读出语句重音和快慢及连读、弱读等)

↓

学生击鼓,展示 Chant,归纳发音规律

以上新授课活动 15 分钟完成。巩固练习 10 分钟。

最后,利用本堂课最后 10 分钟,学生阅读含有 E 拼读规律的小故事(7,8 句),然后学生自己编节奏诵读小故事。

【案例反思】

1. 关注英语韵律、节奏更重要,音乐的节奏正好对接英语节奏、韵律

现在为学生提供充分听的输入已经成为英语教师的共识,但是在听的过程中教师更注重指导听的内容。通过这节课,我发现听各种类型的资料时,关注韵律、节奏更关键。英语是字符化的多音节语言,节奏和韵律非常重要。鼓声的引入就是潜移默化地把学生注意力

引到节奏、韵律上。

英语的发音中有各种各样的连读、弱读、省略,而非每个单词都要咬字清晰。所以,英语的韵律、节奏之一就包括连读、弱读、省略。语音、语调富于变化是英语语言美的一个重要方面。鼓点节奏的快慢,鼓声的高低,正好对接了英语的爆破音、摩擦音等变化。再配上富有节奏和韵律的Chant,学生很容易的发好she,me,we的读音,而且读出了英语的味道,听起来更美,学生很是喜欢。

2. 鼓声使每个学生振奋,一堂枯燥的语音课变成生动的音乐课

语音课通常比较枯燥,教学策略少于其他课型。学生获得知识,是从感性认识到理性认识的过程。将音乐引入语音教学正符合从感知到理解的认识规律。它把语音拼读知识融合于音乐的旋律,将知识与趣味、抽象与形象紧密地结合起来,为学生提供更多的感性知识和形象材料,用旋律为学生架起了由感性认识通往理性认识的桥梁。学生在听、唱的过程中加深对所学内容的理解与巩固。在Chant展示环节中,乐感强的学生组可以呈现和声。学生们在快乐的氛围中自然习得。

3. 音乐辅助语音教学不必拘泥于词、句,可以扩展到篇章

目前,国外教育者提倡把语音拼读教学和故事融为一体。故事中体现了拼读规律,有助于学生在故事中学习,并掌握拼读规律,使学生能做到学有所用。这种含有拼读规律的故事,其语言韵律感强,学生可以配音乐诵读,或者让学生自己编节奏诵读。这不仅有助于学生温故知新,而且有助于学生在故事中轻松、快乐自然习得英语。

综上所述,在英语教学中利用音乐能激发学生的学习兴趣,渲染课堂气氛,能陶冶情操。让学生受到音乐美的熏陶,全面提高学生素质。它是一种新的、有效的教学方法。

三、创造课程目标设计案例

案例4-4-4:创造发明——超轻黏土

超轻黏土——课程纲要

海淀区教师进修学校附属实验小学　刘爱玲

授课对象:(二至五年级学生20名)

课程类型:选修课

课程简介:

教材编写的意图主要是通过活动,使学生多角度、多方面认识粘土制作带来的创作、快乐体验,帮助他们提高观察生活的能力;使学生体会黏土制作所蕴含的文化性与人文性,在创作黏土制品的过程中让学生提高设计和动手制作能力,享受成功的体验。

课程目标:

1. 初步掌握轻黏土制作的基本知识和技能,过程与方法。

2. 利用很多黏土的颜色,分别制作不同的作品,培养学生的动手能力。

3. 在参与制作轻黏土的过程中,对创意美工活动产生兴趣,感受与创造美出更精美的作品。

课程内容：

主题	内容和活动
认识神奇的超轻黏土	出示课前制作好的轻黏土作品，提问： 1. 同学们知道这是什么吗？（香蕉、苹果、草莓、葡萄、小猫、章鱼、蜗牛、小兔） 2. 这些物品用什么做的吗？（轻黏土） 自己研究　　小组讨论　　得出结果 3. 谈一谈章鱼的造型特点 设计意图：激发学生对黏土的学习兴趣并加以研究
介绍轻黏土	介绍轻黏土 1. 轻黏土的介绍 传统太空泥由纯木浆或纸浆，天然或加工后的细粉，最后加入黏合剂用来改善它的柔软性韧性，是一种健康、安全的环保型手工艺材料 作品的修饰可以运用刻刀，修饰完成后的作品可以使用水基颜料（丙烯或广告颜料）彩绘，干后可以用喷漆或醇酸漆进行喷涂表面保护层 2. 轻黏土的特点 白色无毒，不粘手，柔软性好，可塑性强 作品干燥定型后，即可长期保存 真空包装后半年以上时间不固化 真空拆封后印痕图案制作，30 小时左右固化，固化后图案能长时间保持原样，不变形，不干裂
轻黏土的保存方法	密封、干燥的地方保存。如果稍微有点干的话可以喷少许水使其变软，完全干燥了的话是无法变软的，因为含有纸浆的成分，完全干燥后加水的话只会化掉
欣赏轻黏土的作品	学生带着对黏土的了解再一次欣赏作品。收获和第一次感受不同
介绍轻黏土的使用	你可以运用黏土自由制作各种不同类型的物体，也可以包覆在其他物体外面。感受它的适用性、光滑的表面和极轻的质量，它是制作娃娃玩偶的理想材料。当制作高的物体或有突出的部分，可以使用金属线插入用来增大稳定性。举例说明：做玩偶的头部，可以用聚苯乙烯或其他塑料制品作为基座，在外表用黏土包覆成型，当作品未干燥前你可以用食指把作品表面抹光滑，作品干燥后你可以用砂纸把作品表面打磨光滑。作品的干燥时间和作品的厚度及温度干湿度都有关系，厚度较厚的作品需要两天或更长的时间干燥
作品的制作方法 （示范教学）	引导学生制作出与众不同的太空泥作品。 ① 搓黏土（注意：一般来说不要喷水，太空泥都是水溶性的，喷水会融化的。少量的水还可以）； ② 制作黏土板，包括底座、外侧壁（注意厚度适中，不能太薄或不能太厚）； ③ 最后才做装饰配件。添加时把外部打湿，确定位置再固定下来； ④ 还没完成的作品要喷少量的水并用保鲜袋密封保存； ⑤ 完成的作品风干
欣赏并评价学生 轻黏土作品	1. 学生互相欣赏同伴制作的轻黏土作品； 2. 轻黏土作品展：评选作品

案例 4-4-5:创造未来——创造性口头表达

运用思维图训练学生创造性口头表达

孔令燕

我校部分教师外出学习,为大家带回了直观形象的八种思维图,校长鼓励大家大胆适时使用。在北师大版一年级下册《燕子妈妈笑了》这篇课文的教学过程中,根据课文特点,我采用了八种思维图中的双泡图,双泡图适用于两种事物的比较。

在引导学生熟读课文,理解课文内容时,首先指名读第一自然段,了解冬瓜和茄子都生长在菜园里,并通过看图片朗读,理解体会“躺、挂”的不同。

接着在学习第二至八自然段时引导学生思考:燕子妈妈叫小燕子到菜园里去了几次?看到冬瓜和茄子长得有什么不一样?同桌合作,一人说冬瓜,一人说茄子,口头完成填空。

小燕子一共去了(　三　)次菜园。

第一次,它看到:

冬瓜是(　大　)的,茄子是(　小　)的;

第二次,它看到:

冬瓜是(青)的,茄子是(　紫　)的;

第三次,它发现:

冬瓜的(　皮上有细毛　),茄子的(　柄上有小刺　)。

此过程中教师贴好思维图,如图 4-4-1 所示。

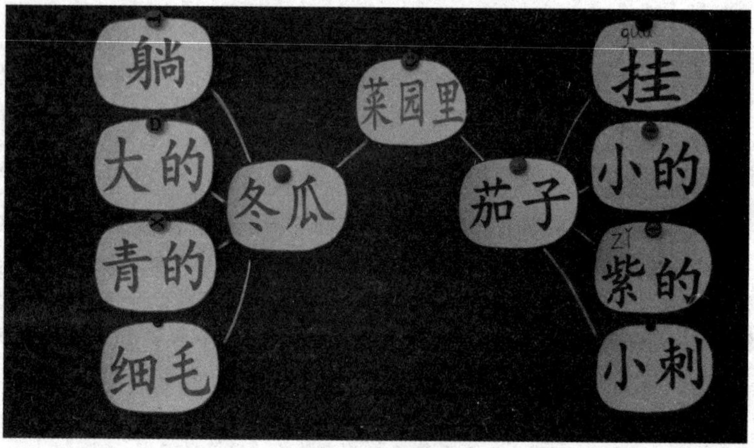

图 4-4-1　双泡图

贴好思维图后,引导学生看板书总结:同学们看板书,这幅像泡泡似的图,可以帮我们很清楚地找出冬瓜和茄子的相同和不同,它有一个可爱的名字就叫双泡图。

接下来,引导学生看着双泡图,进行口头介绍:谁能看着双泡图,向大家介绍介绍冬瓜有什么特点?学生顺利说出:菜园里,冬瓜躺在地上。冬瓜是大的,青的,冬瓜的皮上有细毛。谁能介绍介绍茄子有什么特点?学生顺利回答:菜园里,茄子挂在枝上。茄子是小的,紫的,茄子的柄上有小刺。

这样纵向两条线的口头表达练习之后,我又进一步引导学生:谁能看着双泡图,说一说冬瓜和茄子有什么相同和不同?于是学生按照思维图的提示说出:相同的地方是“冬瓜和茄子都生长在菜园里。”不同的地方是“冬瓜躺在地上，茄子挂在枝上；冬瓜是大的，茄子是小的；冬瓜是青的，茄子是紫的；冬瓜的皮上有细毛，茄子的柄上有小刺。”

此环节的设计，不仅使学生练习了创造性地口头表达，而且为理解由远及近的观察方法和一次比一次观察认真做了很好的铺垫，从而使学生理解了“燕子妈妈为什么笑了”。

分析上述教学片断，我认为这样的教学设计做到了思维图和语言训练有机结合，从而培养了学生创造性地运用思维图，完成口头表达。

一、色彩清晰，直观形象，为学生创造性口头表达提供了支持。色彩心理学告诉我们：人常常感受到色彩对自己心理的影响，这些影响总是在不知不觉中发生作用，左右我们的情绪。认真观察思维图，就会发现“菜园里”采用大地色，表示冬瓜特点的词语采用青色，表示茄子特点的词语采用紫色，这样色彩清晰，直观形象，能够有效地刺激学生的视神经，激发了学生创造性表达的愿望。

二、纵向横向，内容清楚，有利于学生创造性口头表达。思维是语言的内在基础，语言是思维的工具。儿童认识事物是通过看、听、摸、尝等方式直接感知的。同时，又必须以相应的语言来说明事物的现象和意义，才能真正认识它，形成正确的概念。教师运用思维图，把学生零散的思维结果进行整理并直观形象地呈现出来，在此基础上引导学生创造性地纵向介绍了单一事物、横向比较了两种事物的异同。很明显的，思维图的使用，使得内容非常清楚，为学生创造性口头表达降低了难度。

三、巧用色彩，利于辨析，渗透思维方法。思维图中色彩的巧妙选择：表示冬瓜特点的青色，表示茄子特点的紫色，便于学生理解冬瓜和茄子的不同，有利于辨析比较，同时渗透了比较的思维方法。思维借助语言进行表述，语言所表述的内容就是思维的内容。没有思维，不会有语言的产生和发展；没有语言，也就失去了思维的具体内涵。思维图和语言训练相结合，既发展了学生创造性口头表达，又培养了学生创造性思维。

第五章

"三创"课程的内容设计与开发

第一节　校本课程内容设计与开发

一、校本课程资源的设计与开发

（一）课程资源

课程资源是课程设计、实施和评价等整个课程编制过程中可以利用的一切人力、物力以及自然资源的总和。包括教材以及学校、家庭和社会中所有有助于提高学生素质的各种资源。课程资源既是知识、信息和经验的载体，也是课程实施的媒介。课程资源是形成课程因素来源与必要而直接的实施条件①。总之，广义的课程资源指有利于实现课程目标的各种因素，狭义的课程资源仅指形成课程的直接因素来源。

（二）课程资源的分类

一是按照课程资源的功能特点出发，课程资源可划分为素材性资源和条件性资源两大类。二是按照课程资源空间分布的不同，课程资源可分为校内课程资源和校外课程资源。三是按照课程资源的性质，课程资源可分为自然课程资源和社会课程资源。四是按照课程资源的存在方式，课程资源可分为显性课程资源和隐性课程资源。五是按照课程资源的存在形态，课程资源可分为物质形态的课程资源和精神形态的课程资源。六是按照课程资源目前的可利用程度，课程资源可以分为校内课程资源、校外课程资源和信息化课程资源。七是按照课程资源在空间上的分布，课程资源可分为学校资源、家庭资源和社区资源②。

在这里，海淀进修附小主要是按照课程资源的性质，整合学校周边的自然课程资源和社

① 吴刚平．课程资源的理论构想[J]．教育研究，2001，09：59-63，71.

② 吴刚平．课程资源的分类及其意义[J]．语文建设，2002，09：4-6.

会资源,设置“三创”课程。

(三)课程资源的特点

1. 广泛多样性

课程资源绝不仅仅是教材,也绝不仅仅限于学校内部,课程资源涉及学生学习与生活环境中所有有利于课程实施、有利于达到课程标准和实现教育目的的教育资源,所以课程资源具有广泛多样的特点,它弥散在学校内外的方方面面。

2. 客观性

与学校的正式课程相比,课程资源不一定是规范的、系统的、专门化的,但课程资源是可以开发利用的,可以依据一定的目的对课程资源进行选择、改造并加以利用①。然而,由于不同主体的课程观、知识能力水平、实践经验等不同,对同一资源的开发在广度、深度上,在达成教育目标的效果上会有很大的差别,这说明课程资源是客观的,对课程资源示范开发利用取决于人的主观能动性。

3. 间接性

有相当一部分课程资源在课程设计之前就已经存在,它具有转化为学校课程实施的可能性,但还不是现实的学校课程或课程实施的现实条件,因此,课程资源还有间接性的特点,其教育性不像学校正式课程那么明显、直接。

4. 价值潜在性

一切可能的课程资源都具有潜在价值性的特点。具体来说,课程资源的潜在价值体现在课程设计、实施和评价的全过程。由于课程设计受设计者对材料依据的选择或设计者选择作为重点材料的影响,课程资源便成为课程设计的基础和依据。

5. 具体性

可能的课程资源虽呈现出多样性,但是任何可能的课程资源则因地域、文化传统、学校以及师生各自的差异而不同,因而课程资源又具有具体性的特点。

6. 多质性

由于同一资源对于不同课程有不同的用途和价值,因而课程资源具有多质性的特性。课程资源的多质性,要求教师慧眼识珠,善于挖掘课程资源的多种利用价值。

(四)课程资源开发和利用的原则

原则规范着人们的行为,是正确行动的根据、尺度和准则。课程资源的开发与利用不是随意而行的,同样需要一定的原则来规范。基于课程资源的基本特点和多样的类型,课程资源的开发和利用应遵循如下一些原则。

1. 优先性原则

学生需要学习的东西很多,远非学校教育所能包揽,因而必须在可能的课程资源范围内

① 黄晓玲.课程资源:界定、特点、状态、类型[J].中国教育学刊,2004,04:38-41.

和在充分考虑课程成本的前提下突出重点，并使之优先得到运用①。

2. 适应性原则

课程的设计和课程资源的开发利用不仅要考虑典型或普通学生的共性情况，更要考虑特定学生对象的特殊情况，包括学生已学过的内容、现有的知识、技能和素质背景。除了考虑学生群体的情况外，还要考虑教师群体的情况②。只有这样，课程资源才能得到更加充分合理地开发与利用。

3. 开放性原则

课程资源的开发与利用要以开放的心态对待人类创造的一切文明成果，尽可能开发与利用有益于教育教学活动的一切可能的课程资源③。课程资源开发与利用的开放性，是指不论以什么类型、形式存在，也不论存在于什么空间，抑或是以何种途径开发的课程资源，只要有利于提高教育教学质量和效果，都应加以开发与利用。

4. 因地制宜性原则

在课程资源的开发与利用中，需要考虑本地区、本学校的实际条件，做到开发和利用的课程资源与其他教育内容的协调配合，注意时间、空间、人力、物力上的现实可行性。

(五) 课程资源开发与利用的途径

第一，开展当代社会调查，不断地跟踪和预测社会需要的发展动向，以便揭示或有效参与社会生活和把握社会所提供的机遇而应具备的知识、技能和素质。

第二，审查学生在日常活动中以及在实现自己目标的过程中能够从中获益的各种课程资源，包括知识与技能、生活经验与教学经验、教与学的方式和方法、情感态度和价值观等方面的各种课程素材，以及开发和利用相应的实施条件等。

第三，研究一般青少年以及特定受教育学生的情况，以了解他们已经具备或尚需具备哪些知识、技能和素质，以确定制订课程教学计划的基础。

第四，鉴别和利用校外课程资源，包括自然与人文环境、各种机构、各种生产和服务行业的专业人才等资源。

第五，建立课程资源管理数据库，拓展校内外课程资源及其研究成果的分享渠道，提高使用效率。

(六) 当前课程资源建设中应该注意的几个认识问题

1. 课程资源无处不在，无时不有，在不同教育情境下的课程资源状况可能存在着相当大的差别。

2. 校本教材不是唯一的课程资源。

3. 教师是最重要的课程资源。

---

① 肖国刚，胡海燕. 试论课程资源的特征及相应的开发原则[J]. 内蒙古师范大学学报(教育科学版)，2003，05：117-119.

② 张桃. 新课程背景下课程资源开发的原则与途径[J]. 当代教育论坛(学科教育研究)，2008，03：76-77.

③ 罗儒国，吴景芝. 课程资源开发的伦理原则初探[J]. 教育评论，2003，05：65-67.

4. 课程资源的建设必须纳入课程改革计划。

5. 树立课程资源共享的观念①。

二、课程内容设计与开发

(一) 课程内容

1. 课程内容的概念

课程内容一般指特定形态课程中学生需要学习的事实、概念、原理、技能、策略、方法、态度及价值观念等②。课程内容的选择有三种基本取向:学科知识、当代社会生活经验、学习者的经验。因此,课程内容的选择是“根据特定的教育价值观及相应的课程目标,从学科知识、当代社会生活经验或学习者的经验中选择课程要素的过程”。课程内容属于课程层面的概念,它在课程标准中得到明确规定和表述,具有法定的地位,不能轻易改变。从教师教的角度,它回答的是“教什么”的问题;从学生学的角度,它是对“学什么”的规定。

课程的内容标准主要是对学生在经过某一段时间之后的学习结果的行为描述,而不是对教学内容的具体规定,它不仅包括“知识与技能”领域,还包括“过程与方法”“情感态度与价值观”领域。

对于任何学习领域,课程标准解决的是“教什么”的问题,而“如何教”的问题则留待教材层面和教学层面了。“如何教”不仅包含“用什么素材教”,也包括“用什么方法教”。尽管课程标准十分重要,但它不能直接作用于教师和学生,成为学生学习的直接对象。课程内容只有“教材化”,即通过具体的事实、现象、素材表现出来,学生的学习内容才是现实而生动的。从内容到材料的过程是物化的过程,因此,教材是课程标准的物化形态。课程标准描述的是学生的学习结果,没有限定教师的教学内容,因而它不直接规范教学材料,而是通过描述学生的学习结果间接影响教学材料的编写。教材不是教学的目的,而是一种途径或手段。这样,体现同一课程内容的教学材料可以是多种多样的,而同一材料也可服务于不同的课程内容目标。

2. 课程内容的意义

课程内容是课程的核心要素,是课程内在结构的有机组成部分。课程内容对实现课程目标、安排学习活动方式具有重要意义。

课程内容与课程目标之间具有内在的逻辑联系。任何类型的课程,其内容都是以课程目标为直接依据选定的,课程内容在一定程度上体现了课程目标的要求。课程内容的合理性程度,制约着教育目标和课程目标,影响着人才培养的具体质量规格。课程内容的内在结构不同,也直接影响着学生发展的素质结构状况。正因为如此,人们在不同的历史时期,都面临着“什么知识最有价值”这一经典的课程内容问题。

课程内容影响着课程实施中教和学的活动方式。课程内容的性质不同,要求在教学过

---

① 吴刚平,樊莹.课程资源建设中的几个认识问题[J].教育理论与实践,2001,07:40-42.

② 陈旭远.课程与教学论[M].北京:高等教育出版社,2012:74.

程中采用不同的教学活动方式。教学过程中教学方法的选择、教学组织形式的采用，以及教学辅助材料和手段的设计等方面，都必须考虑课程内容的性质及其要求。直接经验的教学与间接经验的教学在整个教学方式上具有本质的区别。

总之，设计合理的课程内容，是课程设计与课程实施的核心问题。任何课程理论和课程改革，都需要客观地回答“什么知识最有价值”这一经典的课程内容问题。

（二）课程内容的选择和编排原则

课程内容是根据课程目标，有目的地选择出来，并按照一定逻辑组织和编排的各种直接经验和间接经验的知识体系，是一系列比较系统的直接经验和间接经验的总和。它是课程内在结构的有机组成部分，是课程的核心要素。

校本课程隶属于课程，是课程中的一个分支，因此要对校本课程的内容进行选择和编排必须依据课程内容选择和编排的原则。因此，在此首先对课程内容的选择和编排的原则进行简单的论述。

1. 课程内容选择的制约因素

课程内容的呈现是课程目标的具体化，课程内容的合理选择是课程设计与课程实施的核心问题。正确、合理选择课程内容，对实现课程目标、安排学习活动方式具有重要的意义。

具体来说，制约课程内容的选择因素主要有社会因素、科学文化知识、受教育者身心发展的规律三个方面①。

（1）社会因素

课程内容选择的客观依据是社会发展对学生素质发展的一般要求。社会现代化发展对学生的组织发展提出了不同的要求，因此学校教育要注重社会取向，根据社会发展的需要，对课程内容进行精心选择。

（2）科学文化知识

知识是课程内容的基本要素，所以课程内容的选择要考虑人类科学文化知识与技术本身的特点及其发展趋势。科学文化知识是课程内容选择的直接来源，科学文化知识和技术发展的水平、结构和速度制约着课程内容选择的范围、结构和更新的速度。

（3）受教育者身心发展的规律

课程内容的选择还要受到受教育者身心发展规律、发展水平和需要的制约②。一是受教育者的身心发展水平制约着课程内容的广度和深度。二是课程的基本功能是“育人”，课程内容的选择必须满足受教育者身心发展的需要，才能促进受教育者的个性发展。

制约课程内容选择的因素是多方面的。在课程内容的选择上要处理好社会、人和知识因素之间的相互关系，不能片面地、孤立地强调某一因素对课程内容选择的制约作用。

2. 课程内容的编排原则

对选择出来的课程内容进行有效的组织编排，能够使学生的各种学习有效地联系在一起，是学习产生累积的效果，达到相互强化的作用。在课程内容的组织中要遵循三个编排

---

① 陈旭远.课程与教学论[M].北京：高等教育出版社，2012：77.

② 陈旭远.课程与教学论[M].北京：高等教育出版社，2012：80.

原则。

(1) 直线式与螺旋式相结合原则

直线式是指把课程内容组成一条在逻辑上前后联系的直线,前后内容基本不重复,即课程内容直线前进,前面安排过的内容在后面不再呈现①。这种方式的逻辑依据是课程知识本身内在的逻辑是直线前进的。螺旋式是指在不同阶段、单元或不同课程门类中,使课程内容重复出现,逐渐扩大知识面,加深知识难度,即同一课程内容前后重复出现,前面呈现的内容是后面内容的基础,后面内容是对前面内容的不断拓展和加深,层层递进。直线式可以避免不必要的重复,但对于理论性较强或学生不易理解和掌握的内容,这种方式不太适合。螺旋式依据人的认识逻辑或认识发展过程的规律,即人的认识是遵循着由简单到复杂、由低级到高级逐步深化的发展规律。因此螺旋式比较适合理论性较强、学生不易理解和掌握的内容。在校本课程内容的编排中要采用直线式和螺旋式相结合的原则。如果编排的内容强调知识的连贯性时,编排时可以倾向于多采用直线式原则,如果知识难度比较大,或者理论性强较难于理解,则倾向于多采用螺旋式原则来编排。

(2) 纵向组织与横向组织相结合原则

纵向组织指按照知识的逻辑序列,从已知到未知、从具体到抽象等先后顺序组织编排课程内容。纵向组织是以学生学习层次的逻辑关系的角度提出的。横向组织指打破学科的知识界限和传统的知识体系内容,按照学生发展的阶段,以学生发展需要探索的社会和个人最关心的问题为依据,编制课程的内容,形成一个个相对独立的内容专题。横向组织是以发展心理学从人的成长过程的角度提出的。纵向组织和横向组织原则各有优势,综合考虑,课程内容的编制应考虑学生发展的阶段性要求,从纵向的逻辑序列联系出发,以知识之间的横向联系来组织课程内容②。

(3) 逻辑顺序与心理顺序相结合原则

逻辑顺序指根据学科本身的体系和知识的内在联系来组织课程内容。心理顺序是指按照学生心理发展的特点来组织课程内容③。根据学科内在的逻辑顺序来组织课程内容可以为学生提供与科学知识结构相应的课程内容,有利于使学生获得系统化的知识,形成自己的知识结构。心理顺序强调要根据学生身心发展的规律,特别是学生思维发展、学生的兴趣、需要和经验背景来组织课程内容。现在大家都公认,课程内容的组织要把逻辑顺序与心理顺序统一,要学生与课程统一起来。在学生方面,体现为学生的“未来生活世界”与“现实生活世界”的统一;在课程内容的组织上,根据学生认识发展的特征和科学知识本身的逻辑特征,编排成既区别于原有科学结构的,又有别于学生的完全经验复制式课程内容体系。

三、校本课程内容的选择和组织原则

校本课程是我国三级课程管理的重要组成部分,校本课程开发可以弥补国家课程开发的不足,是国家课程和地方课程的有益补充。校本课程有着自己的特色,强调以学校为主

① 陈旭远.课程与教学论[M].北京:高等教育出版社,2012:81.
② 陈旭远.课程与教学论[M].北京:高等教育出版社,2012:80.
③ 陈旭远.课程与教学论[M].北京:高等教育出版社,2012:81.

体，充分体现了“一切为了学生，为了学生的一切”的理念，因此在课程内容的选择和组织时不仅仅要遵循课程内容选择和组织的一般原则，同时也要遵循校本课程内容选择和组织的特有原则。

(一) 校本课程内容的选择和组织的基本原则

1. 兴趣优先

校本课程是以发展学生个性、特长和综合素质为目标的非学术性的、兴趣性的课程。课程开发的首要任务就是满足学生的实际发展的需要①。因此，任何校本课程内容的组织设计都要满足和激发学生的内在学习兴趣。

2. 资源为本

校本课程内容的选择和组织必须基于学校和社区的现有课程资源，校本课程资源不仅仅局限于某一本教科书或参考资料，或其他学科的知识体系，还包括社区的公共教育资源、人力资源以及学校的师资、设施、器材、经费、场地等方面，这些资源是校本课程开发的可能性保障。

3. 活动主导

校本课程注重实践，坚持“实践第一、感受第一和体验第一”的原则②。无论是操作实践还是创作实践，只有通过实践才能得到真实的感受和体验，也只有在这种感受和体验中，才能培养个体独特的实践精神和创新能力。因而在校本课程内容的选择和组织中，学生自主的学习活动占据内容的主导部分，教师主要是指导、答疑，或与学生一起参与活动的作用。

校本课程内容的选择和组织除了要遵循一般原则外，还要遵循校本课程内容选择和组织的特有原则，只有遵循了以上的三个原则，校本课程的内容才能体现出校本课程的特色。

(二) 校本课程内容选择和组织的基本环节

从校本课程理论基础、标准、原则等问题分析形成了对课程内容、校本课程内容的选择与编排的基本环节。校本课程内容的选择和组织的基本环节包含五个环节，分别为：

1. 确定校本课程内容的价值观；
2. 确定校本课程目标；
3. 校本课程内容基本取向；
4. 确定校本课程内容的编排原则；
5. 确定具体的校本课程内容③。

(三) 课程内容知识组织的策略

奥苏贝尔认为，“不断分化”和“融会贯通”是人的认知组织的原则。然而，这两条原则也

① 阳泽，刘电芝. 校本课程开发的内容、模式与策略[J]. 中国教育学刊，2001，03：50-54.

② 赵阳. 校本课程开发的基本原则[D]. 辽宁师范大学，2002.

③ 李飞飞. 基于地方文化传承的小学音乐校本课程开发研究[D]. 东北师范大学，2011.

适合于课程内容知识组织，即课程内容在纵向应遵循由整体到细节的顺序，或由一般到具体的知识组织顺序，即遵循不断分化的原则；在横向应加强基本概念、原理、规则、公式等组成知识点相关知识间的联系，即遵循“融会贯通”的原则。知识组织策略就是在学生头脑中有序地构建知识体系的高效认知策略，它的基本技术是将要学习与记忆的材料，根据其知识的意义分类概括出新的知识组织结构，帮助学生加深对学习与记忆材料理解的认知策略。

1. 知识点教学知识组织策略

一般来说，无论是传统教学还是网络教学，学生的学习都是围绕知识点展开的。知识点成为组织学科基本知识结构的主要内容，它主要包括学科的基本概念、基本原理、基本规则、基本公式等。学生在学会所规定知识点学习的同时也获得新的知识，并使学生的能力与素质得到提升。布鲁纳在学科结构论中也强调，不应该强调增加教材的量，而应该按照学科内容自身结构的体系，即围绕学科的基本概念、基本原理和基本方法来进行教学。因此，知识点的知识组织就成了课程内容设计的核心部分。课程内容以知识点为核心的知识组织策略，首先是以学科内容最小知识点为基础素材构件，形成学科的基本知识结构，即将学科的基本概念、基本原理、基本规则、基本公式等作为教学内容的知识点，或是提取基本原理、基本规则、基本公式中的概念作为教学内容的知识点，然后将学科的基本知识结构加以扩展，满足学生知识学习的认知结构。也就是说课程内容首先以文本形式组织学科系统的知识结构，然后根据教学目标和教学要求，确定学生所学知识点的内容及复杂程度。

2. 线性教学知识组织策略

所谓线性教学是指，一个确定的、序列性的、易于量化的秩序系统，它有着清晰的起点和明确的终点。课程内容以线性教学知识组织策略，它是以教学大纲和教学计划为主线，按知识的内在逻辑关系组织学科“课程内容”系统的知识结构。它呈现的是学科的基本结构，全局考虑学科知识内容的整体性，以及其中各个部分知识之间的相关性等。即按知识的内在逻辑关系，运用文本形式线性组织学科课程内容系统的知识结构，满足学生知识学习的系统性和完整性。

3. 非线性教学知识组织策略

所谓非线性教学是指，一个复杂的、多元的、不可预测的系统或网络。认知心理学认为，当人们在接触一个完全不熟悉的知识领域时，从已知的较一般的整体中分化细节，要比从已知的细节中概括整体容易一些。课程内容以非线性教学知识组织策略，是以知识点为核心，按学生的认知规律组织课程内容具体知识学习的知识结构。它首先将学科基本结构的知识点内容进行充分细化，如原理、规则、公式中列出重要的、典型的概念，把它作为超文本节点，内容进行链接，然后按学生的认知规律，以超文本非线性的知识组织特征。将知识点的具体知识，如问题、案例和情境等，组成学生学习的知识结构，即尽可能地组织成学生的认知结构。

（四）课程内容知识组织的结构

在以学科知识结构组织的前提下，课程内容以知识点为核心的知识组织，如果只把各种收集来的教学材料简单地堆砌到相应的知识点中，没有按一定的知识结构化组织和呈现，或者知识点学习与相关的教学材料相分离，又没有明显的导航标志，学生很难有效地组织自主探究学习。

课程内容知识组织应以知识点为核心，知识序列设计主要包括线性和非线性方式设计，其中线性方式以文本形式组成学科系统的知识结构，非线性方式是以知识点为核心，并以网状结构和树状结构形式组成学生知识学习的认知结构。认知工具设计主要是运用概念图的网状结构和思维导图的树状结构组成学生知识学习的网络结构图。链接设计是运用超链接技术将课程内容组成学生知识学习的超文本或超媒体结构。资源设计是运用思维导图的树状结构和超链接技术将课程内容组成学生自主探究学习的教学资源①。

第二节 “创意”课程内容设计与开发

一、“创意”课程

“创意”课程是“三创”课程中的一部分，是以发展学生的创意来设计的校本课程。学校通过分析学生的需求以及了解学生的兴趣爱好与个性特征，进而整合校内与校外的相关资源，筛选课程目标与课程内容，最终综合形成创意课程体系。

“创意”课程以“创意”的精神为统领，以学校周边文化创意等优势教育资源为基础，以大力发展学生的学习力、想象力、探究力、创造力为目标，以尊重个性、崇尚体验、深度探索、开发潜能为核心思想，以学校社区协同构建为保障机制，以探究、实践和综合活动为主要实施方式，构建与国家和地方课程相融通的创意特色课程体系，在课堂教学中实现责任教育，在德育教育中拓展学生的舞台，在课程建设实现新的创新，以课程体系的优化带动学校整体提升。“创意”课程的内容既有放大镜的奥秘、课桌布置的学问、冰箱的妙用、幸福里程表、酒驾的代价、雷电“交加”探秘、水蒸发等创意数理，又有叶画工艺、纸画工艺、活性炭布艺、毛绒编织、窗花工艺、蛋壳画工艺、丝网花工艺、烙画工艺等创意美劳。内容丰富多彩，为学生的个性发展创造了前提条件。

二、“创意”课程的内容

按照创意特色课程总体设计框架，依据课程改革知识与技能、过程与方法、情感态度价值观三个维度，研究确定创意主题特色课程模块的内容。包括 5 本教材，如图 5-2-1 至图 5-2-3所示，具体内容如下。

1. “创意语言、绽放思维”版块：《智慧双语》，低中高 3 册，每两周 1 次课，每次 2 课时，每两月一个单元，每学年 4 个单元，每册 8 个单元，一至六年级共计 24 单元。内容包括中英文对照的文化经典、诗词歌赋、著名演说、人文地理、动物世界、植物探秘、人际交往、心灵鸡汤等。

① 张天云. 基于SCORM的网络课程内容组织的研究与开发[D]. 陕西师范大学，2007.

2. “创意美劳、滋养身心”版块:《创意美劳》低中高3册,每两周1次课,每次2课时,每两月一个单元,每学年4个单元,每册8个单元,一至六年级共计24单元。内容以小制作为主,以创意+美育+劳技为目标,六年普及24项修养性技能。全部英文提示,落实双语特色和载体。具体项目包括剪纸、折纸、沙画、叶画、贴画、布艺、面塑、彩陶、扇面、篆刻、纸雕、木雕(儿童枪炮)、插花、贺卡制作、糕点制作、宠物管理、花草养护、垃圾分解、香皂制作、洗发露制作、文具制作、变废为宝(废品艺术处理)等。

(a) (b) (c)

图 5-2-1 创意美劳课程

3. “创意数理,开发心智”版块:《创意数理》低中高3册,每两周1次课,每次2课时,每两月1个单元,每学年4个单元,每册8个单元,一至六年级共计24单元。内容以探究身边生活、生产、生命中的趣味问题为主,渗透梳理思维、知识和解决能力培养。与数学、科学国家课程相融通,目标兼具开发心智、知识拓展和智力游戏功能。

(a) (b) (c)

图 5-2-2 创意数理课程

4. “创意表演、精彩人生”版块:《创意表演》低中高3册,每两周1次课,每次2课时,每两月1个单元,每学年4个单元,每册8个单元,一至六年级共计24单元。双语教学,目标强化学生的艺术感受力和生活理解力，丰富学习力、想象力、探究力、创造力。内容人与自然、人与社会、人与自我为主线，以动物、植物和人类为形象，以话剧、歌剧、舞剧、情景剧、音乐剧、课本剧为形式，目标是让每个孩子都有表演表现表达的空间和发现美、欣赏美、创造美的人文素养。

(a)　　　　(b)

图 5-2-3　创意表演课程

5．“优雅行为，快乐成长”版块：《创意人生》，1～2 册，分低中段，作为学校文化、实践活动参考纲目和手册，包括节日、庆典、礼仪、交往、行为规范、学生守则、日常用语、创意游戏等，把双语应用到日常活动、管理、对话和操作规范之中，凸显语言智慧和创意文化。

三、“创意”课程内容设计开发案例

以“创意美劳、滋养身心”版块——《创意美劳》为例，通过呈现基础课程、拓展课程、提升课程设计的不同内容，来体现“创意”课程内容在横向组织和纵向组织方面的特点。它一方面覆盖了方方面面的手工工艺，另一方面在难度上循序上升，符合儿童身心发展的要求。具体案例如下。

（一）《创意美劳》（基础课程）

《创意美劳》基础课程共包括八个单元。其内容分别是：软陶工艺、DIY 书签、扎染工艺、蔬果造型、刮画工艺、脸谱工艺、折纸工艺和布贴画工艺。每个内容包括两个部分并设计了八个环节：创意初现、创意总动员、创作连连看、锦囊袋（要准备的材料、需要的工具、制作过程）、本课要点、创意链接、欣赏与点评、我来做做看。

案例 5-2-1：软陶工艺

第一单元　软陶工艺

第一部分　学做软陶

创意初现

我是一条自由自在的小雨，畅游在蔚蓝辽阔的大海。我有很多朋友，笨笨的海龟、会笑的海豚、发光的电鳗……太多了，我都叫不上他们的名字了。喜欢我吧？欢迎来到神秘而又丰富多彩的海底世界。

创意总动员

1. 软陶制作需要什么材料和工具？
2. 软陶制作的步骤和方法是什么呢？
3. 怎样做出漂亮的东西？
4. 怎样设计出巧妙的构图呢？
5. 怎样把软软的陶泥变得硬硬的呢？

创作连连看

合作者	分工做

经过精心设计及辛苦制作之后，软陶终于制作成功了！

请同学们看看下面的记录，来评价自己的作品吧！

我的软陶记录			
作品表面是否光滑整洁？	好	较好	一般
各部分连接是否完好？	好	较好	一般
颜色搭配是否好看？	好	较好	一般
烤制时间是否合适？	好	较好	一般
作品是否有美感？	好	较好	一般

锦囊袋

要准备的材料：各色陶泥

需要的工具：牙签、烤箱

软陶的制作过程：

1. 用手心把陶泥柔软。
2. 捏出需要的形状，可以用牙签造型。
3. 用牙签穿过作品。

4. 把作品放在垫了白纸的烤盘上。

5. 放入烤箱内烤5～8分钟。

6. 把编好的中国结从中间串好,作品完成。

本课要点

1. 准备各色陶泥

(1) 选择软硬适中的陶泥,颜色要丰富。

(2) 可以自己配制颜色。如把红色陶泥和蓝色陶泥混合在一起揉几分钟,就会得到一块紫色陶泥。

2. 造型

(1) 先想好要做什么,抓住形象的典型特征,省略烦琐的细节。

(2) 不满意的形状可以反复修改,注意别把陶泥弄脏。

(3) 连接的部分可用牙签固定。

3. 烤制

(1) 不能用家里的微波炉。

(2) 烤制时间根据温度而定。先把时间设短一点,捏一捏硬度不够,可以接着再烤几分钟。

创意链接

1. 软陶的英文名称为 polymer clay,我国台湾的学者为其起了个形象的名字——软陶。

2. 软陶发源于1933年的欧洲,玩具制造商的女儿 Rehbinder 女士首先发现了它,当时这只是一种化学副产品,经过一系列的研究,开发出了许多颜色的陶泥,逐渐在欧洲流行至今。

3. 软陶在常温下柔软如泥,有极好的可塑性。但经过100～120 ℃的烤制之后,便可定型,并有一定的硬度,烤制成功后,会产生自然的光泽。

4. 软陶属于油性黏土,在空气中不会干燥,不需急于完成作品。即便是制作失败,也可以重新揉制黏土,再塑新型。

5. 软陶土自身有许多不同颜色,还可将不同颜色混合揉制,搭配出理想的色泽。

6. 软陶作品防水,防霉,不蛀,不易破损,极易保存。

7. 软陶是手艺界DIY族的最爱,不同颜色的土可以聚合,塑造成各种千变万化的图样和形状。

有人预测:软陶将是21世纪最迷人的工艺材料。

第二部分　火花四溅

欣赏与点评

呈现一幅软陶作品“小兔的家”。你觉得“小兔的家”哪里最好？请写出：

____

____

____

呈现一幅软陶作品“天使”。给两个天使起个名字,写写他们的故事吧!

____

____

我来做做看

软软的陶泥，斑斓的心。巧巧的小手，绚烂的梦。用五彩的陶泥，创造属于你的童话世界吧！(展示你的作品照片或彩印图片)

(二)《创意美劳》(拓展课程)

《创意美劳》拓展课程共包括八个单元。其内容分别是：叶画工艺、纸画工艺、活性炭布艺、毛线编织、窗花工艺、蛋壳画工艺、丝网花工艺和烙画工艺。每个内容都包括两个部分并设计了八个环节：创意初现、创意总动员、创作连连看、锦囊袋(要准备的材料、需要的工具、制作过程)、本课要点、创意链接、欣赏与点评、我来做做看。

案例 5-2-2：叶画工艺

第一单元　叶画工艺

第一部分　学做叶画

创意初现

黄叶飘飘随风舞，拈起一片金黄的银杏叶，脑海中浮现的是天鹅女婆娑的裙，耳边响起的是柴可夫斯基的《四小天鹅》舞曲。能否把这段美妙的心情固化成永久记忆？让我们用五彩叶片画出心中的美好吧！

创意总动员

1. 叶画制作的步骤和方法是什么呢？
2. 应该收集什么样的叶片呢？
3. 如何把叶片压平压干呢？
4. 怎样设计出巧妙的构图呢？
5. 应该怎样粘贴叶片呢？

创作连连看

1. 设计好图案。
2. 动手做叶画。

合作者	分工做

经过精心设计及辛苦制作之后，叶画终于制作成功了！

请同学们看看下面的记录，来评价自己的作品吧！

我的叶画记录			
树叶种类是否超过三种?	好	较好	一般
树叶是否压制好?	好	较好	一般
画面是否整洁?	好	较好	一般
构图是否有创意?	好	较好	一般
叶片粘贴是否完好平整?	好	较好	一般

锦囊袋

要准备的材料:白纸板、各种叶片

需要的工具:牙签、乳胶、镊子、剪刀

叶画的制作过程:

1. 把树叶放在台纸上,摆一摆进行构图。
2. 用牙签在叶片背面抹一层薄薄的乳胶,一片一片地粘贴。
3. 每粘好一部分,用纸盖在画面上,用手压平。
4. 把作品放在书中夹好,阴干后写上作品名称和作者。

本课要点

1. 采集树叶

(1) 采集平整的叶子,种类要多,颜色要丰富。

(2) 及时放到书中压制。

(3) 注意保护花草树木,尤其保护濒危物种。

2. 压制

选择吸水性强的书压制叶片,一周左右较好用,如果急用则可用熨斗低温熨干。

3. 上纸构图

先摆一摆,不急于粘,不满意的可反复修改。

4. 固定

(1) 构图设计好后,再用乳胶粘。

(2) 用牙签蘸白乳胶,叶片背面中间粘一点,再粘周围,不用粘很多。

5. 贴标签

标签内容:学校、班级、姓名、作品名称。

创意链接

柴可夫斯基简介

彼得·伊里奇·柴可夫斯基(又译为柴科夫斯基,1840—1893 年),19 世纪伟大的俄罗斯作曲家、音乐教育家，被誉为伟大的俄罗斯音乐大师。他的音乐是俄罗斯文化在艺术领域内的最高成就之一，其风格直接和间接地影响了后人，主要音乐作品有六部交响曲、三部钢琴协奏曲、小提琴协奏曲、幻想序曲《罗密欧与朱丽叶》、音乐会序曲《1812》，还有歌剧《叶甫根尼·奥涅金》《黑桃皇后》，以及芭蕾舞剧《天鹅湖》《胡桃夹子》《睡美人》等。

第二部分　火花四溅

创意初现

画千里于咫尺，写万趣于指下。叶画可以表现出各种不同意境。“红杏枝头春意闹”是春的绚烂；“小荷才露尖尖角”是夏的清新；“霜叶红于二月花”是秋的繁华；“窗含西岭千秋雪”是冬的宁静。

神奇的大自然是人们艺术创造的源泉。怎样把心中的诗意用叶画表现出来呢？

欣赏与点评

呈现一幅叶画作品“爸爸对我说”，画中有一只公鸡和两只小鸡。请写出爸爸的话：

____

____

____

请你给上面的作品再起一个名字，并写上几句话：

____

____

____

呈现一幅叶画作品“霜叶如画”。请写出联想到的诗词名句(也可以自己创作)：

____

____

____

我来做做看

唐诗宋词、童话故事、寓言传说、文化典故、重大时事、生活小景都可以作为叶画的题材。叶子也是千姿百态、五颜六色的，叶叶不相同，片片有变化。用你的巧手加上奇思妙想，创造美丽的叶画吧！(展示你的作品照片或彩印图片)

锦囊袋

叶画作品的保存方法

1. 镜框

把作品镶嵌在镜框里，放在桌上或挂在墙上。

2. 塑封

塑封可以保持作品长期不变色。

3. 彩喷

把作品用扫描仪放大，彩喷出来，不变色。

创意链接

狐狸与葡萄

有一天，狐狸饿了，到处找吃的。它来到一颗葡萄架下，看到满架的葡萄又大又圆，鲜艳欲滴，馋得口水都流下来了。可葡萄架那么高，它上蹿下跳，怎么也够不着葡萄，怎样才能吃到葡萄呢？

请把你的创意写出来或画出来吧！

(三)《创意美劳》(提升课程)

《创意美劳》提升课程共包括六个单元。其内容分别是:手抄报的设计、班级图书角的设计、学校 LOGO 的设计、校园文化墙的设计、学校运动会海报的设计和"创意作品集"的设计。每个内容都包括四个部分,初识—创意—创设与实施—交流与欣赏。在初识部分,设计了六个环节:欣赏欣赏、思考思考、研究研究、锦囊袋、总结总结、课外延伸。在创意部分,针对不同的主题设计了与主题相匹配的内容。在创设与实施部分,设计了小组分工、设计、修改完善等环节。在交流与欣赏部分,设计了魔力秀场、欣赏点评、课外延伸、知识拓展、单元小结等环节。

案例 5-2-3:手抄报的设计

第一单元　手抄报的设计

手抄报是一种可传阅、可观赏、也可张贴的报纸。在学校,手抄报是第二课堂的一种很好的活动形式,也是一种群众性的宣传工具。

对编者来说,组稿、编辑、排版、插图、书写是一个全神贯注、手脑并用的创造过程,是一个人文化修养、生活情趣、精神风貌和艺术修养的综合体现。这对我们来说,无疑是发展个性才能的广阔天地。

第一部分　初识手抄报

欣赏欣赏

呈现 4 张手抄报的图片。

思考思考

1. 手抄报是干什么用的？
2. 办手抄报要用到什么工具？
3. 手抄报上有些什么？
4. 怎样设计手抄报呢？

研究研究

大家来讨论一下,谁能回答上面的问题呢？如有需要,请参考锦囊袋。

锦囊袋 1

手抄报的用处:

1. 手抄报可以交流大家的思想。
2. 手抄报可以获取课外知识。
3. 手抄报可以锻炼我们的综合审美能力、动手能力和交流合作能力。

锦囊袋 2

办手抄报要用到的材料与工具:

1. 稍微厚一点的卡纸或素描纸，颜色和大小根据需要来定。

2. 铅笔、毛笔、各色水笔、直尺、染料、贴画等。

锦囊袋 3

一张手抄报要有以下要素：报头、标题、文章、插图、花边、版面设计等。

总结总结

通过本课学习，看看本课首页的4张手抄报，试着填空：

1. 手抄报3的报头是＿＿＿＿＿＿＿＿＿＿，这张手抄报适合在＿＿＿＿＿＿节日展出。

2. 我最喜欢手抄报＿＿＿的插图，最喜欢手抄报＿＿＿的花边。

3. 我喜欢手抄报＿＿＿的版面设计，因为＿＿＿＿＿＿＿＿。

课外延伸

1. 留意学校和各单位的手抄报，把认为不错的用相机拍下来；也可以上网下载手抄报图片，让大家欣赏与点评。

2. 以4～6人为一组，分成若干小组，为一期手抄报做准备。

总体设计	
素材收集	
板书	
插图	
清洁与修改	

3. 通过本课学习，你收获了什么？写在下面吧！

＿＿＿＿＿＿＿＿＿＿＿＿＿＿＿＿＿＿＿＿＿＿＿＿＿＿＿＿＿＿

＿＿＿＿＿＿＿＿＿＿＿＿＿＿＿＿＿＿＿＿＿＿＿＿＿＿＿＿＿＿

＿＿＿＿＿＿＿＿＿＿＿＿＿＿＿＿＿＿＿＿＿＿＿＿＿＿＿＿＿＿

第二部分 我的手抄报创意

主题的确定

1. 配合节日的主题，如国庆节、端午节、儿童节、母亲节、春节等。

2. 配合学习内容的主题，如学习雷锋的故事、地球的知识、青春期的知识等。

3. 配合国家、社会事件的主题，如安全生产事件、环境保护事件、模范人物事件等。

4. 校内、班内主题活动，如艺术节、科技节、运动会等。

说一说下面的手抄报主题是什么？（呈现两张手抄报图片）

内容的确定

1. 交代背景：为什么办这期板报。

2. 核心文章：最能表达本期板报主题的文章。

3. 相关文章：与主题相关的事件、事实、故事、诗歌等。

4. 总结点评：我们自己想说的话。

版面的确定

1. 报头和报头画突出的原则。

2. 重要内容突出的原则。

3. 插图的烘托作用。

4. 花边划分版块和装饰的作用。

5. 照片、图片的装饰和说明作用。

风格的确定

手抄报的风格要与主题相一致，如春节要喜庆，清明节要严肃，表彰要热烈，展示要活泼，学校趣闻要幽默……

根据手抄报内容，确定总体色彩效果。是充满活力的，还是庄重宁静的；是热烈欢快的，还是含蓄深沉的；是富丽堂皇的，还是朴实素颜的。

设计时要注意色彩的整体效果，颜色搭配使用，才能产生良好的总体色彩效果，使人感到美的力量，既要统一和谐，又要有对比变化。

课后延伸

小组内分工：总体设计、文章收集、插图收集、花边收集、版面清洁与修改等。

第三部分　创设与实施

小组分工

以每组 4～6 人为宜，明确分工，遇到问题协商解决。

总体设计	
素材收集	
板书	
插图	
清洁与修改	

版面的设计

1. 报头

报头反映手抄报的主题思想，使人一望便知这期手抄报的主要内容和文章的类型。

报头的位置：一般安排在手抄报版面的中间部位、中上部位、左上角、右上角。当然也有安排中下部位、左下角、右下角，使版面独具一格，别有韵味。

呈现一张手抄报图片。手抄报的报头是什么？你认为它设计得如何？

____

____

____

____

2. 标题

标题就是题目，手抄报通常既有大标题也有小标题，标题要 言简意赅、醒目、意义深刻。

标题的位置：标题起引导读者阅读的作用，一般放在较重要的位置，排列时有横排、竖排，也有斜排、弧形排列、波浪交错排列等。一般采用横竖交叉的排列，使版面活泼多变、有动感，清一色的横排或竖排，虽然简单方便，便于排版，但显得呆板，无生气。

标题虽然重要，但不能占据太多篇幅，否则会显得头重脚轻，所以应注意比例适当。

呈现一张手抄报图片，你认为它标题设计得如何？

____

____

____

3. 版面排列

版面的编排和构图的形式也会引起读者的某种联想。横向排版给人以安详、和平、宁静的感觉。斜线和曲线一般表示流动、奋力前进之类的运动感。正三角形具有锐利、坚硬、稳固、不能动摇之感。梯形给人以坚实和持久感，似乎永远也不会倾覆和滚动。菱形给人一种和谐、均衡的感觉，犹如笑口常开。方形表示一种端正、庄重、坚强、质朴的形象，给人安定感。扇形常给人一种轻松凉爽、委婉的感觉。V 形表示不安定性，是一种难以支撑的形状，也给人胜利勋章绶带的联想。

呈现一张手抄报图片，你喜欢它的排版吗？说说原因。

____

____

____

4. 插图与花边

插图也称插画，是根据文章内容的需要来安排的。花边是装饰的花纹图样，它们能起烘托主题、美化版面、间隔版面的作用。

插图的位置：插图要紧密配合文章的中心思想，可以画在文字的一旁或上面，图形可大可小。但是要注意，插图不宜过多，以免造成版面拥挤。

修改完善：手抄报是综合审美。报头、标题、文字、插图、花边的布局要和谐，既不能太拥挤，也不能太宽松。小组讨论后，可以先用铅笔在纸上画出简图，不断修改完善，满意后再在另外的纸上完成。

第四部分　交流与欣赏

魔力秀场

通过三节课的学习，我们也有了自己的手抄报，来秀一下吧！

班级评选：每小组选一名代表介绍自己小组推选出的作品。推选出好的作品参加年级展览。

介绍时的要点要围绕：标题、文章、插图、花边、设计排版、颜色搭配、是否有美感。重点讲述作品最有特色的方面，讲讲推选本作品的原因。

在所有作品中。我最喜欢______的作品。作品______最突出；作品版面排列__________；颜色搭配__________；整个作品看起来__________。

我觉得它最好的地方是：________________________________

____

____

欣赏点评

欣赏下面的作品，然后填表格。（呈现 3 张手抄报图片）

	手抄报 1	手抄报 2	手抄报 3
主题内容如何？			
设计构图如何？			
颜色搭配如何？			
插图花边如何？			
作品是否有美感？			

课外延伸

1. 古今中外，有许多与“春天”有关的诗句，如果要做一期主题为春天的手抄报，你能想起哪些诗？请写下来。如果能自己创作一首就更好了！

2. 本课有什么印象深刻的事，用词语或句子记录下来吧！

知识拓展

手抄报、黑板报、展板统称为板报。作为宣传的工具，我们可以根据周边环境、位置大小、资金状况等来合理地利用它们。

1. 黑板报欣赏

呈现三张黑板报的图片。小组讨论：黑板报和手抄报有哪些相同点和不同点？

2. 展板欣赏

展板一般是彩色喷绘，我们可以自己设计展板，但喷绘要到专业工厂去做。呈现五张展板图片。

请写出手抄报、黑板报、展板的相同点和不同点：

单元小结

设计手抄报能锻炼我们的能力，提升我们的综合审美观，通过本单元的学习，你有什么收获？写写你创作的过程或心得体会吧！

第三节 “创新”课程内容设计与开发

一、“创新”课程

“创新”课程是“三创”课程中的重要部分，是以发展学生的创新素养来设计的校本课程。学校通过分析学生的需求以及了解学生的兴趣爱好与个性特征，进而整合校内与校外的相关资源，筛选课程目标与课程内容，最终综合形成创新课程体系。

“创新”课程以“创新”的精神为统领，以学校周边优势教育资源为基础，以大力发展学生的创新能力为目标，以尊重个性、崇尚体验、深度探索、开发潜能为核心思想，以学校社区协同构建为保障机制，以探究、实践和综合活动为主要实施方式，构建与国家和地方课程相融通的创意特色课程体系，在课堂教学中实现责任教育，在德育教育中拓展学生的舞台，在课程建设实现新的创新，以课程体系的优化带动学校整体提升。创新课程的内容既包括平面设计、工业设计、动画设计、服装设计、家具设计、室内设计、建筑设计、景观设计等创新设计，又包括DI创意、无线电测向、无线电通信、航海模型、车辆模型、DJ电脑音乐播放等创新工场。

二、“创新”课程的内容

按照创新特色课程总体设计框架，依据课程改革知识与技能、过程与方法、情感态度价值观三个维度，研究确定创新主题特色课程模块的内容。包括2本教材，具体内容如下。

1. “创新设计、拓展素质”版块：《创新设计》，中高年级2册，每两周1次课，每次2课时，每两月1个单元，每学年4个单元，每册8个单元，三至六年级共计16单元。以创新路径探究和创新能力培养为主，落实“创新思维——让理想走近”和“创意求真，创以养善，创以立美”原则。科技与人文、美育有机融通，双语教学。内容根据学校周边资源，包括园艺设计、景观设计、室内设计、建筑设计、工程设计、家居设计、徽标设计、图书设计、服装设计等，实现方式以观摩、体验、实践为主，如图5-3-1所示。

2. “创新工场、提升能力”版块：《创新工场》，中高年级2册，每两周1次课，每次2课时，每两月1个单元，每学年4个单元，每册8个单元，三至六年级共计16单元。对接科技教育，引进一些科技项目、竞赛内容，内容包括DI，三模、机器人、无线电、DJ（音乐电脑编辑创作）等，如图5-3-2所示。

三、“创新”课程内容设计开发案例

“创新”课程包括两个板块，一是“创新设计、拓展素质”版块，含有《创新设计》（拓展课程）、《创新设计》（提升课程）；二是“创新工场、提升能力”版块，含有《创新工场》（拓展课程）、《创新工场》（提升课程）。下面以“创新设计、拓展”素质版块《创新设计》为例，说明“创新”课

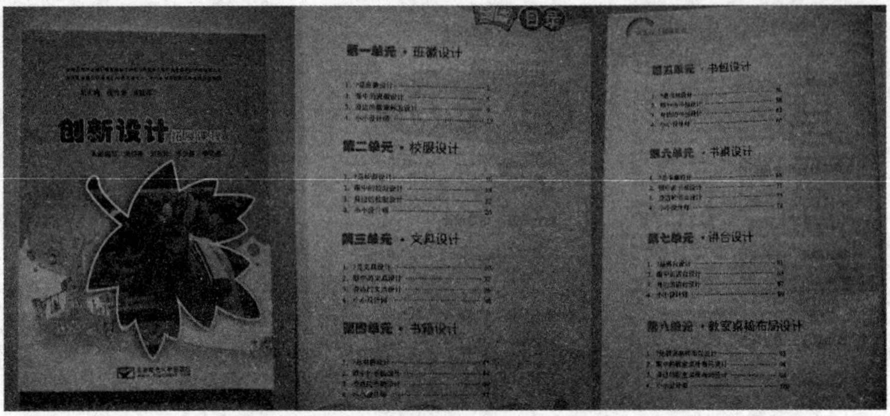

(a)　　　　　　　　　　　　(b)　　　　　　　　　　　　(c)

图 5-3-1　创新设计教材

(a)　　　　　　　　　　　　(b)

图 5-3-2　创新工场教材

程在不同版块不同难度上的内容设置。

(一)《创新设计》(拓展课程)

《创新设计》拓展课程共包括八个单元。其内容分别是：班徽设计、校服设计、文具设计、书籍设计、书包设计、书桌设计、讲台设计和教室桌椅布局设计。每个内容包括四个部分，即是什么是设计、眼中的设计、身边的设计、小小设计师。第一部分设计了两个环节：动手写写、探索与思考；第二部分设计了五个环节：动眼看看、锦囊袋、游戏比赛、练练看、探索与思考；第三部分设计了两个环节：脑子转转、锦囊袋；第四部分设计了五个环节：小试牛刀、动笔画画、留言板、欣赏与点评、总结。

案例 5-3-1：班徽设计

第一单元　班徽设计

课前一问：你的学校有校徽吗？描述一下自己学校的校徽是什么样的吧！

第一部分 什么是班徽设计

欣赏以下世界著名大学校徽，你能说出这些校徽背后都包含着什么意义吗？呈现4张图片，分别是东京大学校徽、哈佛大学校徽、早稻田大学校徽、加州大学伯克利分校校徽。

班徽是班级徽章的简称，是一个班级的标志之一，其主要目的是分辨人员，通过纪念性的图案、文字来介绍班级。同时，佩戴者在无形中增加了纪律的约束，规范学生的行为，提高班级的知名度，并且增加班级荣誉感。

说说你的校徽有着什么样的意义？

____

____

____

锦囊袋

荣誉感、纪律、统一

动手写写

你认为校徽设计主要涵盖了范围？

____

____

____

探索与思考

校徽对同学们的生活产生了什么样的影响？

请同学们带着自己学校的校徽回去问一下父母，看看他们认为校徽有着怎样的含义？

____

____

____

第二部分 眼中的班徽设计

班徽设计要素

动眼看看

观察上图的班徽，探讨一下这些班徽有什么相同？有什么不同？（呈现6张班徽图片）

____

____

____

锦囊袋

班徽设计包含的元素

图案：对班级有意义的图案进行抽象处理。

数字：对班级有意义的日期或班级号的数字进行抽象处理。

文字：名人名言等具有代表班级风气的文字可以加在班徽的旁边，或通过文字抽象成图案。

游戏比赛

现在分组，每一组把你观察到的设计写在下面，比一比哪一组写得多？（1～10分制）

	设计元素	设计风格	我学到的
第一组			
第二组			
第三组			
第四组			
第五组			

脑子转转

和你身边的同学讨论一下，你认为班徽需要具有什么样的含义？把你觉得有意义的文字记录下来！

____

____

____

练练看

请你猜一猜以下国内名校的校徽设计含义。呈现4张图片，分别是北京大学校徽、清华大学校徽、中国人民大学校徽、浙江大学校徽。

探索与思考

1. 鲁迅设计的北京大学校徽，其图案以篆体的“北大”二字构成一个圆形，便于制作圆形的徽章。巧妙的是：下面的“大”字像一个人，上面的“北”字又像两个人，这样就构成了“三人成众”的形象。又有一人而背负二人之象，给人以“北大人肩负重任”的想象。

2. 清华大学校徽是由三个同心圆构成的圆面。外环上下是中英文校名；中环左右并列这“自强不息”与“厚德载物”两个词组。清华大学的校徽主要从文字上的含义来诠释校风。

3. 中国人民大学校徽为“圆形篆书人字图案”，以三个并列的篆书“人”字图形为基础，结合学校中英文校名全称及建校时间，经专业设计而成。其中三个“人”字分别寓意“为民”“人本”“人文”，即“人民的大学”“以人为本的精神”和“以人文社会科学为主的特色”，揭示了学校的特色、优势和传统。

4. 浙江大学校徽中央展翅飞翔的是求是鹰，代表浙大的“求是”精神，寓意着浙江大学师生继承发扬“求是创新”的优良传统，严谨治学，锐意进取，勇攀科学高峰，为将浙江大学建设成世界一流大学，为中华民族的伟大复兴而努力拼搏的精神风貌。

第三部分　身边的徽章标志

脑子转转

聪明的你想一想，在我们上学、放学的路上是不是有很多徽章标志呢？有的是指引的含义，有的是警告的含义，你能将它们很好的区分开吗？和你身边的同学讨论一下，这些标志都有着什么样的含义呢？

____

____

____

锦囊袋1

什么才叫一个好的徽章标志(LOGO)呢，这些徽章标志设计要怎么设计才能让我们在看到它们的时候一目了然，知道它们是具有什么含义的呢？让我们一起来看看它需要具备哪几个要素吧！

锦囊袋2

1. 徽章标志LOGO应该有代表性的寓意

中国银行的LOGO的经典之处不用多说，我们来看一看它所包含的寓意：首先，既然是中国银行，它的图形部分中间实际上是一个中国的“中”字；其次，外圆中方的造型，则代表着中国的古钱币，将银行这一特性表达出来；最后，圆形的外观则指中国银行面向全球，着眼世界。

2. 一个好的LOGO应该有能够表达企业特性的色彩

下图为美国的两家著名企业的LOGO(一个是微软标志，一个是可口可乐标志)，都是以大量的字母为基础造型的，但给观者的感觉却是截然不同的，色彩的运用起到了很重要的作用。

微软：沉重的颜色，要传达给用户的是沉稳、深度、专业、严谨等信息。

可口可乐：鲜亮的色彩搭配活跃飘逸的字体，年轻、活力的感觉跃然纸上，在一个色彩扮演的角色越来越重要的时代，现今也涌现出大量的色彩绚烂的优质LOGO。搭配协调得很好的多种颜色的组合能够给观者更加强烈的思维记忆和视觉记忆。但这需要有一定的色彩驾驭能力，否则只会让画面显得杂乱，令人烦躁、眼花。

3. LOGO的字体选择

字体选择及设计在LOGO的设计制作中亦是比重大的一部分，不管是以字为主体造型的LOGO，还是字体为辅助图形的LOGO，字体在整个LOGO中占非常重要的地位，我们先来看看纯文字类LOGO中字体的表现。

微软：粗壮的黑体给观者的感觉就是成熟、稳重、严谨，加上一目了然的公司名称和少许的字体变形及设计，一种大气沉稳有安全感的气质就显露出来了。

可口可乐：飘逸，圆润，活跃，跳动，巧妙的穿插，这些字体设计的元素让可口可乐LOGO醒目并体现产品特点等功能一应俱全！

4. LOGO的整体性

一个LOGO的基本的整体性要有保证，在视觉上不能太散，相互之间要有联系，要给观者整体、统一的感觉，不能轻易被其他元素干扰。

第四部分 小小设计师

小试牛刀

想象一下，你最想要的班徽是什么样子的呢？它都具备什么样的班级内在含义？描述一下，写下来与同学交流。

____

____

____

上讲台向大家讲解一下小组做的初步分析。

____

____

动笔画画

拿起手中的笔,自己设计一个班徽吧!

锦囊袋

构图要求、色彩要求、内在含义

留言板

拿给其他同学看看你的作品,让他们说点什么吧!

欣赏与点评

欣赏下面的这几个作品并做点评。呈现8个LOGO标志。

班徽设计是平面设计学科中的LOGO徽章标志设计中的一个小分支,要想做好班徽设计对LOGO徽章标志的了解和欣赏也是不可或缺的。

总结:学完这节课以后你对平面设计有了更深的了解吧!谈谈你的心得,记得与同学分享哟!

(二)《创新设计》(提升课程)

《创新设计》提升课程共包括八个单元。其内容分别是:平面设计、工业设计、动画设计、服装设计、家具设计、室内设计、建筑设计和景观设计。每个内容包括四个部分,即是什么是设计、眼中的设计、身边的设计、小小设计师。第一部分设计了两个环节:动手写写、探索与思考;第二部分设计了四个环节:动眼看看、锦囊袋、游戏比赛、探索与思考;第三部分设计了三个环节:脑子转转、锦囊袋、探索与思考;第四部分设计了五个环节:小试牛刀、动笔画画、留言板、欣赏与点评、总结。

案例5-3-2:平面设计

第一单元　平面设计

第一部分　什么是平面设计

猜猜以下的平面设计是为什么产品做的广告?呈现4张图片,分别是油漆广告、食品广告、摩托车广告、汽车广告。

平面设计是以“视觉”作为沟通和表现的方式,透过多种方式来创造和结合符号、图片和文字,借此作为用来传达想法或信息的视觉表现。平面设计的常见用途包括标识(商标和品牌)、出版物(杂志、报纸和书籍)、平面广告、海报、广告牌、网站图形元素、标志和产品包装。

请问你认为在生活中平面设计扮演什么样的角色?

你自己喜欢什么样的平面设计？

动手写写

你认为平面设计主要涵盖了哪些范围？

探索与思考

人们为什么要做平面设计？人们普遍喜欢的平面设计是哪种？你觉得什么样的平面设计才是好的呢？

第二部分 眼中的平面设计

平面设计要素

动眼看看

让我们在上学的路上看看街边、地铁站里的广告牌。

你认为这些广告是属于什么平面设计类型的？

请问你喜欢的平面设计是怎样的？

锦囊袋

创意：是平面设计的第一要素，没有好的创意，就没有好的作品，创意中要考虑观众、传播媒体、文化背景三个条件。

构图：构图就是要解决图形、色彩和文字三者之间的空间关系，做到新颖、合理和统一。

色彩：好的平面设计作品在画面色彩的运用上注意调和、对比、平衡、节奏与韵律。

游戏比赛

现在分组，每一组把你观察到的设计写在下面，比一比哪一组写得多？（1～10分制）

	设计元素	设计风格	我学到的
第一组			
第二组			
第三组			
第四组			
第五组			

垫脚石

我们在做平面设计前必须要先了解平面构成，平面构成主要是运用点、线、面和律动组成结构严谨，富有极强的抽象性和形式感。它是组成平面设计的基本框架。

锦囊袋

形象在构成设计中是表达一定含义的形态构成的视觉元素。形象有面积、形状、色彩、大小和肌理的视觉可见物。在构成中点、线、面的多种不同的形态结合和作用，就产生了多种不同的表现手法和形象。

探索与思考

看了平面构成的定义，你心里对平面构成有一定的定义了吧。让我们看看下面几张图，猜猜它们分别是“点”“线”“面”中的哪一种？（呈现五张图片）

第三部分　身边的平面设计

脑子转转

聪明的你想一想，平面设计是创造满足人们生活需求和创意需求的设计学科，而我们是通过什么样的方式来决定一个平面海报或者书籍包装是如何设计的呢？

____

____

____

锦囊袋

让我们来看看俄国设计师 Olga Mosina 为俄国的某所小学做的品牌设计吧！设计师将小学生的学习和娱乐很好地与自己的设计结合，袋子用书包的感觉，光盘上有尺子，课程表上有火箭、降落伞等很美好的梦想，尺子非常卡通时尚，整个设计用色都很活泼有生气，你们想不想要一套这样的学习用品呢？（呈现 7 张图片）

探索与思考

设计师是怎么通过基础平面构成“点”“线”“面”做出如此丰富的平面设计呢？通过考虑与分析，与你的小伙伴们分享你是怎么理解的吧！

____

____

____

第四部分　小小设计师

小试牛刀

准备材料：有色卡纸、剪刀、水性笔、白纸等。

欣赏了以上平面设计，请你根据想象，自己设计一个属于自己小小日历本，将彩色卡片剪成各种简单外形，或用水性笔在白纸上画出形状，再对折成日历的形状（注意小心使用剪刀）。

动笔画画

____

____

____

上讲台向大家讲解一下小组做的初步分析。

锦囊袋

手工要求

色彩要求

平面构成要求

留言板

拿给其他同学看看你的作品，让他们说点什么吧！

欣赏与点评

欣赏下面的这几个设计作品并做点评。（呈现5张图片）

平面设计是一门设计类的基础学科，也是设计中的奠基石。要想做好设计对平面构成的的理解，和对色彩关系的搭配和谐是最基础的要求。

总结：学完这节课以后你对平面设计有了更深的了解吧！谈谈你的心得，记得与同学分享哟！

第四节 “创造”课程内容设计与开发

一、“创造”课程

“创造”课程旨在发展学生的动手创作能力。学校通过分析学生的需求以及了解学生的兴趣爱好与个性特征，进而整合校内与校外的相关资源，筛选课程目标与课程内容，最终综合形成创造课程体系。

“创造”课程以“创造”的精神为统领，以学校周边优势教育资源为基础，以大力发展学生的学习力、想象力、探究力、创造力为目标，以尊重个性、崇尚体验、深度探索、开发潜能为核心思想，以学校社区协同构建为保障机制，以探究、实践和综合活动为主要实施方式，构建与国家和地方课程相融通的创意特色课程体系，在课堂教学中实现责任教育，在德育教育中拓展学生的舞台，在课程建设实现新的创新，以课程体系的优化带动学校整体提升。“创造”课程主要设计了一些科技发明以及畅想未来生活，仅从创造未来来看，就包括了未来学习、未来能源、未来交通、未来食品、未来器官、未来星球、未来生活等内容。

二、"创造"课程内容

按照创造特色课程总体设计框架，依据课程改革知识与技能、过程与方法、情感态度价值观三个维度，研究确定创造主题特色课程模块的内容。包括 3 本教材，具体内容如下。

1. "创造发明、体验成功"版块：《创造发明》中高年级 2 册，每两周 1 次课，每次 2 课时，每两月 1 个单元，每学年 4 个单元，每册 8 个单元，三至六年级共计 16 单元。双语教学，以技术发明为主，满足学生个性需求，主要以社团形式组织，兼具服务于国内外各类创意创新赛事和活动，提高学校影响力。

2. "创造生活、丰富精神"版块：《创造未来》中高年级 2 册，每两周 1 次课，每次 2 课时，每两月 1 个单元，每学年 4 个单元，每册 8 个单元，三至六年级共计 16 单元。双语教学，以科学发现和实验探究为主，满足学生个性需求，主要以社团形式组织，兼具服务于国内外各类创意创新赛事和活动，提高学校影响力，如图 5-4-1 所示。

3. "文化传承，敢于担当"版块：《民族记忆》，中高年级 2 册，每两周 1 次课，每次 2 课时，每两月 1 个单元，每学年 4 个单元，每册 8 个单元，三至六年级共计 16 单元。以非物质文化遗产项目为主，选择民族技艺中经典项目进行教学化开发，延展学校原有特色，传承民族文化，创新和发展民族技艺，理解民族精神和人格。双语教学，学习 16 个绝活。内容包括轧染、风筝、皮影、脸谱、面塑、文房四宝制作、内画、民族服饰、乐器制作等，如图 5-4-2 所示。

(a) (b)

图 5-4-1 创造未来教材

图 5-4-2 民族记忆教材

三、"创造"课程内容设计开发案例

"创造"课程包括三个版块。一是"创造发明、体验成功"版块，含有《创造发明》(拓展课程)、《创造发明》(提升课程)；二是"创造生活、丰富精神"版块，含有《创造未来》(拓展课程)、《创造未来》(提升课程)；三是"文化传承，敢于担当"版块，含有《民族记忆》(拓展课程)、《民族记忆》(提升课程)。下面以《创造未来》和《民族记忆》为例，说明"创造"课程在不同版块不同难度上的内容设置。

(一)“创造生活、丰富精神”版块——《创造未来》

《创造未来》包括拓展课程和提升课程。其中《创造未来》(拓展课程)包括七个单元,内容分别是未来学习、未来能源、未来交通、未来食品、未来器官、未来星球、未来生活。《创造未来》(提升课程)设计了八个单元,内容有未来课堂、未来手机、未来电脑、未来工作、未来农业、未来家园、未来科技、未来艺术。每个单元包括四个部分,并设计了以下环节:情境在线、问题思考、身边科学、知识链接、课后思考、分析讨论等。以一个单元为例,来看看“创造”课程的内容是如何设计的。

案例 5-4-1:未来学习

第一单元　未来学习

第一部分　你喜欢学习吗

情境在线

学习,是一项重要的生存技能,学习能力也是一个成功的人必须具备的能力。你喜欢学习吗?可能大家的答案非常多,看学习内容是什么,如果是自己感兴趣的,比如说轮滑、马术、打游戏等,许多人都喜欢,并且乐此不疲,学习得非常快,很可能成为高手。但是,如果说学习内容是语文、数学、英语等学校科目,尤其是还要经常考试的科目,很多人都不喜欢。为什么会这样呢?

不想学习某项内容,是因为不感兴趣,所以不喜欢学,没有学习的动力。如果学习有一天可以让你自己安排学习时间、学习进度、学习内容,情况会改观一些吧?还有,学习不必去学校,在家里就可以完成,而且像打游戏一样,要过关,有积分,是个不断接受挑战的过程,那么,学习变得与玩游戏一样,这种学习方式你期待吗?如图 5-4-1 所示。

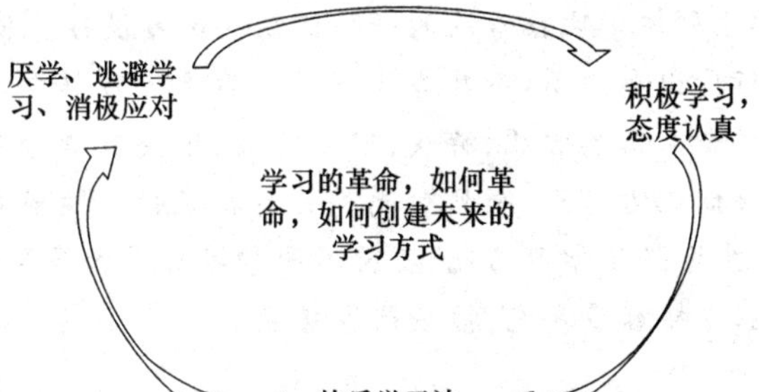

图 5-4-1　学习的革命

问题与思考

你们目前的学习方式是怎样的?你喜欢现在的学习方式吗?

___

___

___

学习时你有没有不专心的时候?如果有,是什么原因呢?

你喜欢科学课上的动手实验活动吗？

如果未来的学习方式和内容可以自己选择和设计，你会如何设计自己的学习呢？你希望未来的理想的学习方式是什么样子的？

身边科学

小组合作，讨论交流：你用过“小天才”等学习机吗？你觉得自己是在玩游戏还是在学习？你喜欢里面的内容吗？如果学习内容这样设计的话，有什么优点？有什么不足？

知识链接

学习：学习是指学习者因经验而引起的行为、努力和心理倾向的比较持久的变化。分为两种，一种是在学校内部得到知识的一种学习方式，即校内学习；另一种是在校外得到知识的一种学习方式，也就是校外学习。

学习机：是一种电子教学类产品，也统指对学习有辅助作用的所有电子教育器材。学习机是在中国大陆地区学生群体中比较普及的一种便携式学习设备。早期的学习机和电视机连接，利用电视屏幕进行输出和显示，不具备便携性。后来逐步转向各种尺寸较小、带独立显示屏的电子词典，提供个人信息管理、游戏、中英词典、中英互译等功能，但所有程序都是固化在存储器上，因而存储能力有限，而且功能不具有扩充性。随着技术的发展，这种便携设备在新的发展中进一步增强了学习功能，支持不同学习形式和多样化科目。功能强大，有些具备开放式操作系统，支持容量扩充、播放器等功能。

课后思考

网上有不少关于学生厌学或者迷恋网络游戏的事件，请收集相关案例，在同学们之间交流：为什么会这样？怎样才能爱上学习？我们的学习需要怎样革命才会让更多的学生觉得学习其实很有趣！

第二部分　未来的学习方式

问题思考

通常课上以老师讲授为主，知识的吸收与掌握在课下，这时候你遇到过困难吗？需要老师和同学的帮助吗？你是怎么解决困难的？

你会用电脑吗？如果使用电脑，在家里还是学校？用电脑主要解决什么问题？

你经常使用手机或者iPad吗？你尝试用它们来解决学习中遇到的困难吗？

你尝试过网上课堂吗？感觉与老师讲授的课堂有什么不同？

你听说过萨尔曼·可汗(SalKhan)这个人的故事吗？你了解他创建的可汗学院吗？请查找资料并了解相关内容。

你听说过乔纳森·伯格曼和亚伦·萨姆斯吗？你知道他们的“翻转课堂”吗？请大家交流有关内容。

你现在上一节课的时间是多长？你能始终保持注意力集中吗？为什么？

你听说过微课程吗？请查阅资料了解微课程。

未来学习方式

请大家讨论，并分析各种学习方式的优点。

1. 知识的学习主要在家里自己完成，实验和讨论的内容到学校和老师同学一起完成。

2. 学习工具主要是电脑等电子设备，可以随时随地进行。

3. 自己学习的内容都是教师事先录好的“微课程”，每一个视频都不超过10分钟，你喜欢这样学习新知识吗？

4. 在自学过程中，要进行通关游戏，每段知识都需要过关后，才能进行下一阶段的学习，你喜欢这样具有挑战的学习方式吗？

能适应吗？

1. 学习变成了自己的事情，要为自己的学习负责，你能做得更好吗？

2. 讨论问题需要与其他同学分享知识，实验操作需要小组间的合作，你能与同学很好地合作吗？

3. 讲给别人听是最好的学习方式，在为别的同学讲解的过程中，你收获到了什么？

4. 以后的学习会越来越依赖电脑等电子产品，你能控制住自己，不受游戏的干扰吗？

5. 新的学习方式还有什么不足吗？请和同学交流。

第三部分 未来教室

未来的教室模型

假设你采用未来的学习方式，在未来的教室里，需要哪些基本设施？老师和学生的角色和任务有什么变化？请利用表5-4-1进行总结。

表5-4-1 未来教室的基本要素和作用

基本要素	作用	基本要素	作用
教师		电子产品(电脑、iPad)	
学生		最吸引你的地方	
图书、实验器材等			

分析讨论

在未来的教室里，你可以随时进行资料查阅，也可以随时进行实验，我们可以称之为功能教室，与传统教室相比，有什么优点？

在新的学习方式下，老师的角色发生了很大变化，是不是更轻松了？请与你的老师交流。

与同学交流，你对功能教室还有什么设想？

知识链接

学科功能教室

学科功能教室是课改形式下的新生事物，以生物学科为例说明。生物学科功能教室不应该是教室和生物学实验室的简单相加，它要实现的功能是：营造生物学学习的氛围和情境，激发学生学习生物学的兴趣和动力；将生物学习相关资源置于离学生最近的地点，实现生物学教育资源的效益最大化；革新生物学课堂"教"与"学"的方式，满足学生进行自主学习、合作学习、探究学习的目的。

第四部分　对未来学习的畅想

自我评价

不管未来的学习方式如何变化，有一点是最重要的，就是自己能积极主动地学习，请按照表 5-4-2 进行自我诊断，确认自己哪些方面做得不错，哪些还需要努力。

表 5-4-2　自我诊断表

	经常	有时	偶尔	极少	从不
遇事爱思考"是什么、为什么、怎么做"					
把不懂或感兴趣的问题记下来					
问老师（学会问道）					
问同学（学会合作）					
问书本（学会读书）					
问自己（学会反思）					
问网络（学会自控）					

未来学习畅想：学习空间站、未来科技教室、未来教师、电脑和 iPad、家庭网络学校、互联在线答疑、多功能学习机、微视频和微会议。

以后学校的学习功能会越来越淡化，只要有移动电子设备，你可以随时随地进行学习，你适应这样的碎片化学习方式吗？

未来学习方式的改变基于移动设备和互联网技术，你能熟练掌握这些技术吗？

随着未来电子设备的普及，学习资料也会在"云端"，各种学习资料也是海量的，如何保证自己从中迅速获得自己所需的学习资源？

在未来的学习方式中，还需要学校这种机构吗？学校有哪些地方是不可替代的？

未来学习方式的变化都是外在的形式，学习能力的加强还是最重要的，如何合理开发自己的大脑也很重要，请查阅资料，了解脑科学的研究进展。

现代高科技信息技术可以给教室里的学习者提供学习所需的情境，美国温特贝尔大学"认知与技术"小组开发的贾斯珀问题解决系列就是通过一组交互性强的教学视频提供数学问题所在的情境。在贾斯珀历险系列中，每一个小故事都是镶嵌着各种数学概念、问题和技能的学习情境，学生在解决挑战性问题的过程中获得各种学习策略，而且在这样一个近乎真实又复杂的问题情境中学生更容易“偷窃”到解决问题的知识。此系列更具特色之处在于认知与技术小组的研究人员充分运用了电信、电视技术以及因特网技术的整合，设计出“SMART”挑战系列的操作平台，学生与教师可以通过动静态的模拟装置软件以多种方式表征问题设计，并在互动与反馈中推动问题的解决，信息技术在贾斯珀系列中已经完全超越了技术仅仅是认知工具这样的认识观点，人机互动、虚拟现实、即时读取与反馈等理念已经完全渗透到技术的应用之中。

(二)“文化传承、敢于担当”版块——《民族记忆》

《民族记忆》包括拓展课程和提升课程。其内容包括风筝、北京绢花、泥塑、刺绣、皮影、年画、扇子、茶等。每一单元设计了四个部分，第一部分是认识这些民俗，第二部分是动手做，第三部分是交流与欣赏，第四部分是民俗与文化。下面以一个单元为例，来看看“创造”课程的内容是如何设计的。

案例 5-4-2:风筝

第一单元　风筝

“草长莺飞二月天，拂堤杨柳醉春烟。儿童散学归来早，忙趁东风放纸鸢。”

——【清】高鼎《村居》

诗中的“纸鸢”就是风筝。北方多称“纸鸢”，南方则称“鹞子”，由于风筝像鹞鹰那样伸展翅膀可以在天空盘旋，故以为名。中国是风筝的故乡，早在 2000 多年前，风筝在中国就已出现。风筝是中国民俗文化的符号之一，被列为“非物质文化遗产”。

第一部分　认识风筝

风筝的起源

风筝起源于中国，是目前世界风筝界一致公认的。关于风筝的起源，大体有三种传说。

一是斗笠、树叶说。

斗笠是一种古老的防雨防暑器具，据说有一名农夫正在耕作时，忽然狂风大作，卷起了他的斗笠，农夫赶紧去追，一下抓住系绳。恰巧这系绳很长，斗笠便像风筝一样在空中飞行。农夫觉得非常有趣，以后便经常给村民放斗笠，后来演变成放风筝。树叶说来自于中国南方一带。据说古时候人们对风卷树叶满天飞的现象十分崇拜，便用麻丝等拴树叶放着玩，逐渐演变成放风筝的活动。中国台湾的高山族、海南岛的黎族人，早些时候就是用面包树的叶子做风筝。

二是帆船、帐篷说。

传说禹时船上已有了风帆。帆是借助风力的机械，人们便仿照帆的原理，扎起风筝放飞。还有人说，风筝起源于北方的帐篷，最早的风筝是人们模仿大风刮起，帐篷在空中飘扬的现象制造出来的，之后逐步演变成了一种游乐活动。

三是飞鸟说。

从目前的历史记载和发现的古风筝看，其结构、形状、扎绘技术等一个突出的特点就是以鸟的形状居多。人们崇尚飞鸟、热爱飞鸟、模拟飞鸟而制作风筝，是人们对美好生活的追求。据中国的史料《韩非子·外储说》记载：墨翟居鲁山(今山东青州一带)“斫木为鹞，三年而成，飞一日而败”。是说墨子研究了三年，终于用木头制成了一只木鸟，但只飞了一天就坏了。墨子制造的这只“木鷂”就是中国最早的风筝。

风筝的历史

风筝源于春秋时代，至今已有2000余年。相传“墨子为木鸢，三年而成，飞一日而败”。他的徒弟鲁班改良了他的设计，制作了竹子的风筝。

南北朝风筝曾被作为通信求救的工具。梁武帝时，侯景围台城，简文尝作纸鸢，飞空告急于外，结果被射落而败，台城沦陷，梁武帝饿死，留下这一风筝求救的故事。

北齐文宣帝高洋，将人绑上翅膀，令人从高塔跳下摔死，名为“生”。

汉朝楚汉相争，韩信曾令人制作大型风筝，并装置竹哨弓弦，于夜间漂浮楚营，使其发出奇怪声音，以瓦解楚军士气。

唐代将用于军事上的风筝渐渐转化为娱乐用途，宫廷放风筝引领了风筝的娱乐化。

宋代的风筝有了锻炼身体的功能，百姓在清明节时，将风筝放得高而远，然后将线割断，让风筝带走一年所积之霉气。

明代以风筝载炸药，依“风筝碰”的原理，引爆风筝上的引火线，已达成杀伤敌人之目的。

清代乾隆时期即有双纸控制风筝详图尺寸与解说。

第二次世界大战美军曾用特技风筝做活动靶，训练打靶。

1980年，风筝开始广受喜爱，除原来双线外，并演变成三线、四线的技术风筝或特技风筝。

风筝的种类

按风筝的形象分类：鸟形风筝、虫形风筝、水族风筝、人物风筝、字形风筝、器皿风筝、其他变形图案或几何图形的风筝。

按风筝的构造分类：硬翅风筝、板子风筝、桶形风筝、串子风筝等。

按风筝的功能分类如下。

玩具风筝：没有很高的艺术价值，也没有特殊的性能，但是简单、便宜、易于普及，是数量最多、流传最广的风筝品种。

观赏风筝：艺术价值较高，有着诱人的图案、色彩和造型，不只放飞时十分优美，而且挂在屋子里也是很好的装饰品。

特技风筝：这类风筝只注重特技性能，如能进行空战，能上下翻飞，能在空中变色等。

专用风筝：这类风筝能完成一定的任务，如进行空中摄影、通信、救生、科研、气象探测，或作为无线电天线牵引车、船等。

探究学习总结

一、小组讨论

风筝借助什么力量才能升上天空？在高空或真空地带风筝能飞起来吗？

二、学习延伸

上网查找风筝的飞行原理、制作风筝的材料、制作风筝的方法等，为下节课做准备。

第二部分　风筝的制作

走进风筝

风筝的制作，有的简单，有的比较复杂，关键看对外形和质量的要求高低。美观而且飞得高，那就要花工夫设计和精心制作。

一般的风筝制作起来就没有那么困难。下面介绍一款入门级的风筝制作方法，飞行原理一点也不少哦！

想一想

1. 用什么材料来制作风筝呢？
2. 要用到什么工具来帮助吗？
3. 制作的方法和步骤是什么？
4. 风筝的飞行原理是什么？
5. 如果需要帮手，你找谁合作呢？

动手做

让我们一起来做风筝吧！

思考：风筝由几部分组成？各部分怎样连接在一起？

动手试试吧！

如果需要，可以参照锦囊袋。

锦囊袋

需要的材料和工具：

1. 竹条或细棍。
2. 薄布、塑料布、结实的纸。
3. 尼龙绳或线绳。
4. 强力胶、剪刀。

制作过程：

1. 把几根细棍子用绳子在接头的地方绑住，可在细棍上面绕上一层薄薄的纸，方便一会儿贴风筝的封面。

2. 为风筝贴好封面，能看见棍子的应该是朝地下的一面，因为棍子上还要绑风筝线。

3. 最后准备三个纸条贴的尾巴，万一风筝飞不起来，就给它贴上，有了尾巴，风筝就飞得更平稳了。

4. 为风筝绑线，绑线的位置如果高了，就要往下调整，否则起飞有困难。绳子最好用结实一些的，飞高了有时候会拉不动的。

经过精心设计及辛苦的制作之后，风筝终于制作成功了！请同学们记录下过程，来评价自己的作品吧！

我的风筝制作记录			
骨架是否牢固？	好	较好	一般
封面粘贴是否牢固？	好	较好	一般
线的位置是否合适？	好	较好	一般
作品是否有美感？	好	较好	一般
我的合作者有：			

调整与实验

(1) 调整牵引点：风筝能否飞上天，选准牵引点是关键。牵引点选择得准，风筝受风平衡，放飞时就不会打旋、摇摆，容易直飞上天。风筝由于形状和大小各异，一般有1～3个牵引点。用手抓住牵引点左右轻轻摆动，也可拿到室外试放，如风筝向一侧倾斜，则需重新选择牵引点。

(2) 掌握放飞的方法：一般的方法是由一个同伴拿着风筝，顺风走到下风处，放风筝的人手里牵着线站在上风处，两者相距50米左右。拿风筝的人将风筝上举，并就势推向空中；放风筝的人拉着风筝线迎风奔跑，跑的速度取决于风筝上升的情况和手中线的拉力大小。风筝上升慢，线的拉力就小，应加快跑速；风筝上升快，线的拉力大，则要放慢奔跑速度。风筝上升的同时，应根据线的拉力大小，适当放线，这样才能使风筝平稳地飞上蓝天，在天空中自由地翱翔。

第三部分　交流与欣赏

魔力秀场

通过上节课的学习与制作，我们也有了自己的作品，来秀一下吧！

小组推优：4～5人为一组，每人在小组内介绍自己的作品，推选出好的作品参加班级评选。

介绍时的重点要围绕：方法技巧、设计构图、颜色搭配、飞行安全。着重讲作品有优势的方面。为了打动别人，可以讲讲自己制作的故事。比如，难点的突破、合作的故事等。

动手做

在所有作品中，我最喜欢______的作品。他用______的材料制作的；作品设计____________________；飞行____________________；整个作品看起来____________________。

介绍作品时，这位同学态度、语气、用词____。

作品欣赏

呈现9张风筝的图片。你喜欢哪几个风筝？写一写它们美丽的地方吧！

____

____

____

第四部分　风筝与文化

风筝与科技

风筝的发明对科学技术的发展产生了深刻的启示：

1749年，美国一位名叫威尔逊的天文学家，研制成世界上第一台空中试验仪。他用6只风筝将天文仪器吊到700多米的高空中进行科学试验，第一次测到了大气的温度，并取得了一些重要的理论数据，推动了天文学的发展。

1752年，美国科学家富兰克林曾用风筝挂上一只铁钥匙，在雷电交加时，把风筝送上天，引来雷电，从而证明了雷电也是一种放电现象，避雷针也由此发明。

1804 年,英国的乔治格雷爵士用两只风筝作机翼,研制出了一架 5 英尺的滑翔机。

1894 年,英国科学家设计了一只供战场观察的军用风筝,其作用犹如当今的卫星电视转播……

最近,科学家提出了利用风筝发电的新方法,设计建造家用式的高空风力发电设备。

房主可以把这样的设备安装在自家房顶上,或许还可以替代太阳能电池。这些小型风筝梯子只需 100 米或者 200 米高,就可以足够为一户人家提供几千瓦的电力。

风筝与文学艺术

风筝与古诗:

草长莺飞二月天,拂堤杨柳醉春烟。儿童散学归来早,忙趁东风放纸鸢。

——【清】高鼎《村居》

春寒料峭乍晴时,睡起纱窗日影移。何处风筝吹断线?吹来落在杏花枝。

——【清】洛绮兰《春闺》

碧落秋方静,腾空力尚微。清风如可托,终共白云飞。

——【宋】寇准《纸鸢》

你还知道哪些有关风筝的诗句?写一写:

____

____

____

风筝与歌词:

《放牛班的春天》插曲——《风筝》

风筝

风中飞舞的风筝

请你别停下

飞向大海,飘向高空

一个孩子在望着你呢

率性的旅行,醉人的回旋

纯真的爱呀

循着你的轨迹,寻着你的轨迹飞翔

风筝与各国文化

中国:在风筝中随处可见吉祥寓意:“福寿双全”“龙凤呈祥”“百蝶闹春”“鲤鱼跳龙门”“麻姑献寿”“百鸟朝凤”“连年有余”等,这些无一不表现着人们对美好生活的向往和憧憬。

马来西亚:人们最喜欢的是月亮和风筝。有的像鸟,有的像鱼,但都不失月牙形的特点。在正式的官方场合,马来西亚姑娘常常手执精心制作、图形优美的月亮风筝迎接贵客。

日本:浮世绘风格独特。

韩国:风穴风筝独树一帜。在风筝平面上挖一个风穴,让背风转为浮力,使风筝的动作更为灵活,属于打斗风筝的一种。

泰国:风筝也有男女之别。男筝称为鸟筝,女筝称为鱼筝。鸟筝一般有 2 米高;鱼筝形如钻石,放飞时要由7个女子操控。每年2～4月是传统放风筝季节,常举办风筝赛会。

荷兰:曾在1984年展示一只世界上最大的风筝,无骨架,以尼龙布制成,放飞前要先充气,并由8吨的汽车牵引才能顺利升空。

英国:风筝先后被用于航空学、广告宣传、载人监视、防卫空中攻击等方面。

美国:一种老少皆宜的体育活动,所流行的风筝多为尼龙布制,不怕风吹雨淋,还可将风筝折叠起来,携带相当方便。现在相当流行的特技风筝,据说就是根据导弹射击试验的靶机设计出来的。

第六章

“三创”课程的实施

第一节　课程实施的概念与本质

课程实施是课程论和教学论研究领域的重要课题。从课程论角度，可以将课程实施视为课程开发过程中一个重要的环节，而在教学论意义上的课程实施，至少包括教学设计和教学过程。无论从何种角度理解，课程实施都是实现预期课程理想的手段。要想成功地推进课程改革，就必须深入研究课程改革方案的实施过程，以对方案进行及时调整、修订和完善。

一、课程实施的本质

（一）课程实施的概念

课程实施是将编制好的课程计划付诸实践的过程，是实现预期的课程理想，达到预期的课程目的，实现预期教育结果的手段①。课程实施是通过教学活动将编制好的课程付诸实践。课程实践的焦点是实践中发生改革的程度和影响课程实施的那些因素。

在我国，国家所规定的课程都是经过一段时间的研究、实践和论证而形成的，从总体上看，具有科学性和可行性。但由于我国的地区之间的差别较大，在实施的过程中，不可避免地会带来一些问题。所以，在理解课程实施问题时，应当将课程计划看作是可以调整和改变的，判断课程实施的成败也不应以对原有计划的执行程度为标准，而应关注执行过程中教师在特定的情境下对课程计划的调适和改造。因此，课程实施是将规划的课程付诸实际教学行动的实践历程。

课程实施不是新课程方案的照搬，课程实施是一个过程，而不是一项事务，是一个动态的过程，而不是镜式的反应，实施过程中必然涉及实施者的课程理念和个性化的工作，甚至涉及对课程方案的主要调整、修改和补充；课程采用之后的课程实施，需要由几方面的人员

① 李定仁，徐继存. 课程论研究二十年(1979－1999)[M]. 北京：人民教育出版社，2004：90-91.

共同完成，这些人员包括教育行政人员、学校管理人员、教师、学生等，其中，教师是主要实施者，在课程实施的过程中，实施者要根据课程方案的要求、实际的教学条件和学生的情况，确定实施方案，制定实施策略；课程实施应成为有计划、有组织的互动过程，一方面促进教师的专业成长，另一方面发展学生的课程体验，最终指向预期的教育目标的实现。

（二）研究课程实施的意义

从根本上讲，研究课程实施的意义在于深刻理解课程变革过程的实质、提高课程变革的成效。根据美国课程理论专家、“课程实施”问题研究的奠基者富兰和庞弗雷特的归纳，课程实施的研究意义可具体分解为如下四个方面。

第一，为了了解课程变革的实际。一项课程变革方案付诸实施后究竟引起了课程实践的何种变化？这需要根据变革方案对课程实施过程进行直接测量和界定方能知晓。然而，大多数课程变革方案付诸实施后并不像方案设计者所预想的那样乐观。

第二，为了理解教育变革失败的原因。为什么在课程史上有如此多的教育变革惨遭失败？这需要研究产生变革的最困难的方面是什么，以便克服困难、提高变革的成效。综观国际上关于教育变革的研究，尽管人们对阻碍变革的因素尚未取得一致见解，但是，人们对这一点已经达成共识：要想比较成功地推行一项变革，必须自始至终深入研究变革方案的实施过程、在实施过程中对方案及时调整、修订，使之不断臻于完善。

第三，为了对学习结果以及影响学习结果的可能的决定因素作出解释。在实施一项课程计划后，学生的学习成绩意味着什么？影响学生学习成绩的可能的决定因素是什么？为了对此作出解释，有必要对一项革新方案的具体实施过程单独作出检验。人们往往将采用新课程方案的学生成绩优秀的原因归于新课程方案本身，而对新方案的实施过程和实施程度未作出恰当的估计。采用了一项新方案并不意味着如方案计划那样实施。一项研究估计学习结果35%的差异可归因于实施过程的差异，即是说，即使运用了同一方案的不同学校或班级的学生，其成绩的差异也有可能达到35%，这是由实施过程的差异所导致的。

第四，为了不至于将课程实施与课程变革过程的其他方面（如课程采用）相混淆。人们对课程变革认识的理性化水平提高的过程，即是将课程变革过程分解为不同方面、深入理解每一方面的本质和功能，进而把这些方面有机联系起来的过程。为了把课程实施与相关的其他环节区分开来，就需要将之从课程变革过程中分离出来单独进行研究①。

二、课程实施的基本取向

课程实施过程的本质具体表现为人们对课程实施取向的探讨。迄今为止，人们普遍认同的课程实施取向有三种：忠实取向（fidelity orientation）、相互适应取向（mutual adaptation orientation）和课程创生取向（enactment orientation）。

① 李臣之．课程实施：意义与本质[J]．课程．教材．教法，2001，09：13-17．

(一)忠实取向

忠实取向把课程实施过程看成是忠实地执行课程方案的过程①。根据这一取向，预期课程方案的实现程度就是衡量课程实施成功与否的基本标准。课程方案实现程度高，则课程实施成功；反之，课程方案实现程度低，则课程实施失败。显然，坚持忠实取向将课程实施的本质理解为忠实执行，按部就班，不可能对课程方案作出变革。

(二)相互调试取向

相互适应取向强调课程方案的使用者与学校情境之间的相互适应，主张根据学校或班级实际情境在课程目标、内容、方法组织形式诸方面对课程方案进行调整和改革，它包括两方面的内容，即课程计划为适应具体实践情境和学生特点而进行的调整、课程实际情境为适应课程计划而可能发生的改变②。持这种取向的课程实施者，容易将课程实施的本质理解为“协调中的变革”，人们相信，课程实施不可能只是一个事件，更重要的是个过程，在过程中实施者不可能不对课程方案进行修订，甚至改变，以适合其自身的目的。

(三)创生取向

创生取向则把课程实施过程看成是师生在具体情境中联合缔造新的教育经验的过程，在缔造过程中，已经设计好的课程方案仅仅是教师和学生进行或实现“再造”的材料或背景，是一种课程资源，借助这种资源，教师和学生不断变化和发展③。

随着教师和学生的发展，课程本身也在不断地进步。应该说，以上三种取向在对课程知识的产生、对课程变革的假设、研究方法以及教师角色的理解有着很大差异，三者各有其适用的条件和优缺点。由于教育和社会情境极其复杂，教育变革的需要多种多样，在不同的情境中三种取向的价值都可以得到不同程度的体现，这也可以被视为从“过程论”角度对课程实施本质的理解。实际上，课程实施可以视为课程发展中的一个重要环节，在课程发展过程中，从课程实施者对待“课程”的态度、课程计划或课程方案在过程中的变革或变化程度、课程实施在不同情境中的实际效果，或者从课程实施过程中重“内容”或重“方法”等角度理解课程实施，均可以产生不同的实施取向④。这些尝试性探究，不仅对理解课程实施过程有帮助，而且进一步拓展了研究课程实施本质的思路，启发人们从不同层次，立足不同角度，在不同水平上研究课程实施。

三、课程实施的影响因素

美国学者 Fullan 在《教育改革的新含义》一书中指出：“不要假设你所要进行的改革是

① 杨明全.课程概论[M].北京：北京师范大学出版社，2010：271.

② 杨明全.课程概论[M].北京：北京师范大学出版社，2010：271.

③ 杨明全.课程概论[M].北京：北京师范大学出版社，2010：271.

④ 尹弘飚，李子建.再论课程实施取向[J].高等教育研究，2005，01：67-73.

应该实施的和可以实施的。相反,应该假设实施过程的主要目的是通过实施者与有关因素相互作用来转变你该做什么的认识。"(Fullan,1982)利用 Fullan 的学说(1982)作为框架,Snyder,Bolin 和 Zum walt 列出了影响课程实施的 15 个因素。仅就与我国当前课程实施密切相关的主要因素进行分析,以下几个方面特别值得关注。

(一) 课程计划本身的特征

课程开始与计划,良好的课程计划是有效的课程实施的必要条件,因而课程实施的一个变量①。这些特征包括:

1. 适恰性

即新的课程计划是否能满足使用者的需要。这种需要可以理解为变革的迫切性,如果使用者觉得某一变革是很需要的,他便更愿意投入较多的时间和精力去实施它。

2. 明确性

即能让实施者明确地知道应该做什么、为什么要这样做和怎么做的明确程度。有些新课程为什么得不到有效的实施呢?只要原因之一就是课程改革目标欠清晰或过于复杂,使教师没有足够的能力和信心推行变革。

3. 复杂性

指课程改革的范围与深度,包括教学内容、参与改革的人数、观念变革、教学方法和组织变化等多方面层次不同方面的变化。

4. 可操作性

即课程计划在被实施操作的方便程度。

(二) 学校层面的因素

学校是课程实施的机构,是把理想课程变为现实课程的主要场所,是课程得到真正实施、教育活动得以落实的地方②。

1. 教师

教师在课程实施中起关键性作用。特别是在课堂教学层面上,教师成为课程实施的核心。在课程实施中教师是知识的化身,文明的代表,凝聚着教育理念,体现着人文的关怀。教师的素质与能力影响着课程的实施。每位教师都有自己的教学风格与能力,教师之间的素质存在一定的差别,他们所处的社会环境与学校环境的文化之间也不同,这些都会影响教师设计具体的教学过程,以及课程教学中对教学内容和方法的选择和确定。

教师对课程方案的决策也直接影响课程的实施。教师在课程实施的过程中,要面对许多与课程有关的问题,要熟悉各种教学资料,如教科书、教学大纲、教学参考书、学生以及具体的教学环境等;在进行教学设计的课堂教学中,一些因素又经常会发生变化,如教学环境、学生情况等。教师需要依据不同的情况随时做出相应的专业判断,而不同的判断会导致不

---

① 孟凡丽,于海波. 课程实施研究二十年[J]. 西北师大学报(社会科学版),2003,02:1-5.

② 柳伟. 论课程实施[D]. 云南师范大学,2004.

同的实施效果。

2. 学生

学生能力及文化的高低、学习兴趣的高低、学习背景、受教育经历;家庭背景、自信心高低、自我期望、学生的需要等,这些都是会影响课程实施的顺利进行。

3. 校长/园所长

在课程实施中,教师虽然是重要角色,但是有些支持与协助需要其他相关人员才能顺利地进行,而校长以及行政人员的协助就是影响课程实施成效的重要因素。在课程实施的过程中,校长带领教师拟定课程实施的计划,代表教师参与课程发展的各项会议,并能设法争取经费、资源、人力等,皆有助于课程计划的实施与推动。因此,校长是课程实施的灵魂人物,在许多关键时刻扮演着推手般的角色。他们需要促成以及谋和各种不同的意见,在推动课程实施时是不可或缺的重要人物。一般来说,校长在课程实施的过程中扮演着三种主要角色。

(1) 回应者

倾听他人的意见,响应教师的需求,具有察觉问题的敏感度并能作出回应。

(2) 管理者

建立好课程发展与实施的相关行政程序,确保课程实施的相关决策能清楚传达,了解师生的需求,避免教师在课程实施中遭受不合理压力。

(3) 发动者

当课程实施之处,校长必须鼓励甚至率先带领教师实施“三创”课程。此外,校长更需要努力地将课程的目标与计划清楚地传达给教师,让计划获得实践,让学校内的教师知道校长对于课程实施有着高度的期望、热忱与动力。当校长展现热忱时,就能营造良好的学校气氛,让全校对课程实施产生共识与动力。

4. 学校内部人员

学校内外部人员也能协助课程实施的顺利开展。学校内部人员除了校长、教师之外,还包括学校的行政人员。学校行政人员能够协助执行课程实施的计划,例如安排“三创”课程的相关训练,资金、设备申请,协助教师解决困难,支持评价等。关于这方面的行政流程与相关注意事项,若学校行政人员能全力支持,则可缩短许多繁杂的行政程序,掌握课程实施的时间性。

(三) 文化层面的因素

文化层面指的是环绕在学校及教师氛围中的学校文化及教师文化。在学校文化中,若学校鼓励教师以及教师与家长间有平等的权利关系,且学校行政科层化的程度低,则可使教师与其他单位的沟通顺畅,如此将有利于课程实施。此外,教师、学生、校长之间的互动、语言、信念、价值观和传统等也都是学校文化的一环,不同的学校文化会对课程实施造成不同的影响①。

① 施良方著.课程理论——课程的基础、原理与问题[M].北京:教育科学出版社,1996:147.

教师文化取决于教师的信念，例如，有的教师会尝试教学创新，有的教师则会抗拒，有的教师会积极学习新知，有的则安于现状。教师之间若能组成合作小组，互相讨论分享教学心得，都会对课程实施的成效产生影响。

（四）社会层面的因素

1. 家长方面的支持

家长支持越大，学校推行"三创"课程就越顺利。家长的支持与理解，是课程实施取得实效的一个重要方面，如一直谈到的"减负"问题，要取得实效，家庭就必须做出相应的行动，否则，就难以落到实处。长期以来，教师"教"，学生"学"，这种普遍存在的教学现象已经根深蒂固地存在于家长的脑中。"三创"课程要求学生"主体性"的发挥，在某种程度上，对传统的教学现象有所改变。出现小组讨论、学生组织的课堂教学，这在家长的眼中是"不适宜"的课堂。同时，"中考"和"高考"的竞争压力大，也是家长极力要求传统课堂教学的有力依据。

2. 政府机构的力量

政府机构是影响课程变革的重要力量，学校的课程变革与学校所在地的需要的一致性越大，就越能得到当地政府的支持，课程实施的程度也有可能越大。当然，课程变革获得政府的支持并不意味着学校要被动地顺应当地的现状，而是要充分发挥学校教育的主体性，通过课程变革对当地现状作出建设性的批判与超越。只有这样，政府才能意识到课程变革的价值，也才能给予课程变革更多的支持与帮助。

3. 社区的支持

课程变革能够与社区文化整合为一体，课程实施的程度就越大。学校教育与社区文化相互渗透，呈现一体化发展的态势，是当今时代的一大特征。因此，课程变革不应孤立于社区文化之外，而应自觉寻求与社区的整合。这种整合既包括对社区文化的积极适应与认同，也包括对社区文化的批判与超越。这样，课程变革就会获得学生家长的认可，获得社区政治、经济和文化机构的协助，从而大大增加课程实施成功的机会。

四、课程实施的策略

（一）钦与本恩的课程实施策略

关于整体的实施策略，钦与本恩(R、Chin&K、D、Benne)认为有以下三种基本类型①。

1. 实证-理性策略(empirical-rational strategies)。该策略相信人是理性的，只要使实施者相信改革是合乎理性的，他们就会服从并加以实施。它强调实施者的能力与主观上要求改革的迫切程度。因此，采用此模式的关键在于澄清实施者对改革必要性的认识，同时对他

① McNeil, J. D. Curriculum: A Comprehensive Introduction. (5th ed.). New York: Harper Collins College, 1996. p. 204.

们进行培训以增强其效能。该策略最具代表性的例子就是“研究—开发—推广”模式，在20世纪五、六十年代的“新课程运动”中曾普遍运用。

2. 权力-强制策略(power-coercive strategies)。该策略要求个体遵从那些制度高位者的意愿。尽管学校教育中很少直接采用这种策略，但是我们可以经常看到那些高位者通过提供各种物质的或符号的奖赏，强迫人们接受新计划。采用这种策略的人，往往利用自身的制度优势，通过法律或行政命令，迫使无权势的一方顺从。

3. 规范-再教育策略(normative-reeducative strategies)。该策略同样奠基于人的理性和智能，但与实证-理性策略的基本假设有很大不同。实证-理性策略认为人的智能是纯个人、心理的现象，改革是一系列合乎理性的活动依照线性序列展开的过程。规范-再教育策略则视人的理智为社会、文化的产物，受他们的态度、信念、价值观以及所处情境、人际互动的影响，并由此引起行为的变化。这就增加了改革过程中的不确定因素。它提醒我们，“教育改革不只是技术的工作和行政手段，必须关心教师对创新的认同感、情绪和理解”。

钦和本恩的观点为我们分析众多的课程变革现象提供了一个框架，但是由于这种分类方式所依据的是人性论、政治学方面的不同假设，因此往往显得过于抽象。

(二) 麦克尼尔的课程实施策略

考虑到课程改革可能由不同层面的(如国家的、地方的、学校的、教室的)教育机构发起，麦克尼尔(J、D、McNeil)总结了三种课程实施策略，即自上而下策略、自下而上策略和自中而上策略①。与钦和本恩的观点相比，他的主张更贴近具体的教育情境。

1. 自上而下策略(Top-Down Strategies)。该策略的技术性很强。课程变革是由国家或地方一级的教育机构发起的，在实施中强调学校中的其他因素与变革相一致，否则这种技术上的变革难以进行或维持。这种策略又可表现为两种形式。一种是研究与发展模式。它类似于前面提到的“研究—开发—推广”模式，是国家或地区性课程改革中普遍采用的策略，强调国家或地区等上层机构要创设条件使学校管理者与教师充分认识改革的价值。另一种是多因素策略。与研究与发展模式关注课程实施中的技术因素不同的是，该策略更多地关注政治的、社会的与经济的因素，主张通过利用三种组织要素——社会准则、教师意念(perceptions)与技术来克服单因素变革的局限。因此，这种形式比“研究与发展模式”更进了一步。

2. 自下而上策略(Bottom-Up Strategies)。在这种策略中，变革机构试图通过教师检视学校中的问题，由此成为革新者而引入变革，因此作为个体的教师是变革的发起人。该策略典型的例子是“整合发展策略”与“教师作为变革动力”(Teacher as Agents of Change)。“整合发展策略”主张处理教师当下关心的问题，借此发动学校系统内的组织变革。这种方式认为课程变革必须消除教师的疑虑，因此首先要帮助教师识别与分析问题，然后促使其采取变革行动。“教师作为变革动力”最初由塔巴(H. Taba)提出。她认为课程编制应始于教师对教学单元的设计，这将为其以后进行全面的课程编制奠定基础。显然，这种思路隐含了自下而上实施变革的策略。

---

① Bennis，W. G.，Benne，K. D. & Chin，R. The planning of Change.(4th ed.). New York：Holt，Rinehart and Winston，1985. p. 22-45.

3. 自中而上策略(Middle-Up Strategies)。与前两种策略相比,这种策略选择了一条中间路线。它认为从上至下的策略过多地依赖于外部的奖赏,从下至上的策略又必须以个人或群体倾向改革为前提,然而事实上学校文化总是相对保守的,不愿主动变革。该策略主张学校是发起变革的最适当的机构。学校要成为课程实施的主体,一方面联合校外人士推广革新,另一方面要创造有利条件,促使教师参与变革。

五、校本课程实施的具体策略

校本课程有别于学科课程和综合实践课程,它是介于二者之间的一门课程,因此,实施的方式方法也有所不同,学科课程主要是在课堂中或实验室中进行的,而校本课程则需要在教室和社区两个方面进行,教室内是必需的,校外活动也是必不可少的。从一节内容的实施时长来看,学科课程,一般在一节课中基本上就可以完成一节的内容。而校本课程,一节的内容,往往需要二到三课时的时间才能完成。综合实践活动课程,则可能需要更长的时间才能完成。但是,它们的共同点都是通过一定的形式,使学生学到一定的知识,掌握一定的思维方法,形成一定的解决问题的能力;校本课程就其实施方式来看更接近于综合实践课程,因为它们在学习方式上都更注重探究和动手操作。

(一) 基本模式

教师导入课题→学生提出自己感兴趣的问题(形成问题口袋)→小组合作初步解决问题(通过组内外合作达成共识)→借外力解决难度较大的问题(调查访问、让网查询、查阅资料等。其中包括设计具体的解决方案、校内外实施)→课堂交流总结(形成问题解决)→拓展延伸(提出设想、改善措施、倡议、设计发展规划等)①。

(二) 有关问题的阐释

1. 关于问题的提出

模式中的第二步是问题的提出,这一步很重要,问题多多,收获多多,没有问题就没有收获,既然校本课程是基于师生的共同需求而滋生出来的,所以,课堂上应把自主权更多地放给学生,要让学生提出他们感兴趣的问题,真正提出他们自己的疑问。这应该是很关键的一步,也是很重要的,这也是校本课程与其他课程的最大区别。教师不要包办代替,给学生一个机会,他会还你一个惊喜,学生的问题往往是出乎教师意料的,很多问题又是老师所难以解决的,这样的问题才能真正激起师生的共同兴趣,这样的课堂才能真正成为师生共同探究的场所。

2. 问题的解决策略

(1) 基于学生已有知识当堂解决

这是问题解决的第一步,学生提出的问题种类很多,其中,有许多是学生所能够解决的,

---

① 刘丽芝. 校本课程开发与实施的研究[D]. 上海师范大学,2013.

这样的问题，最好是当堂通过小组合作的形式予以解决，然后通过全班交流达成学生都会的目的。

(2) 借外力解决或依靠自己的动手实践来解决

这是问题解决的第二步，学生提出的有些问题，学生通过小组的形式是解决不了的，教师自己也是不知道的，这样的问题只能依靠外力来解决，或者通过自己的亲身实践来得出结论，但是，借外力并非都要通过调查，要根据具体问题采取灵活的方法来达到解决的目的。

(3) 关于解决方案设计中的几个问题

学生的解决方案，前几次必须要在老师的指导之下来设计完成，如：调查方案的设计，就需要教师的有效指导，要教给学生如何来设计调查表，如何来实施调查及调查中应注意的几个问题，都应当向学生讲明白。当学生对解决方案的设计有了一定的基础之后，本环节就可以省略，寻求的就只是问题的解决。

(4) 解决方案形成之后必须有结果

这是模式中的第五步，无论学生采用何种方法，最后都必须得出结果，要给全体学生一个满意的答复，让他们真正地学有所获，一时解决不了的问题，要有备案，师生都做好记录，看谁能够早日解决，这也是培养学生主动探究意识的有效途径，或许还会为学生的终身发展奠定坚实的基础，这一点，教师是忽略不得的。

3. 教师在校本课程实施过程中的地位与作用

教师在校本课程的实施过程中，是一个组织者和参与者，不是一个传道士，学生感兴趣的问题，教师应该与他们一样兴高采烈，他们的问题，往往不是我们教师所能解决的问题，需要教师与学生的共同参与，共同探究，共同享受成功的快乐。学生在某些问题上，很有可能是我们的老师，所以，不要更多地对学生指手画脚，要让学生充分发挥，尽情展示。但并不意味着可以让学生放任自流，要适时地对学生进行必要的引导和组织，使学生的整个活动有秩有序地进行①。

第二节 课程实施的主体与任务

课程实施，作为课程的重要环节，是课程理论与课程设计转化为课程实践的过程。研究表明，课程实施不是一蹴而就的活动，而是与课程主体对于课程变革目标的认同与关联度、课程主体的具体行动参与、课程变革所处的各种条件氛围和各方面的实际举措等多种要素密切联系的可见，要研究课程实施过程，就必须与具体的课程行动者、行动情境联系在一起分析。因此，在全面实施新一轮基础教育课程的进程中，如何保证新课程实施成为一个不断的高生成过程，关键要充分发挥课程实施主体对提高课程实施水平的主体作用。

---

① 何军华. 教师与课程实施[D]. 华中师范大学，2004.

一、课程实施主体的内涵

探究课程实施主体，离不开对课程实施主体内涵的把握。而对课程实施主体的界定又是以对主体的理解为基础的①。何谓主体？就广义而言，主体是指在普遍存在着的事物相互作用中能动的、主动的一方。如此来理解，任何事物都有可能既是主体也是客体。就狭义而言，主体指起能动性的、主动性的和创造性的作用的人。而这种意指下的主体既包含了认知主体，又包含了实践主体。不过，就人在本质上是一种实践性的存在而言，从实践主体去理解人，则更具有根本性。人在本质上是一种实践存在，是要依靠实践(特别是物质生产)才能生存和发展的社会产物。因此，人作为主体与客体的实践关系，对于人和人的社会来说具有更为根本性的、决定性的意义。

把主体限定在"实践活动中其能动性、主动性和创造性的作用的人"就对课程实施主体的理解提供了借鉴的基础。课程实施是一种典型的社会实践活动，参照上文的主体定义以及课程实施自身的特征，可以把课程实施主体界定为"在课程实施过程中起能动性的、主动性的和创造性的作用的人"。

二、课程实施主体探究的意义

从古德莱德对课程含义的层次划分来看，观念层次的课程、社会层次的课程属于课程计划、课程采用阶段，而学校层次的课程、教学层次的课程、体验层次课程则进入课程实施阶段。因此，尽管面对同一个课程计划，但在不同的层次，课程实施的主体是不同的。而在我国的三级课程管理中，课程实施主体的层次亦有差别。正是由于课程实施主体的层次性与差别性，导致了课程实施过程的复杂性。探讨课程实施的主体性，正是为了从宏观上厘清不同主体的权与责，从而保证课程实施的顺利推进②。具体来说：

1. 厘清课程实施主体能防止课程实施中的卸责。课程实施是一个复杂的系统工程，它需要多方主体的通力合作；在这一合作过程中，不同的主体承担着不同的责任、分享着不同的权力，他们共同组成一个复杂的有机整体，承担着完整的课程实施。但是，由于不同的课程实施主体往往处于不同的时空、不同层次，课程实施也就变成了一个复杂的、不可完全操控的过程；而且往往只要某一级课程实施主体在某一个环节出问题，整个课程实施就会受阻。在这种情况下，如果课程实施主体间的责权不明，就很难诊治课程实施中的问题所在。

2. 厘清课程实施主体有利于激发不同主体的主体性。课程实施不是一项政治运动，因此单纯靠领导者个人的权威、命令、控制和监督，是远远不能适应当前课程改革需要的；课程实施也不是简单的计划执行，它需要不同层次的主体在自己的特殊背景下，对课程计划进行调适与创生。以往的课程改革正是由于实践主体的边缘化而缺乏内在的动力。厘清课程实施的主体，有利于每一主体主动、积极地参与课程实施，并在这种积极的参与中充分行使自己的权利，从而最大限度地实现每一主体的自我潜能的开发。

---

① 郑志辉，刘祖勤．课程实施主体探究[J]．内蒙古师范大学学报(教育科学版)，2009，01：102-105.

② 郑志辉，刘祖勤．课程实施主体探究[J]．内蒙古师范大学学报(教育科学版)，2009，01：102-105.

3. 厘清课程实施主体有利于不同主体间的分工与合作。合作的基础是其中的每一个成员真正享有作为一个合作者的权力、切实履行作为一个合作者的义务与责任,因为只有明晰了各个层面、不同主体间的角色定位,各级主体之间的关系才能理顺,合作才具有现实性、可行性。另外,从课程政策的角度来看,三级课程管理制度的推行,需要对不同主体的权力与义务进行明确而合理分工,以形成相应的合力。“各类组织及个人都应当具有一定的课程权力,对课程权力所包含的不同充分进行合理而明确的分工,以形成相应的合力,共同完成理想课程政策的制定及实施”。

三、课程实施的主体

(一) 校长

1. 校长角色分析

提高校长的课程领导力是“三创”课程实施的关键环节。校长的课程领导力伴随着“三创”课程的实施而越发引起人们的重视,这是因为,学校课程实施往往与校长的课程理解、价值引导和领导风格密切相关。校长是教师实施课程改革的现实引领者与支持者,也是学校课程实施的直接示范者和参与者。

2. 校长在课程实施中应承担的任务

陶行知曾说过,“校长是一个学校的灵魂,要想评论一个学校,先要评论它的校长。”可见校长在学校管理中的地位和作用极为重要,课程管理亦如此。“三创”课程改革能否真正走进学校,走进课堂,很大程度上取决于校长对课程改革的理解、认同以及领导执行能力①。校长必须吃透课程政策。一项政策能否有效传达给教师,主要受以下几个因素的制约:一是校长的理解能力;二是与教师的沟通能力,校长要摸索出与教师有效沟通的技巧;三是端正的教育思想,若校长的教育思想不够端正,就会使教师不能全面理解课改政策,导致学校教学质量下降,致使学校的课改执行能力无法提高。所以校长要提高执行力,首先要做的事情就是把政策全面、有效地传达给教师,让他们理解透彻。

校长要提升自己的课程领导力。校长做以下几方面的努力:第一,在不断学习中把握课程的精神实质。参与各种专业学习有助于校长课程理解力的提升。第二,主持制订学校课程建设的整体规划。第三,致力于学校课程的管理创新和资源建设。成功的课程领导应当是多种策略的整合与创新,要在学校中强化合作的文化氛围,要善于利用不同的科层机构,刺激文化变迁,要对文化规范、价值及信念进行直接而频密的沟通,要与他人分享权力,要提高个人的责任感,要善于利用符号表达文化价值②。只有当校长将课程实施与学校整体发展有机融通,课程才能成为学校教育创新的基本途径和有力抓手。

校长力求直接面对教师。如今,有些学校的管理层级越来越多,管理工作越来越复杂,过分强调细化的制度、流程,但很多事情可能就会因为教条的制度化、流程化影响执行力的

① 徐金才. 新课程实施中校长教学领导力的三个层面[J]. 江苏教育,2008,01:34-36.

② 周林生. 新课程实施过程中校长课程领导力的发挥[J]. 教师,2015,12:117-119.

提高。“三创”课程的实施是一项工程，为了执行更有效，有时候就需要直接面对教师，使执行速度更快、质量更好、效率更高。所以学校课改应该减少中间层次，力求直接面对教师，将事情尽量简单化，防止越管理越复杂。

校长要做到权责分明。责任和权力不明确是影响执行力的主要因素。教务处严格执行课程计划；德育处执行“两纲”教育，落实社会实践活动，总务处做好设施、设备保障；教师开展“以学生发展为本”的课堂教学。明确各自课改的责任和权力，是提高执行力的保证。同时，制订切合实际的课改计划也必不可少，一方面，学校制订课程策略时应考虑这是否是一个能够切实得到执行的策略。另一方面，学校要制订课程执行详细计划，把总体目标分解到处室，列出表格，做到一目了然。

校长要营造学校执行力文化。提高执行力的另一关键在于透过文化影响人的行为。校长应致力于营造学校课程执行力文化，要对课程历史性资源进行全面审视，挖掘其中具有现实意义的要素，为课程执行力服务。当课程执行力的先进性、独特性和优质性体现出来的时候，应逐渐向课程改革各方面渗透、扩张，不断提高课程实践层次、理论层次和文化层次。如何让教师自愿将课程要求执行得更好？关键就在学校的文化。有执行力的学校，教师一定用心去做事情，讲究速度、细节和纪律，严格执行学校计划，认真做好每一件事。因此，学校领导用心培育学校的执行文化，是一所学校长治久安、快速发展不可缺少的。多沟通、多交流能使教师之间、教师与管理者之间相互理解、相互支持，学校领导有良好的领导德行、高超的领导课改能力，学校有切合实际、奖惩分明的制度，这些都是培育学校执行文化的重要基础。

（二）教师

1. 教师角色分析

教师是导致成功课程实施的决定性力量，特别是在课堂教学层面，教师成为课程实施的核心。影响课程实施的其他因素，一般都要通过教师这个主体发挥作用。教师在课程实施中承担的任务主要是课程教学层面，因此，他们对整个课程实施起着至关重要的作用①。教师的课程学习与专业探究是课程实施的根本动力。教师对于课程实施的投入感，并不是依靠单纯的外在援助、已有的教育经验或者物质装备就可以赢得的，关键是唤醒教师自主探索的勇气。

2. 教师在课程实施中应承担的任务

（1）教师是课程实施的直接实践者

教师作为教学过程中一个主要的主体，他承担着“传道、授业、解惑”的职责。课程最终能否作用于学生的成长与发展，主要看教师教的怎么样②。因此，从这个层面上去分析，就能清楚地看到教师在课程实施中的重要作用。缺少教师这一层面的群体，课程对学生的作用就大大削弱。

（2）教师的参与

课程实施的必要前提，是教师自觉以课程计划、课程标准为依据，设计教学活动，确定教

① 何军华．教师与课程实施[D]．华中师范大学，2004．

② 于海波．教师课程实施能力研究[J]．当代教育科学，2011，12：13-16．

学策略,通过把课程实施直接作为课程的一部分,让教师始终参与课程计划、课程标准的拟定,就可以增强这种自觉性。换言之,如果使用课程的教师参与了课程计划和课程标准的设计工作,就能促进课程的实施①。

(3) 教师的课程决策

在课程实施过程中,教师不是一个被动的执行者,而是一个主动的决策者,他们要面对许多与课程有关的问题,需要依据不同的情况随时做出相应的专业判断。这种专业判断就形成了教师在课程实施过程中的决策。其决策的正确性与准确性直接影响着课程实施的质量。

(4) 教师要端正自己的态度

教师在教学中拥有一定的自主权,对待这种自主权,教师一定要树立端正的、开放的态度,关注新课程、新方法,将自己的教学热情投入其中。

(5) 教师要不断提升自己的各方面能力

随着时代的发展,教育面临更多的挑战,教师要在这样的大背景下,不断提高自己的专业素养和伦理素养,与其他教师之间进行广泛合作,增加相互交流和沟通,提高相互间的支持与帮助,并能积极参加教师培训,促进课程的实施。

(三) 学生

1. 学生角色分析

学生是一种专门的社会角色,是课程实施中的学习者。缺少了学生,课程就无法实施。同时,学生既是教育对象,又是课程实施中的主体。在教学活动中,学生是教育系统的培养对象、管理对象和服务对象,意味着他必须接受教育系统的计划安排,努力达到相应的培养要求和规格;学生作为管理对象,意味着他必须遵守教育系统的种种规定,服从教育制度规范;学生作为教育服务的对象,意味着教育系统要为学生创造成长、发展的条件,努力满足学生发展和学习的需要,保障学生作为学习者的利益。另一方面,学生又是课程实施中的主体。学生的发展是多方面相互作用的过程,各种社会因素、教育因素的影响,最终要转化为学生自身的积极行动才真正发挥了效能②。只有学生主动参与到课程实施过程中,努力发挥自身的主体性,课程实施才能真正获得意义,实现价值。

2. 学生与课程实施的关系

学生因素是制约课程的“三大要素”之一,它不仅与课程设计之间具有密切的联系,而且与学校课程实施之间存在直接的关系。课程实施具体表现为教学(主要是课堂教学),或者说,教学是课程实施最具体最直接的表现形式之一。其中学生的学是教学活动中不可替代的一个重要方面,因此,学生与课程实施之间具有必然的联系,主要表现在以下几方面③。

(1) 学生发展与课程实施的目的

课程是育人的重要媒体。毫无疑问,课程实施的目的在于促进学生的发展。学生发展

---

① 姬兴龙.校本课程开发背景下教师参与课程领导研究[D].上海师范大学,2009.

② 尹弘飚,李子建.论学生参与课程实施及其研究[J].课程.教材.教法,2005,01:12-18.

③ 谢淑海.走向学生参与的课程实施[D].西南大学,2007.

是课程实施的具体着眼点和最终落脚点，课程实施必须面向学生，既要考虑学生已有的发展状况和发展条件，又要科学估计学生未来发展的最大可能，或者说，课程实施要“目中有人”，要着眼于学生的发展。可以说，学生已有的发展状况和发展条件是学校课程实施的起始点，反映在教学中就是要求教师对学生要量力而行和因材施教。如果把学生发展的过程视为两点一线的话，那么学生已有的发展状况和发展条件就是学生发展的起点，而学生的未来发展则是学生发展的“终点”(当然这个“终点”并不是说学生以后不再发展了，而是以后继续发展的新起点)。这从起点到终点的一线并不是一条直线，它有时曲折，有时迂回，反映了课程实施在追求学生最充分发展的过程中的艰辛与不易。但是，正是有了这种艰辛与不易，才使课程实施的目的具有重大的意义。学生的发展要求课程实施要以“育人为本”，离开了育人，那么任何一种课程实施都将是毫无价值的。

(2) 学生发展的价值取向与课程实施的重点转移

随着课程改革的不断深入，人们对学生的发展有了更深入的理解。例如：学生发展不在于让学生记住多少知识，关键在于让他们学会求知的方法；不仅学会，更要会学；不在于求知的结果，而在于求知的过程；等等。这反映人们在学生的发展上持有新的价值取向，这种价值取向对课程实施重点的转移产生直接影响，主要表现如下三方面。

第一，注重结果的教学转向注重过程的教学。由于受传统课程价值观的影响，人们常把课程的价值当作对知识的追求与占有，只重视求知的结果，而忽视求知的过程；只重视研究系统的知识，而无视探求知识的经历。这两种课程价值观在课程实施中的表现是：注重结果的教学是指教师把教学活动的目的直接指向学生被动地获得早就安排好的结论；注重过程的教学是指教师通过教学活动重视引导、启发学生对知识形成过程的探究，并在探究中主动体验这一知识得以产生的基础以及它与其他知识的互相联系等。

第二，教师指导的转变，即由指导学生学会向指导学生会学的转变。这是时代发展的必然。教师在教学过程中仅仅局限于教学生以知识(主要指现成的结论)，是远远不能适应现代社会要求的。课程实施是实现学生会学并提高能力的重要过程，然而，课程实施并不是一成不变的，它是随时代发展而发展并经由教师不断创新完善的活动过程。课程实施的生命力也在于发展。

第三，在“双基”(基础知识和基本技能)教学的基础上，更加突出培养学生的创新精神和实践能力。从素质教育的发展方向看，现代社会对公民和人才的素质提出了新的要求，特别是要求培养学生应具有的基本能力。显然，仅仅坚持双基的课程与教学是远远不够的。创新精神和实践能力已成为现代人素质结构中最重要的成分。能力的培养，尤其是创新精神和实践能力的培养，已成为当今课程实施研究必须思考的重要问题。在国家教育文件中已正式提出要培养学生创新精神和实践能力，并把这一要求放在相当突出的位置，这是课程实施必须认真面对的新课题。这就要求广大教师在促进学生基本素质健全发展和一般能力提高的同时，应该对学生创新精神和实践能力的培养给以特别的关注。

(3) 课程实施的程度必须符合学生身心发展的规律

所谓课程实施的程度，是指课程实施的深度、广度和难度。一般说来，课程实施不能无视学生身心发展的顺序性、阶段性等特征。如果通过过分拔高课程实施的难度和深度来提高课程实施的水平，不顾学生身心发展的实际可能性，那么学生就会承担不起课程实施的重负，就会产生厌学情绪，影响教学质量的提高。

从理论上讲,课程实施的难度和深度要与学生身心发展阶段相适应。心理学家维果茨基提出的“最近发展区”概念,对我们处理课程实施的程度与学生可接受性之间的关系,提供了借鉴与参考。最近发展区是指学生在“有指导的情况下借成人的帮助所达到的解决问题的水平与在独立活动中所达到的解决问题的水平之间的差异”。这种理论揭示了学生发展的潜在性。学生发展的潜在性要变为令人满意的现实,必须充分考虑课程实施的深度和难度,既不能过分降低课程实施的程度和水平,也不能过分拔高课程实施的难度和深度。

(4) 课程实施的程度与学生负担问题

学生负担问题是制约课程实施程度的一个重要因素。所谓学生负担就是学生为了达到自身素质全面发展的目的所应该承担的全部任务和责任。但是,如果超出学生应该承担的全部任务和责任以外的任务和责任,那就是超负荷或者说负担过重,课程实施应该减轻学生过重的负担。但是,如果达不到学生应该承担的任务和责任,那就是负担不够或负担过轻,课程实施就应该有针对性地加补不足的负担。可见,学生负担的轻重有一个“度”的问题。课程实施应该针对学生负担问题,要该减则减、该加则加,切忌搞盲目主义和一刀切。

(5) 学生素质的完整性与课程实施的全面性

学生的基本素质主要包括道德素质、智力素质、身体素质、审美素质和劳动技能素质等,人的完整性要求全面培养和发展学生的基本素质。与此相应,学校教育必须实施德育课程、智育课程、体育课程、美育课程和劳动技术课程等。由于学生在发展上存在多倾向性和非同步性,每个人的兴趣、爱好和特长是千差万别的,在此,应该正确看待学生的兴趣、爱好和特长,它们与学生的基本素质并不是对立、排斥的关系,一方面学生的基本素质是使学生的兴趣、爱好和特长获得良好发展的基础,另一方面学生的兴趣、爱好和特长的发展,又能成为促进学生基本素质全面发展的动力。因此,课程实施也应该注意培养学生的兴趣、爱好和特长。

要让学生基本素质获得健全发展,同时又使学生的兴趣、爱好和特长得到很好的培养,不是通过一种课程一门学科就能实现的,而是通过多种课程多门学科才能实现。这就对课程实施提出了全面性的要求,既要实施学科课程又要实施活动课程,既要实施分科课程又要实施综合课程,既要实施长期课程又要实施短期课程,促使这些不同形态的课程在实施过程中能收到取长补短的育人效果;既要开设必修课程又要增设选修课程,在确保共同的必修课程的基础上,要大力开发不同领域或不同层次的选修课程,供不同的学生选择,使不同类型的课程在实施过程中相得益彰;既要重视课程计划表上可以看到的正式课程的实施,也要重视课程计划表上看不到的非正式课程(又叫潜在课程、隐蔽课程等)对学生成长发展的潜移默化作用,包括校舍、校貌、环境、氛围、校训、校规、校风、班风、学风,人际关系尤其是师生关系建设,使之与正式课程相互配合,使不同范畴的课程在实施过程中起到相辅相成的作用①。

① 李玉香. 校本课程建设的实践探索[D]. 山东师范大学,2006.

第三节 课程实施的管理

一、课程实施管理的内涵

(一) 课程实施管理的概念

课程实施管理是指有关部门或人员为了提高课程实施质量，全面落实课程实施任务而对其中的人、财、物等采用各种方式进行调控的活动①。课程实施管理至少具有以下五个方面的要义。

第一，课程实施管理是为了提高课程实施质量，全面落实课程实施任务而进行的专门化的活动。虽然其他一些围绕课程实施的活动，如课程实施取向、课程实施形式等也是围绕提高课程实施质量、落实课程实施任务而展开的，但相较起来，课程实施管理则是全面围绕课程实施进行的专门化活动，具有综合性、系统性等特征。

第二，课程实施管理是由相关部门或人员来承担的活动。一方面，这些部门或人员具有特定性，仅指一些承担课程实施管理职责的部门或人员。另一方面，这些部门或人员又具有广泛性，一些承担课程实施的人员也可以在一定的条件下以一定的方式参与到课程实施管理中来。

第三，课程实施管理是对课程实施中的人、财、物等各个方面进行管理的活动。从表面上看，课程实施管理似乎只是对课程实施进行管理，但实际上是对课程实施涉及的人、财、物等所有方面进行的管理。

第四，课程实施管理有别于课程管理。从大的方面来看，课程实施管理属于课程管理的类型。但由于课程实施管理是针对课程实施进行的管理，而不是针对课程管理中的其他方面，如课程目标管理、课程方案管理等，从而有别于课程管理。

第五，课程实施管理有别于教学管理。虽然课程实施管理与教学管理之间存在着密切的关联，但两者亦有明显区别。从关联方面来看，课程实施管理因有教学的展开而离不开教学管理的支撑，教学管理因有课程内容的实施而离不开课程实施管理的协助。两者虽然具有上述的密切关联，但仍无法遮蔽各自指向上的分野。具体说来，教学管理主要是对教学活动进行的管理，其中虽然包括有以课程实施为对象的层面，但这只是教学管理活动中的重要组成部分，而非教学管理活动的全部。同理，课程实施管理是对课程实施进行的管理活动，其中虽然包括有以教学内容为对象的层面，但这也只是课程实施管理活动的重要组成部分，也不是课程实施管理的全部活动。

① 林德全. 论课程实施管理的内涵与原则[J]. 天中学刊，2008，01：5-7.

(二) 课程实施管理的特性

课程实施管理具有如下特性①:

第一,针对性。课程实施管理就是通过各种方式对课程实施活动中涉及的各个方面进行调控,以不断提高课程实施质量,全面完成课程实施任务。需要说明的是,课程实施与课程实施管理虽然都具有目的性,而且也都是为落实、贯彻课程方案,提高课程效能服务的,但两者的目的性、针对性并不完全相同。一般说来,前者多把关注的焦点放在课程方案落实程度上,针对的是课程实施,而后者则把关注的焦点放在怎样更好地落实课程方案上,针对的是课程管理。

第二,丰富性。课程实施管理表面上看来是对课程实施活动进行的调控,但就其实质而言,是针对课程实施活动中所涉及的人、财、物等进行的调控。这至少在两个方面表现出了丰富性:一是由人、财、物等课程实施管理对象在整体上呈现出来的丰富性。这也就意味着课程实施不单单是对其中的一个方面进行的管理,而是从整体上对这些方面进行的管理。二是上述各个方面又各自包括多个方面的内容。以人的方面来说,就包括有教师、学生等多个方面。

第三,全息性。虽然课程实施管理是课程实施和课程管理两个方面的交互,既涉及课程实施,又涉及课程管理。但就其性质而言,由于课程实施管理是对课程实施活动进行调控而采取的各种方式的总和,从属于课程管理范畴。这也就意味着课程实施管理作为课程管理范畴的一个重要方面,也能够全面反映出课程管理的各种属性,与课程管理的一般属性具有相通性。因此,可以通过课程管理的属性来把握课程实施管理的属性。当然,课程实施管理除了具有与课程管理相通的共性之外,也还因侧重于课程实施层面的管理而具有自身的特殊性。

第四,融合性。课程实施管理的融合性一方面表现为课程实施和课程管理两个方面的复合。课程实施管理既非单纯的课程实施活动,也非单纯的课程管理活动,而是这两个方面的相互融合。更确切地说,课程实施管理是对课程实施进行的管理活动。另一方面,课程实施管理的融合性还表现为课程实施管理方法的融合。众所周知,任何活动都需要一定的方法。课程实施管理活动也同样如此,也都需要根据一定的方法来进行。而且,由于课程实施管理对象的丰富性,往往还需要综合运用各种调控方式来进行。

二、课程实施管理的原则

在课程实施管理活动中,还必须遵循一些基本要求。这些基本要求就是课程实施管理的原则。概略说来,课程实施管理需要遵循科学性原则、灵活性原则、广泛性原则和渐进性原则②。

① 林德全. 论课程实施管理的内涵与原则[J]. 天中学刊,2008,01:5-7.

② 林德全. 论课程实施管理的内涵与原则[J]. 天中学刊,2008,01:5-7.

（一）科学性原则

课程实施管理与其他活动一样，需要遵照科学性的要求，即课程实施管理必须符合科学规律，遵照科学规律。课程实施管理的科学性原则主要包括三个方面的内容。

首先，课程实施管理的目的应是科学的。从目的上来看，课程实施管理的目的就是为了提高课程实施质量，全面落实课程实施任务，即课程实施管理的目的就是要更好地进行课程实施，或者说是保障课程有效地实行。因此，在课程实施管理活动中必须坚持正确的目的取向。

其次，课程实施管理的内容应是科学的。从对象上来看，课程实施管理包括人、财、物等方面，而且每一个方面又都可以分为若干个细小的方面。因此，课程实施管理的内容也就必须包括上述所有方面，而不能仅考虑其中的部分方面，更不能仅考虑其中的个别方面。否则，不但会降低课程实施管理的水平，而且还会影响到课程实施的质量。

再次，课程实施管理的方式应是科学的。从性质上来看，课程实施管理是多种调控方式的总和。这也就意味着在课程实施管理活动中可以采取多种方式对课程实施进行管理。但在具体运用这些方式时必须遵照科学的要求。这不但要求在课程实施管理活动中所采用的各种方式自身是科学的，而且还必须考虑这些方式之间的相互协调，避免出现虽然各种方式自身是科学的，但方式之间却是相互抵触的，从而影响到课程实施。

（二）灵活性原则

课程实施管理的灵活性原则要求在进行课程实施管理时不能仅采用一种僵化的、一成不变的方式来进行。恰恰相反，在课程实施管理的活动中要不断地运用动态的、发展的眼光，根据实际情况的变化来及时地对课程实施进行调整，以保证课程实施管理目的顺利实现。

课程实施管理的灵活性原则主要包括以下三个方面。

一是根据各项条件的变化进行调整。课程实施活动受到很多条件的影响和制约。而课程实施管理则是基于这些影响课程实施的条件来进行的，是对这些条件进行的调控，以保证课程实施的顺利进行。因此，一旦这些影响课程实施的条件发生了改变，课程实施管理也必须发生相应的改变。否则，原本是保证课程实施顺利进行的有利活动将会变成干扰课程实施甚至是阻碍课程实施的不利活动。

二是根据实际情况的差异进行调整。众所周知，地方与地方之间的差异非常明显，比如我国的东部、中部与西部之间的实际情况存在着非常大的差异。对此，曾有研究者用“一个中国四个世界”这一非常通俗的话语来描述其间的差异。事实上，不但不同地方之间存在着如此大的差异，甚至不同学校之间也存在着巨大的差异。因此，课程实施管理还必须根据具体的情况来灵活地进行，而不能仅仅考虑统一性而忽略差异性。

三是根据理论创新的情况进行调整。课程理论研究成果作为人们对课程自身存在的规律性的主观表达，往往会随着认识的深入而不断地发展变化。这就要求在进行课程实施管理时还必须根据课程理论创新对课程实施进行管理，以更好地遵照课程活动自身的规律性。

（三）广泛性原则

课程实施管理的广泛性原则是指在进行课程实施管理时必须扩大课程实施管理的主体，调动一切积极参与课程实施管理的主体参与到课程实施管理活动中来，并发挥他们的聪明才智，进而提高课程实施质量。这也就意味着，不要认为课程实施管理仅仅是课程实施管理者或课程实施管理部门的事情。恰恰相反，课程实施管理还必须广开言路，聚才集智。课程实施管理的广泛性原则主要包括以下三个方面的要求。

一是赋权。即通过一定的方式赋予参与课程实施管理的主体一定的课程管理权力，使他们能够对课程实施进行管理。否则，这些自愿参与或已经参与到课程实施管理活动中的主体由于“师出无名”而无法切实有效地进行课程实施管理，更有甚者，还会影响到他们参与课程实施管理的积极性。

二是担责。赋予自愿参与或已经参与课程实施管理主体一定的权力只是贯彻课程实施管理广泛性原则的第一步。此外，还必须要求他们承担一定的课程实施管理责任。在笔者看来，课程实施管理责任一般包括两个方面的内容：课程实施管理过度责任和课程实施管理过疏责任。前者是指参与课程实施管理的主体超出了自己所享有的课程实施管理权力，越俎代庖地承担了课程实施管理责任；后者是指课程实施管理主体放弃了自己的课程实施管理义务，放任自流，疏于自己应承担的课程实施管理责任。

三是一致。这是指参与课程实施管理主体所享有的课程实施管理权力和所应承担的课程实施管理责任必须一致。既不允许实施管理的主体享有较多的课程实施管理权力而履行较少的课程实施管理责任，也不能让实施管理的主体享有较少的课程实施管理权力却承担较多的课程实施管理责任。这些都会影响参与课程实施管理主体的积极性。

（四）渐进性原则

课程实施管理的渐进性原则是指在进行课程实施管理的过程中要采取逐步推进、由点到面的方式。由于不同的课程实施主体对课程实施的主观认识不一致，再加上不同地方或学校之间客观差异的存在都使得在进行课程实施管理时不能操之过急，寄希望毕其功于一役，而应采取渐进的方式逐步扩展。课程实施管理的渐进性原则主要包括以下两个方面的要求。

一是逐渐扩大参与者。即在进行课程实施管理时必须针对不同的课程实施主体采取不同的策略，从而逐渐扩大课程实施主体。

二是逐渐完善支持条件。众所周知，课程实施受到很多条件的影响和制约。因此，课程实施管理一方面必须根据这些条件灵活地进行，另一方面还必须不断地完善影响课程实施的条件，从而逐步推进课程实施。

三、“三创”课程实施的管理策略

（一）适应“三创”课程实施，创新教育管理观念

传统教育工作管理中常用的监控、管制、指示命令，束缚了人的个性与创造才能。新的

教育理念要求学校更新教育管理的观念,并对管理的举措实施相应的调整。

“三创”课程的实施对学校管理者和教师都充满机遇和挑战,要想保持优势就必须学习得更快,观念、知识、举措、更新得更快,这样才有竞争力,因此,新课程背景下的管理要使所有教职工真正体悟到工作的意义在于不断提高自己,追求自己的内在价值,追求心灵的成长与自我实现,并不断反省求真,挑战自我,最大化地发挥自身的潜能。

“三创”课程要求学校管理制度和机构要根据学生和教师发展的需要进行重建,倡导人人都是管理者、参与者、合作者,也都是决策的执行者。与教育有关的所有成员都是教育的共同体。因此,这种管理是互动的、开放的,重在引导、促进、激励,重视人与人之间的真诚交流,精神与文化建设将更受到重视,情感心灵的相互寄托。

“三创”课程背景下的管理,通过创造高度和谐、友善、亲切融洽的氛围,使组织成为密切协作的团体,形成学校无小事,事事是教育;教师无小节,处处是楷模的教育情境。

“三创”课程观念下的学校管理应体现出人性化,在人性化的校园里,教师与学生都能感受到快乐,并认同自己在这里得到成长发展进步。

“三创”课程观念下的学校管理提倡创建学习型组织,学生、教师、管理者是学习的共同体,这使组织和个人之间的关系发生了革命性的变化,管理者与被管理者成为合作的伙伴,而不是雇佣关系。学校实施学习型管理,使组织成员真正体悟到工作着是愉快的,学习着是美好的。

(二)以课程为中心,设置课程管理部

“三创”课程管理,更多地提倡人本化、自主性、互动性,因此学校管理要尽量简约。管理的效率并非与机构多少,人员多少成正比。教育工作所关注的是人的变化,学校一切工作皆是育人,教育工作者精诚合作,关注学生的知、情、意、行的各个方面,促进学生全面发展。育人,并不是哪一个行政管理者或哪一个部门的取向,也不应该而且不可能将学生的哪一个方面的管理资任划分到哪一个部门,否则是不利于一个学生作为一个完整的人成长的。机构改革的主要目的服务于课程,简化管理程序,合并或减少不必要的管理活动,让教职工有更多的时间、精力在课程改革中发挥自己的主观能动性,进行创造性劳动,而不至于受到过多的科室行政的干预。

(三)加大教育资源开发力度,设置课程研发部

新课程实行国家、地方、学校三级课程管理,权力下移,这意味着学校有更大的自主权来开发和设置自己的课程,学校管理已经从国家包揽的行政管理逐渐转向学校管理者根据自己学校的具体情况实行校本管理。校长和教师将在课程开发中体验到自己所享有的课程权力,当然还有责任和义务。教育资源的不断开发、开放与引入,大学校大课堂观念的形成,使学校增强了与社区、家庭及其他社会机构的联系,增强了校与校之间的互动,学校管理将更大程度上改变封闭的管理局面。课程资源的开发与利用,是保证新课程实施的基本条件,不同的课程资源对学生的发展具有不同的价值,学生、教师、学校都是课程开发的主体,全社会也应支持课程资源的开发,至于依据学校学生实际,依据社区和可能的机构、单位开发哪些资源,这些都需要研究,以适应课程改革的需要,积极开发

校本课程和开展综合实践活动。

(四) 加强管理中的服务意识,设置课程服务部

在“三创”课程背景下,首先要树立正确的教师观,创设宽松的环境,不断促进教师发展的机制,让教师愉快地工作。开发人力资源最大限度地调动教师工作的积极性,也是学校管理主要工作之一。传统的学校管理,教师是被管理的客体,现在更多地提倡教师是管理的主体。学校的一切措施、办法,实际上都是为教师教书育人提供服务。因此,管理的实质是服务。领导与教工之间应是一种彼此合作的关系。由此创造一种和谐的气氛,这将更好地激发创新的热情。成立课程服务部可以将以前对物的管理转变为对人的服务,这种状态下的学校管理机构不是凌驾于教育教学之上的特殊工作,实施管理重心的下移,关注师生,关注课堂,真正实现服务于教育教学第一线,真正将学校管理表现为服务性、保障性活动。

学校管理创新是创造性的管理活动,它是一个动态的,与时俱进的过程。学校如能有效地进行管理创新,追求卓越管理,表明学校富有朝气、充满自信、富有旺盛的生命力。学校管理创新是学校实现管理现代化的希望所在,是学校获得持续发展的根本所在。

第四节 “三创”课程的实施路径与机制

学校特色课程建设是一项系统工作,是学校提升领导力和转型发展的基础要件,直接涉及教育、教学、教师、资源、管理、评价等各项工作及其各个环节,需要科学规划,整体建构,持续跟进,精心培育。结合学校整体规划和软件建设层次提升,将组织专家、教师、学生、学生家长及志愿者组成研究开发团队,制定扎实的工作流程和监控机制,通过深入调研、理念建构、理论研讨达成愿景和框架,邀请专业人员指导参加编写开发,多元参与式讨论确定方案,经过实际应用评估修改定稿,一次推动学校特色教育品牌的建设,满足未来区域高质量教育的需求。

一、“三创”课程的实施策略

以提高培养学生的创意智慧、创新思维、创造能力为目标,以实践、体验、探究为途径,融入创意审美和创新文化教育;培育引导创意、鼓励创新、推崇创造的校园文化,打好技能基础、思维方法基础,注重人格修养,形成创新素质。“三创”课程实施策略模型如图 6-4-1 所示。

(一) 知识与方法兼修,素质与实用相辅

注重基本的创新精神和探究习惯与技能,提高创意创新创造实用功效,发挥三创教育的实际价值,提高学生的综合素质。知识与方法兼修,实用与审美相辅;既进行创新核心素质教育,也注重三创活动的实用功能;既强调实用价值,也引领精神追求。

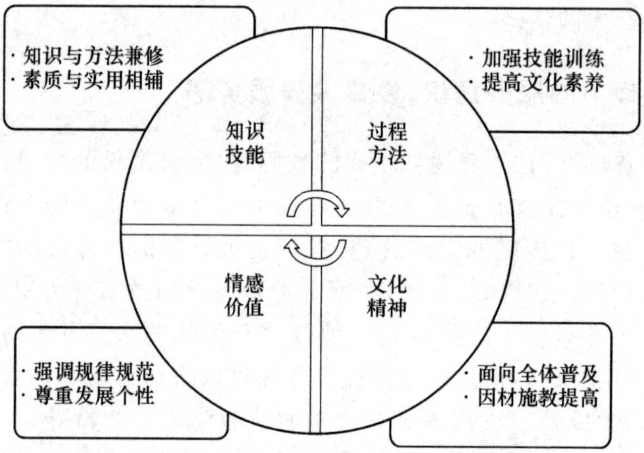

图 6-4-1 “三创”课程实施策略模型

(二) 加强技能训练,提高文化素养

系统地进行“创意·创新·创造”相关技能的训练和良好思维习惯的培养,使学生能够有扎实的功底,深入地探究和实践,不断提高核心素质水平。结合训练、实践欣赏、创作等教学活动,适当进行创意创新创造精神文化教育,使学生对创意创新创造的丰富内涵和社会价值有深入了解,获得初步体验和感悟,提高自身的文化素养和境界。

(三) 强调规律规范,尊重发展个性

发挥“创意·创新·创造”课程的育人功能,有规律规范意识,以相关理论知识为基础,以经典案例为借鉴。注重培养学生掌握基本方法,树立正确的学习态度,养成良好的操作习惯。同时,尊重学生的不同智能结构和情趣,理解并鼓励学生的探究和创造。关注学生在“创意·创新·创造”活动中的体验、感悟和个性化表现,把“创意·创新·创造”课程作为学生自我建构的重要特色载体。

(四) 面向全体普及,因材施教提高

面向全体学生,打好与“创意·创新·创造”相关的知识、技能、方法、习惯等方面的基础。关注学生的个体差异,提倡因材施教,采取多种方式,为有兴趣和特长的学生提供发展空间。挖掘三创教育优势,把握教育规律,为学生成长和终身学习与发展奠定基础。

二、“三创”课程的操作体系

全员持久热爱“创意·创新·创造”实践,构建以“创意·创新·创造”特色为主体的素质教育体系,举办特色系列活动,注重创新方法的专业研修,搭建平台聚集各领域创意创新创造大师来校交流指导。“三创”课程操作体系模型如图 6-4-2 所示。

按照全员全程全面的原则,建构六方面的实施路径:

1. 环境课程：学校所有建筑、设备、设施、场地都突出创意创新创造特色，渗透三创文化。

2. 渗透课程：学校所有学科都要融通、渗透创意创新创造教育内容，各学科内容有机衔接与结合。

3. 基础课程：在国家中增加创意创新创造目标和要素，力求特色化实施。

4. 拓展课程：以校本课程为支撑，突出知识、方法和文化个性。

5. 提升课程：以创意创新创造多元社团和专业活动为主，力求内容丰富，形式活泼，富有文化气息、专业意识和时代水准。

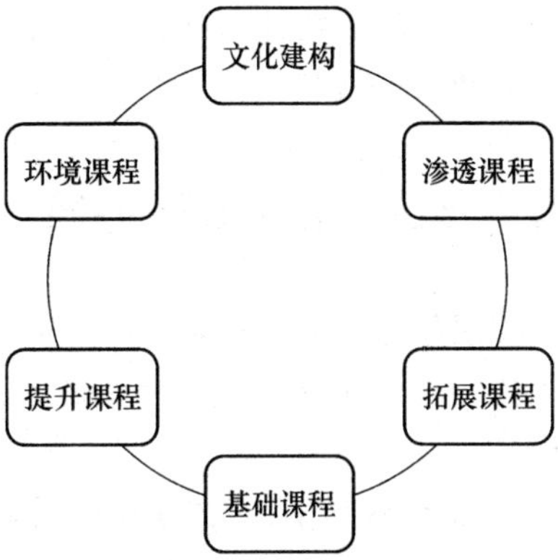

图 6-4-2 “三创”课程操作体系模型

6. 文化建构：以“三创”为统领，从精神文化到物质文化，到行为文化全面建构，达到时时处处全员全程全面深化程度。

三、“三创”课程实施的配套机制

“三创”课程实施的配套机制包括以下五个部分，如图 6-4-3 所示。

1. 优化环境：落实“三创”理念原则，在校园、教室及硬件设施的规划设计中体现传统文化和书法教育独有特色，保持与学校整体理念的高度融合、互动、呼应，使校园环境成为创意创新创造教育的课程组成部分。

2. 强化教师：通过理念提升、观念创新和三创课程研习，大幅度提高全体教职工对创意创新创造的认知、技能、鉴赏和文化感悟，并按照创意创新创造教育行动指南渗透融通于各学科、各活动及各环节，保证创意创新创造教育贯穿于学生培养、师资队伍建设、课程设计、日常管理、文化建设等各个方面。充实高素质创意创新创造教学专职教师，引进民间技师、创造大师、发明家、艺术家来校指导交流。建立平台和机制，聚集部分专业人士做学校创意创新创造教育志愿者和义工。

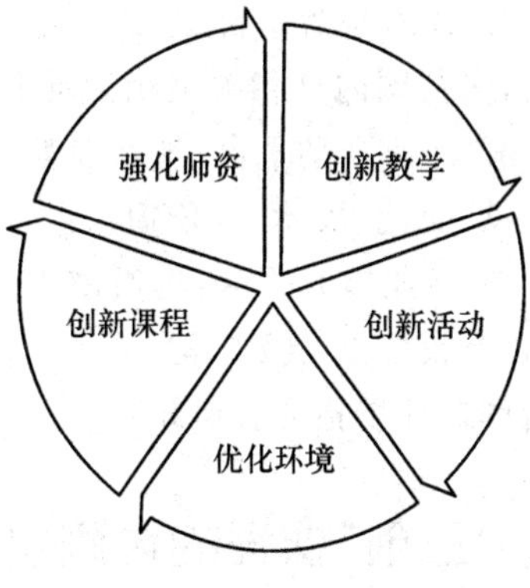

图 6-4-3 “三创”课程实施的配套机制

3. 创新课程：在创建具有个性化、特色化的创意创新创造教育课程体系的基础上，指导教师开发系列三创教学及活动大全，创新课程实施方式，探讨跨学科互动式综合化教学模式，实现时时处处人人环环，把书法教育及文化理念浸入生活和生命，努力达到生命化课程创新境界。

4. 创新教学：按照强化学习力、丰富想象力、发展探究力、激发创造力的目标要求，探索创意创新创造素质建构和发展方式，依托课堂教学、课外活动、项目学习三种途径，建立创意创新创造教育阶梯，打造个性化、探究式、体悟型、专业化教学研修模式。

5. 创新活动：坚持求真、崇善、尚美和健康发展、知书达理、人格独立理念，强调创意创新创造教育教学活动操作性、过程性和学生参与感，结合学校创意创新创造教育特色课程体系，设计承办高端比赛、中外专家联谊、国内外交流、创意新宣传使者、三创项目服务、小发明家论坛、大中小创意创新创造社团联盟、日常擂台展示、网络互动等长效系列活动，培养学生的创意创新创造精神品格和境界，激发学生对自身的使命要求，为学生一生的成就打下牢固的技艺和品格根基。

四、"三创"课程拓展平台

按照目标导向、搭建平台、精神激励、优化生态的资源统筹理念，以刚引人，以柔引智，在优化传统平台和资源管理的基础上，提升专业管理、资源激励管理和文化导引统领平台发展阶梯模式。

1. 学校展示平台：在学校最明显的公共空间常年设置师生个人创意创新创造作品展，每天给 10 个学生小设计师办设计创作展，包括情况简介、个人感言、专家点评、师生观感留言、邀请社区家长观览、学校机构收藏等，也可命名××创新发明欣赏日，全年让每个学生轮展一遍。创作展可以与艺术大师同展，邀请各级协会及国际组织联合举办，并颁发相应主办者证书。

2. 三创服务平台：申办创意创新创造教育研究课题和相关项目，团聚校内外专家学者参共同成长；参与社区、街道、协作单位或区域宣传服务，把各个社区公共橱窗作为学生创意创新创造展览阵地；利用春节等传统节日，组织社区民众学习体验民族技艺创作，给社区、家庭、企业、机关和中南海赠送小设计师作品。

3. 中外交流平台：邀请国外留学生来校研习体验，组建小设计师发明家宣传营赴各大洲交流，每年一个州，每六年走遍一轮全球，建立国际合作姊妹学校。

4. 社团联盟平台：组建大中小、国内外创意创新创造社团，定期开展创意创新创造研习活动，参与国内外相关组织活动和研讨，组织经常性、参与性、普及型，互动性活动。

5. 网络互动平台：与新浪教育频道等合作，建立中小学生公益性创意创新创造网络，作为互动、交流、展示、宣传窗口。

6. 专业提升平台：沟通创新方法研究会、国际绿色发展协会、可持续发展协会等社会团体，在学校建立分支机构，开展大小设计师发明家创作采风、游园等实践活动，定期组织创意创新创造现场指导和讲坛。

五、"三创"课程的协同机制

（一）学校社区协同

1. 举办班级、年级、全校的创意创新创造成果展示展览活动。

2. 组织社区互动观摩和实践活动。

3. 参与专业领域研讨和探究交流活动。

4. 举办美丽中国创意北京活动。

5. 组织创新文化使者团活动。

(二)三种课程形态协同

主要通过创意创新创造校本课程、学科渗透及实践创作活动开展三创教育。基础课程,以班级常态教学为主,完成基本知识、基本思维、基本技能、基本认知的培养任务;拓展课程,以年级活动课程为主,与课后一小时融通,完成相关优势知识、技能、思维、素养的培养;提升课程,以社团实践、研究、创作为主,与各学科实践教学、综合实践活动、社会大课堂等融通,完成三创课程标准中“专业”素养和完整优势思维、认知智能的培养。一至三年级,每周开设一节校本三创课;三至六年级每周安排一个主题的三创实践活动课。在队会、美术、科学、数学、综合、艺术等课程中,要结合学科特点开展形式多样的创意创新创造教育。在综合实践活动中适时开展创新教育。

(三)有刚性课时安排

主要通过创意·创新·创造校本课程、学科渗透及活动开展三创教育。一至三年级,每周开设一节校本三创课;三至六年级每周安排一个主题的三创实践活动课。在队会、美术、科学、教学、综合、艺术等课程中,结合学科特点开展形式多样的创意·创新·创造教育。在综合实践活动中适时开展创新教育。

(四)研习与创作同步

从一年级探究和体验结合;从三年级开始,加强实践鉴赏教学,过渡到方法与鉴赏兼修;五至六年级加强创作教育交流,过渡到创作与交流兼顾。

(五)技能与文化并重

从一年级开始,渗透创意创新创造内涵,强调创意创新创造实践;从三年级开始,增加创意创新创造鉴赏教学课时,知识、技能、鉴赏并重,逐步建构创意创新创造文化,实现专业技艺与风格。

(六)基础与提升协调

坚持打好技能基础、坚持兴趣引领、注重人格修养、提高文化素质的原则。

研习的基本要求:培养学生良好的思维习惯,养成严谨的态度,一至三年级首先要能在教师指导下进行3～5个项目的研习;三至四年级逐步要求有探究实践规范,力求价值。

创作的基本要求:学生要基本的创作方法步骤;大致了解创意创新创造的评价标准;从作品的内涵、技法、结构、价值等方面鉴赏成果,培养初步的创作能力、欣赏能力,提高审美情趣综合素质。

(七)突出社团引领

学校创意创新创造社团规模要保持在200人以上;注意吸收低年级学生参与社团活动,形成梯队;加强社团技艺研习,初中高水平呈金字塔式结构。创意创新创造社团活动以专题实践为主，每学期 12 次，每月一个专题，一至六年级共计 36 个专题，在记忆实践的基础上研究和讨论相关知识、规律，让社团成员达到能与专业人士深入讨论交流的水平，成为创意创新创造的引领者。

（八）师资团队保障

构建由学校在职教师、企业技师、民间艺人、技术专家、大学教授、科研院所研究人员组成的创意·创新·创造指导团队。校内外专家、老师、技师协同工作，组织成立研究组、学习圈、创新社、俱乐部等。大学和科研人员定期讲座、报告，帮助课题研究、跟踪前沿。企业技师、民间艺人、技术专家，指导学生实践探究，引进实际任务项目，解决学生“动手”不足的问题。本校在职教师，做好组织管理、基础指导和日常运行。

建立大中小学联合联动机制，开创学校社区协同构建工作模式，聘请若干志愿服务者和义工，开展多维度互动交流。协调社区、企业和周边场馆，开展丰富多彩的公益性实践服务，锻炼学生的应用能力。

第五节 “三创”课程实施案例

一、人文类课程实施案例

案例 6-5-1：

《大学》课程纲要

授课对象：小学四年级学生

课程类型：校本选修课

课程简介：《大学》是《礼记》的篇目之一，传为孔子弟子曾参所作。《大学》《中庸》《论语》《孟子》并称“四书”，且为四书之首。宋、元以后，《大学》成为学校官定的教科书和科举考试的必读书，对古代教育产生了极大的影响

课程目标：充分了解学会《大学》经一篇中的核心思想“三纲八目”，并结合中国优秀传统文化中关于修身养性的知识，提高学生自身修养及对国学的热爱

课程内容：

主　　题	内容与活动
走进《大学》	曾子，《大学》，课程安排，书法文化介绍，写头脑风暴式总结，讨论，观看相关视频
《大学》经一篇第一段	详细翻译第一段，前十德，中国红介绍，讲故事，写头脑风暴式总结，讨论，观看相关视频
《大学》经一篇第二段前部分	详细翻译第二段前部分，格物致知，京剧介绍，写头脑风暴式总结，讨论，观看相关视频

续表

主　　题	内容与活动
《大学》经一篇第二段后部分	详细翻译第二段后部分,正心诚意,十大国花介绍,写头脑风暴式总结,讨论,观看相关视频
《大学》经一篇第二段全部	回顾翻译第一、二段,后五德,武术介绍,写头脑风暴式总结,讨论,观看相关视频
《大学》经一篇第三段	详细翻译第三段,国画,抚琴,围棋介绍,写头脑风暴式总结,讨论,观看相关视频
《大学》经一篇全文	回顾翻译全文,文明礼仪,茶文化介绍,写头脑风暴式总结,讨论,观看相关视频
总结	复习回顾,写头脑风暴式总结,考试,对答案

课程实施所需要的条件和保障:《大学》经一篇原文,多媒体设备

课程评价:

(一) 教学目的

通过《大学》经一篇的学习,充分了解学会《大学》经一篇中的核心思想“三纲八目”,并结合中国优秀传统文化中关于修身养性的知识,提高学生自身修养及对国学的热爱。

(二) 教材处理

正确把握《大学》经一篇重点,难点,联系学生生活实际,采用灵活且贴近学生实践的教法教授课程。

(三) 教学过程

学生:态度积极,思维活跃,气氛和谐,能学到很多国学知识及我国优秀传统文化中修身养性的知识,培养兴趣。

教师:采用新的教育观念,注重形成平等的师生关系,重视培养学生的思辨能力,引导学生独立探究,独立分析,主动合作,让学生在思辨与交流中理解掌握知识技能,提高素质。更多地关注学生的学习过程,关注他们在学习过程中的思维,情感,态度等因素的和谐发展。

(四) 教学效果

充分了解学会《大学》经一篇中的核心思想“三纲八目”,完成教学任务;学生对国学有了更深入的了解,学生对学习国学的兴趣,热情得到培养;学生自身修养得到培养提高。

二、艺术类课程实施案例

案例 6-5-2:

一堂走进美术馆的美术课

——徐冰“背后的故事”

一、基地环境分析

(一) 基地资源情况分析

中间美术馆位于北京市海淀区西山文化创意大道的西端,是北京西部为数不多的综合性当代艺术机构,以促进全球化时代中国文化艺术与世界文化艺术的研究与交流,推动中国文化的传播和当代中国艺术创作的发展为使命。通过展览、论坛、讲座、沙龙等活动为国内同仁提

供更多了解国外艺术发展的渠道和平台，为国内外同仁创造共同促进中国艺术事业的机会。

中间美术馆聚集了强大的专家团队和专业的项目策划、决策团队，以及高效的项目运营团队，同时为艺术爱好者和愿意投身艺术的学生提供机会与平台。

中间美术馆具有广阔的国际交流平台，和美国、德国、法国、英国等国的艺术区已经并正在建立合作关系，每年输送中国艺术家到对方艺术区进行驻地创作的同时，也引荐对方的艺术家到中国来进行创作与生活。

基地资源与学习内容的关系

1. 中间美术馆课程资源的教育价值分析

(1) 通过到中间美术馆参观的活动，以学生自主探究与合作交流的学习方式，培养学生的创新精神和实践能力，提高学生的美术素养，激发学生对美术的热爱。

(2) 通过到美术馆欣赏艺术家的作品，了解到艺术家创作绘画作品背后的故事，不断提高学生的欣赏水平。

(3) 通过对绘画作品的观察、提出问题、拓展、实践等一系列活动使学生在丰富多彩的活动体验中，发展个性，提高艺术修养，陶冶情操。

(4) 通过在活动的过程中对学生的行为指导，不断发展学生的动态思维，使学生学会思考、学会用艺术的眼光去欣赏作品、用艺术的语言去评价作品。来全面的提高美术素养。

2. 学校教师开发资源的有利条件

(1) 我校在培养学生的创新、观察、探究等能力方面已开展了一系列的活动，在多次的学习、交流、实践中教师总结了不少宝贵经验。

(2) 中间美术馆就在我校的对面，师生可以经常走进中间美术馆，欣赏中外艺术家的作品还可以参与美术馆组织的艺术实践活动。

(3) 相关教师一直担任学校的美术教学工作，可以为学生的美术欣赏、研究等提供有效地指导。

3. 教师开发资源的途径和方法

(1) 由学校与中间美术馆联系，配备指导老师，教师与指导老师不断沟通，充分了解艺术馆作品的整体情况。

(2) 根据资源环境情况和学生认知需要，确定参观主题，并制定出细致的具体实践活动方案。

(二) 中间美术馆资源与学生的学习、生活的关系

1. 社会背景

自 2008 年 9 月 1 日起北京市中小学社会大课堂正式启动以来，首批 481 家社会资源单位面向北京市 2 000 余所中小学的 100 多万名中小学生免费或优惠开放。目前这项工作的思路逐渐清晰，大课堂的课程开放初具规模，两级大课堂信息网站联通运转，全市条块结合的工作格局基本形成。

2. 学校背景

我校为了能够培养学生的创新、观察、探究等能力在中间美术馆开展了一系列活动，学生通过一次次的实践与交流，美术素养得到了不同程度的提高。

3. 学生情况分析

学生对中外不同风格的作品都产生了浓厚的兴趣，他们喜欢走进中间美术馆，去体会、

发现艺术之美。而在课堂内他们只能通过视频、图片等间接途径去了解艺术家的作品。学生需要通过更多的体验零距离的去接触艺术。

二、教学目标

(一) 知识与技能

尝试用多种材质(麻绳、塑料袋、植物……)进行艺术创作。

(二) 过程与方法

(1) 了解艺术家徐冰老师。

(2) 欣赏徐冰老师的艺术作品。

(3) 通过艺术实践进一步走进艺术作品。

(三) 情感态度价值观

能利用艺术的感官去感知艺术作品,并利用实践活动来体现艺术。

(四) 教学准备

欣赏记录表,实践活动用的物品。

背后的故事

一、导入

师:同学们,今天我们来到了中间美术馆,这里面每年都要展出很多中外艺术家的优秀作品,这里能让我们零距离地去欣赏艺术家的作品,这里还有一个强大的专家团队能帮助我们更好地了解艺术作品。下面就请美术馆的老师为我们讲解。

完成表格内容。

材质 / 内容	是什么材质	备注
山		
石头		
树		
水		
亭台		
动物		

设计思路:通过中间美术馆的了解,让学生初步了解中间美术馆的概况。

二、实践活动

1. 开始参观活动

师:我们在欣赏作品前先想一想要注意哪些问题?

不要喧哗、要有秩序地进行欣赏、用心去与艺术作品交流。

设计思路:培养学生参观意识和良好的修养。

2. 总结参观过程

师:通过中间美术馆老师的介绍,我想同学们已经对徐冰老师的作品有了初步的了解,与此同时我们还了解到了艺术家创作艺术作品的过程,你们想不想也来体验一下创作的乐趣啊?

生:想……

3. 进程实践活动

师:那我们就鼓掌请中间美术馆的老师们教我们吧!

设计思路:学生通过聆听和欣赏,使学生初步了解了艺术作品的创作背景没;通过实践活动让学生与艺术零距离的接触。学生可以运用已有的知识去解决创作过程中的问题,并在专业教师的引导帮助下,去解决学生所学知识不能解决的问题,增强学生的求知欲望和兴趣。

4. 实践活动注意事项

以小组为单位阅读活动注意事项。

以小组为单位进行实践活动:请同学们看桌面上的物品

(1) 每个小组一名组长____名组员人。

(2) 先看制作流程图,对创作有一个整体的认知,然后再进行作品创作

如:绘制山峰时我们可以用什么方法? 让同学们说一说。

(3) 在制作过程中有什么新的发现或者有什么问题请同学们与本组的老师轻声交流。

(4) 在制作过程中,因场地有限,所以请同学们不要随意走动,只在本组内进行创作交流。

三、美术馆老师的评价

师:在中间美术馆老师们的帮助下我们每个同学都完成了我们的作品,下面我们就请美术馆的老师对我们本课学习进行一个专业的评价!

总结:

通过今天在中间美术馆的学习同学们有什么收获呢?

生:了解了更多艺术创作的方法。

各种不同的材质进行结合,创作出意想不到的作品。

师:今天我们走进了中间美术馆,通过欣赏和实践活动我们每个孩子都有着与众不同的收获,就让我们带着这份收获,带着这份快乐的感受,去体验艺术的魅力吧!

课后反思:

艺术家徐冰《背后的故事》艺术作品在中间美术馆举行,我们美术组老师带领学生走进美术馆感受艺术的魅力。徐冰自2004年开始创作的系列作品“背后的故事”,呈现给人们的是一幅惟妙惟肖的中国山水画,但转向作品的背面,就会发现这幅山水画是通过对光的调配,用干枯植物、麻丝等看似平常的物件所构成的。当学生看到每一幅精彩作品的背后,大家都被艺术家的匠心独具所震撼,心中创作的欲望被激发。同学们被分成若干小组,在志愿者大哥哥、大姐姐们的带领下开始了他们的创作。同学们的动手能力极强,很快完成了第一组创作,有做小船的,有做森林的,有做小山的,同学们的作品丰富多彩。有位志愿者拿起一张画面设计得尤其丰富的小朋友的作品,笑着赞叹“这孩子是中国艺术界未来的希望!”。大家将自己的即兴创作贴到了玻璃墙上,成了一幅大气、恢宏的“大型山水”。同学们为能创作如此“宏大”的作品而骄傲,每个孩子的眼里都闪着兴奋的光芒!在本次活动接近尾声的时候,所有人都围在了玻璃墙的前面,欣赏同学们集体创作的“大型装置作品”。在工作人员的指导下,同学们在玻璃墙的背后,用每个人的手掌同他们创作的作品进行了“合影”。在场的所有人员都为孩子们竖起了大拇指!

三、科技制作类课程实施案例

案例 6-5-3：

巧手制作圣诞树

（一）教学目标

知识目标：本节课的设计是根据我校的校本课程的补充和延伸。本课开在圣诞节前一周，在时间上恰如其分。通过学生查找相关资料，了解圣诞节的有关内容，运用所学知识进行多种不同的构思、设计和制作。

德育目标：本节课以小组合作的形式展开，培养学生小组合作理念，及互帮互助的意识。进一步培养学生良好的观察习惯和自主学习能力，发展他们的想象力和创造力。同时让学生在活动中体验创作的乐趣。

（二）教学重点与难点

教学重点：如何利用六折剪纸把正方形纸剪成圆形。手工制作圣诞树的方法步骤，以及发挥创意给圣诞树做装饰。

教学难点：六折剪纸的折法与剪裁方向。

（三）教学准备

课件，布置完善的美术教室，彩纸若干张，剪刀，胶棒，花边剪，各种贴花亮片。

（四）教学过程

1. 导入

师：同学们，当你走进美术教室时，给你的第一感觉是什么？

生：像是在过圣诞节。

师：没错，离我们最近的节日就是圣诞节了，谁知道圣诞节是哪天？关于圣诞节你还想到了什么？（学生交流）

生：圣诞树，圣诞老人，贺卡，圣诞袜，礼物……

师：同学们知道的可真不少，圣诞节虽然不是中国人的传统节日，但大街上早已洋溢着欢庆圣诞节的气氛。这节课，让我们一起来做一棵能为我们带来好运的圣诞树，陪伴我们度过一个愉快的圣诞节吧！（板书课题）

2. 新授

师：同学们先来欣赏一组手工制作的圣诞树。边欣赏边讨论，这些圣诞树都是如何制作的？（播放幻灯片）

小组讨论，学生回答。

师：同学们观察的都非常仔细，下面老师简要介绍一下，老师面前的圣诞树制作过程。

教师示范：（边示范边口述）

（1）大家看老师的圣诞树的外形，是由哪个基本形状组成的？（圆形），没错，那么同学们，你们能想办法把一张正方形纸，在不使用圆规的情况下，剪成圆形吗？

（2）仔细看老师怎么做的。首先把正方形对角折一次，打开，取底边中点按压一个压痕后，把底角向斜上折，平均分成三等分，最后反面对折一次。

（3）剪刀从开口边向闭口边斜着剪一条直线，大家注意老师剪裁的位置及方法。

(4) 打开后,一个圆形就剪好了。下面按此方法,先剪出五个大小不同的圆形。

(5) 选择一张黄色或者咖啡色的彩纸,利用胶棒,卷贴成华芙筒的样子,再把底边剪齐,树干就做好了。

(6) 把五个圆形中间分别剪一个小孔,再一正一反地折好后,把他们从大到小地套在树干上,最后再插上五角星,看,圣诞树就做好了。

师:这是老师设计的制作过程,但总觉得有些地方可以更完美,圣诞树也可以装饰得更漂亮。同学们可以在这个过程的基础上进行改进,例如,树叶的形状可以在圆形的基础上进行简单的变形,树干也可以使用其他方法制作。下面,发挥你们的想象,以组为单位制作一棵更加精美的圣诞树。相信同学们一定比老师做得更好!做完后,我们将选出最有创意,最漂亮的一组,有奖品送给他们。

3. 制作要求

(1) 用剪刀时注意安全。

(2) 小组成员协力合作,人人参与。

(3) 制作过程中要节约用纸。

(4) 做完后,桌面地面要整理干净。

4. 学生实践

学生制作,老师巡视指导(播放背景音乐《铃儿响叮当》)。

5. 作品展示

每组把圣诞树统一放到老师的讲台上,码成一排。每组派代表上来介绍自己的圣诞树,分享制作中的困难与解决方法。

教师点评,学生不记名投票选举哪组你最喜欢(优胜组发奖)。

(五) 板书设计

巧手制作圣诞树;

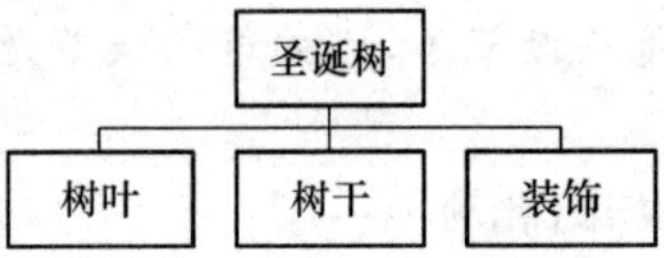

四、体育类课程实施案例

案例 6-5-4:

踢毽子课程纲要

教师: 韩丽霞

授课对象: 小学生

课程类型: 校本选修课

课程简介:

踢毽子,又叫"打鸡"。起源于汉代,盛行于南北朝和隋唐,至今已有两千多年的历史了,是中国民间体育活动之一,是一项简便易行的健身活动。深受青少年儿童的喜爱,尤其是少年女子。踢毽子是中国民间传统运动项目之一。根据史料记载和出土文物证明,它起源于中国汉代;唐宋时期开始盛行,在民间流传极广,集市上还出现了专门制作出售毽子的店铺;明代开始有了正式的踢毽比赛;清代达到鼎盛时期,在毽子的制作工艺和踢法技术上,都达到空前的程度。20世纪30年代后，踢毽运动曾一度衰落。新中国成立后，大力扶植发展中国这一传统运动项目。1950年，北京市吸收街头踢毽艺人参加杂技团，专设踢毽子节目，并出国进行表演，受到了国外观众的热烈欢迎；1963年，踢毽子同跳绳等一起，被列入国家提倡开展的体育活动，并被编入了小学体育教材加以推广。毽子种类可分为鸡毛毽、皮毛毽、纸条毽、绒线毽等几种。毽子的基本踢法，主要有“盘、拐、绷、蹬”四种，用脚内侧踢为“盘”，用脚外侧踢为“拐”，用脚面踢为“绷”，用脚掌踢为“蹬”，用脚趾踢为“挑”，用脚后跟踢为“磕”等。本课程就是以“健康第一”为宗旨，不仅教会学生踢毽子的技巧，还让学生在学习的过程中体会到中国传统活动的乐趣，并达到强健身体的目的。

课程目标：

1. 了解并掌握几种毽子的踢法，掌握踢毽子这项运动的基本知识。
2. 激发学生热爱运动、强身健体的热情，培养学生团结协作的合作精神。
3. 让学生了解中国的踢毽子这一传统文化，并掌握基本技能，起到传承的作用。

课程内容：

主　　题	内容和活动
单脚内侧踢毽子	这是第一种踢法，也是最基本的动作之一。踢时，左脚着地，支持身体大部分的重量，右脚由内弯向上踢，手臂应该自然摆动，眼睛注视毽子，重点要在右脚的内侧面上
双脚内侧踢毽子	学生自由尝试用双脚内侧踢毽子。教师根据学生在练习中存在的问题进行具体指导。学生根据教师的指导进行练习。观看踢得好的学生的动作
拐(单足外踢)	这是与踢儿相反的动作，且也是基本踢法之一。踢时，一脚着地支持体重，一脚向外拐向上踢，重点在脚外侧面上
脚背踢毽	用脚背踢毽，一般用正脚背，要注意绷脚尖和抖动脚腕发力击毽。此踢毽的技术是相对其他基本技术中难度较大的一种，主要动作要求不但要快，还要求有一定的准度，一旦抖动脚腕发力击毽的节奏过快或过慢都会影响完成踢毽的质量
磕踢(膝盖踢)	磕踢即用两腿膝盖部分互换踢毽子。髋关节、膝关节、踝关节放松，小腿自然下垂，足尖稍指地，膝关节发力，带动大腿上摆，将毽子磕起(撞起) 练习时，膝关节发力，用膝盖部位撞击双手发出声响，很像用手击打膝盖的声音(但绝不是击打)，如果声音不像，则是动作错误，原因是膝关节、髋关节没有放松，小腿没有自然下垂，造成膝关节发力受到限制，此时需要及时调整动作。声音相像后，再使用毽子进行练习，就容易多了

课程实施所需要的条件和保障：

每人一个毽子，一块场地，视频资料

课程评价：

根据学生的学习态度和课上表现以及技术掌握情况进行综合评价。

第七章

“三创”课程的评价

第一节　课程评价的价值

一、有利于优化课程结构，促进课程目标顺利实现

课程结构是指把学生的在校学习时间分成各个部分，在不同的学习时间安排不同的课程类型，由此形成一个课程类型的组织体系。目前讨论最多的课程结构类型主要有：必修课与选修课、学科课程与经验课程、显性课程与隐性课程。它们在学校课程安排的时间和重要性程度因不同的需要而有所差异。同时，课程结构又受到各种因素的影响①：(1) 课程流派。不同的课程理论流派、不同的课程理论思潮体现不同的课程价值观，也要求不同的课程类型及其相应的组织结构。(2) 课程的功能。结构决定着功能，特定的功能也必然要求相应的结构。(3) 课程开发所处的层次。课程开发所处的层次不同(如学校层次、课堂层次)，所要求的课程结构也会不同。课程评价能够综合分析课程结构的各种因素，协调它们之间的相互关系，优化各种课程之间的比例结构，使得课程结构的效用实现最大化。

课程目标的实现要依托于具体课程的实施，课程的安排是否科学也在一定程度上影响着课程目标，因而合理的课程结构就显得尤为重要。课程评价根据教育方针和课程目标的要求，编制出各种评价的指标，能较为全面地衡量学校课程结构等各项工作，这就保证了课程工作不至于偏离方向，能够沿着正确的方向前进，使教育方针和课程目标得以全面的贯彻和实现。

二、有利于促进学校课程的开发，并朝着特色化课程发展

课程开发是指决定课程及其所依据的各种理论取向。课程开发要考虑历史、哲学、文

---

① 陈玉琨，等.课程改革与课程评价[M].北京：教育科学出版社，2001：158-159.

化、政治、心理学、经济等众多影响因素,更要悉心关注这一过程中所有独特的问题,以及诸如目标、学习经验或内容、组织、教学、评价和课程改革等一般性问题。同时,课程开发是学校群策群力的过程、专家与权威相互作用的过程,它不单是教育学者和课程专家的工作,也是社会各有关方面共同合作的事业。而课程评价就是要依据对这些活动的调查分析,揭示教育程度所具有的价值与效果,为课程开发提供有效的信息。由于课程评价具有预测教育需求的作用,能对社会对学生要求的规格做出判断,课程管理者依据这种需求信息,来培养适合社会变化的人才,这必然会促进课程的开发。另外,校本课程的开发在一定程度上提高了学校和教师的积极性,也促进了开发系统的整顿和确立。课程评价的概念从而也不再局限于对既定目标达成程度的描述,而更多地强调微观改进课程,即为课程的不断开发提供有效的信息来源,进而形成课程评价与课程开发之间的开放的良性循环关系。

三、有利于促进课程管理和决策的科学化

课程管理与决策的科学化应包含:管理和决策的标准体系应是合理的、有科学依据的;管理和决策的过程应遵循一定的程度和规则,以及科学的方法和逻辑。总之,课程管理和决策的目的就是使课程能够更好地开展和运行。由于课程评价具有诊断作用,因而也必然能够发现课程管理过程中所存在的缺陷,也能进一步监督课程管理在科学的理论指导下,按照既定的程序顺利进行。同时,课程评价还能促进课程管理和决策民主化。课程管理和决策需要教师、课程专家、学生,以及教育行政部门等各方面人士的广泛参与,最后由决策部门统筹决策。课程评价其实也可以看作是协调各方价值观和立场的过程,以及如何处理在课程建设中能够最大限度地体现各自的观点,这也必然能够促进课程管理朝着民主化的方向发展。课程决策就是规划下一步的课程目标,制订的课程目标既要基于前一阶段的目标,又要在此基础上有所创新,而课程评价恰恰能满足课程管理和决策的要求。课程评价一方面能够检测出课程实施中存在的不足之处,比如课程目标是否恰当,课程编制是否科学;另一方面,就是为下一步课程目标的制订提供直接的依据。因此,课程评价也必然有利于促进课程管理和决策的科学化,使其更好地为课程的建设和发展服务。

四、有利于学校构建符合自身的课程评价机制

课程评价是一种有组织、有目的、有计划的多方面收集信息和反馈信息,修正和完善课程活动的过程。它通过对不同层次、不同对象的评价,逐步建立比较客观、科学的评价标准和实施办法,为课程改革提供科学依据,使改革者洞察课程改革情况的变化,掌握在一定时期内课程改革的方向、目标发展的趋势,以便对课程改革做出合乎逻辑的调整,使改革能够保证按照科学的道路前进,从而取得良好的改革效果,不断提高课程质量。同时由于课程评价能比较客观地反映出评价对象的实际状况和水平,准确地指出评价对象的优缺点及问题,这就必然会推动课程实施者发扬优点、克服缺点为课程建设做出更大的努力。正如泰勒所说,教育目标的分析、教育评价和教育计划,是不断地循环着,当你在吟味教育评价的效果时,便会屡次对那些建立在教育前提的目标发生改良修正的联想,同时也会提出教授法或指导计划的修正方向。目标和指导计划修正以后,有要求指导法的修正;也要求评价计划的修

正，他们是互为循环的，因为教育评价可促进教育的正常化。也就是说，课程评价在课程建设和课程改革，以及课程质量的提高方面，都起到强有力的推动作用。学校切忌盲目从众，制订和实施课程评价不能只注重“效率”，必须要以自身特色、课程特点、行业需求以及区域特征为依据，切忌千校一面、一刀切，要具体问题具体分析。本研究立足地方人才需求，遵循教育规律和人才成长规律，以消费者满意度和用人单位满意度为导向而构建的课程评价机制，更适合学校的需要。

五、有利于学校课程质量的提高

课程是实现教育目标的基本途径，保证教育质量的关键就是要保证课程质量。学校课程质量是学校教育教学成果的集中体现，也是学校教学所要追求和优化的内容。根据教育评价理论，通过运用适当的评价方法、科学的评价内容对学校课程进行价值判断，可以使学校根据实际需求及时调整课程设置、安排教学等，从而最终实现人才培养目标；同时，作为重要的教育手段，评价机制如同指挥棒，如果指挥得法，就能促进学校课程改革，使学校课程向着科学合理的方向发展，始终保持课程的生命力，直接推动学校课程质量的提高。

系统论学者认为，及时取得反馈信息是系统优化的重要条件。良好的课程评价能使学校不断地对课程做出调整，使课程处于不断完善、不断改进的过程中。因此，课程评价与反馈在课程质量监控与保障系统中具有重要的导向作用，评价标准既是课程改革的目标，又是课程建设的内容。

六、有利于学校培养适合社会需要的人才

学校培养的学生要适应社会，并最终要进入社会。社会不断进步发展也对学校教育培养的学生提出了新的要求和期望。因此，在学校课程评价机制中，课程评价目标的建立要以社会需要为目标和依据，以课程评价机制为桥梁，促进学校和社会的交流，从而促进学生的发展，培养适于社会需求的人才。

第二节　课程评价的理念

一、课程评价的基本理念

“理念”是一个哲学词汇，起源于古希腊语（eidos），它最初的含义为“通形”“形相”“外观”“形式”等，自苏格拉底以后便逐渐出现了“条旨”“观念”“类型”等含义。之后，“理念”又被赋予了“使命”“认识”“理想”“信仰”“精神”等含义。依据“理念”的含义，课程评价的理念可以理解为人们对于现代思维下课程评价活动的理性认识、理想追求及其所形成的评价思想，是评价主体在评价文化、评价思维活动及其评价实践的交流中所形成的课程评价价值取

向与追求，它体现了人们对现代思维下课程评价理论与实践改革的期待，具体表现为：以人为本，面向发展；尊重差异，倡导多元；民主平等，协商对话。

(一) 以人为本，面向发展

现代课程评价吸收了人本主义的主体意识思维，坚持“以人为本，面向发展”的理念。这种理念提倡一种人性化的、发展性的评价过程，认为课程评价是一种关于人的合理性发展的过程，是一种关于人成长成才的过程，这里的“人”主要聚焦为评价者和被评价者，即教师和学生。在课程评价过程中，应重视学生的全面发展和教师整体素质的提高。一般而言，学生是课程评价中被评价的对象，明确对学生进行评价的目的与功能相当重要。课程评价的目的不是为了甄别与选拔学生，限制学生的发展，而是要对学生的发展水平和发展状态进行了解，使其更加清晰地认识自己、把握自己，进而为学生创造一种展示个性、展示能力和展示创造性的机会，提供学生一个成长的空间。首先，评价者应注意学生身心发展的不同需求，充分认识不同学生之间智力与非智力因素的差异，帮助学生理解自我，欣赏自我，主动找寻适合不同学生的学习和发展的课程评价方式方法，最大限度地促进每个学生的多方面潜能的挖掘。其次，要创造民主、平等与和谐的评价氛围，重视学生对评价的意见与建议，尽可能减弱学生对“评价”的抵触与反感情绪，充分调动学生的积极性，鼓励学生参与到课程评价的全过程，并大胆表达自己的思想和情感，这使学生易于接受评价结果，有利于转变学生消极等待被评价的角色，实现学生的参与自觉和发展自觉。最后，还应加强对学生情感、态度和价值观等方面的评价，促进学生在认知、情感、态度和价值观等领域的全面发展，提高学生的综合素质。总而言之，学生处于不断发展的过程中，教育的意义在于引导和促进学生的发展和完善。因此，在评价过程中，教师要树立“一切为了学生发展”的评价理念。学生的发展需要目标、导向和激励，评价要考虑学生的过去，重视学生的现在，着眼于学生的未来发展。通过评价促进学生在原有水平上的提升，发掘学生的潜能，了解学生发展中的需求，实现帮助学生认识自我、建立自信的目的。

教师既是学生成长过程中的引路人，也是课程评价中评价者的代言人，评价是课程理解的一个重要环节，它直接关系到课程理念的更新、课程目标的选择和课程内容的设置等问题。因此，教师把握课程评价对自身发展的价值与意义也很重要。在课程评价中，为了促进教师素质的提高和发展，教师首先应进行正确的角色定位，将自身作为学生成长道路上的引路人，关注的重点应放在是怎样利用自身的良好素养和所教学科的特有优势，在教学中、评价中实现与学生的交流与沟通，在体验中享受喜悦，增强自我效能感，为教育教学能力的改进提供内在动力。其次，教师要善于进行自我评价，营造民主评价的氛围。在评价中，教师要不断地促进学生民主意识和批判精神的发展，使学生明确自身的主体地位，增强自我发展的主动性和积极性。要达到以上的目的，教师必须首先以身作则，虚心接受学生的评价，并积极地进行自我评价，经常分析与反思自己的教学目标、教学方法、教学内容、教学态度和教学行为等方面，为自身的发展和改进教学工作提供具体的反馈信息，加速自身的专业化发展，不断提高自己的教学质量和教学水平。这时，评价对于教师来说，所具有的意义就是“为我评价”“为发展评价”。

(二) 尊重差异,倡导多元

德利兹(Deleuze, G.)认为,差异无处不在,因为“存在就是差异”①。因此,差异是人存在的意义形成的基础,必须承认并尊重人与人之间的个体差异。课程评价要尊重学生之间的个体差异,关注每个学生的不同起点和特殊性。正如有学者所言,“如果我们能够在教育改革中真正贯彻‘尊重他者,倾听他人’的理念,那意味成万上亿的孩子的生命将因而得以张扬。在这张扬的生命中,所孕育的是无穷的好奇心、想象力和创造力。”教师在对学生进行评价的过程中,应时刻提醒自己学生之间存在遗传因素、环境影响、教育影响等方面的差异是正常的,而这些差异正是学生发展的内在动力,因为只有从“差异个性”的兴趣出发,才有可能支撑学生朝着更长、更远的方向前进。教师应树立从侧重“优秀”转向侧重“发展”的意识,关注学生成长的过程,培养学生良好的道德修养,自我发展的意识和能力②。因此,课程评价主张从每个学生的实际情况出发,从多角度对学生进行观察和理解,肯定其优点,指出其不足之处,帮助学生实现弱势潜能向优势潜能的迁移,发现和发展每个学生自身的爱好和特长,努力促进所有学生在原有基础上获得最大程度的发展。学生的这种发展是一种差异的发展,而且是建立在学生自我和谐、与他人和谐、与环境和谐的基础之上的差异发展。从这个意义上来说,学生的全面发展必定是一种存在差异的发展,对课程及学生就有坚守差异性评价的必要了。

为了追随差异性的发展,课程评价便被赋予了面向多元化的使命,主要表现为评价内容的多元化、评价标准的多元化、评价主体的多元化、评价方法的多元化等。

首先,评价内容的多元化。课程是一个开放的、复杂的系统,课程目标也具有生成性和发展性。因此,课程评价内容需关注多方课程参与者与旁观者,坚持多元整合,既要考查学生掌握的基本知识、基本技能,使学生达到发展的合格底线;也要重视对学生情感态度价值观进行正确的引导,促进学生多方面潜能的开发与发展;还要关涉课程发展、教师发展的相关促进因素,如课程的合理性探索,教师教学能力的考评。从评价内容的多元与和谐中促进课程整体的优质发展。

其次,评价标准的多元化。课程评价应强调异质多样性,认为每个学习者都是独一无二的个体,评价标准也不再是由外在权威所制订的、不容置疑的,而是在教师和学生参与中相互作用而生成的具有指引自我行动的向标,它不仅包含社会的、权威的价值,更能体现个体的价值,并且这种内生性价值能够指引个体更好地享有现实机遇,以及获得个性的发展。也就是说,评价标准要与教师和学生的发展相一致,体现他们的价值追求,注重他们的个体要求、感知能力、兴趣发展和教学过程。它是内在的、参与性的,而不是外在的、决定性的。任何一种评价标准都不是“唯一”,而是“之一”,它会随课程活动的展开情况而不断变化。

最后,评价主体的多元化。课程评价是一个开放的系统,“需要来自各方面的评价,不同的侧面为评价提供不同的信息,这有利于保证评价的整体质量,也有利于整合教育力量③。”这些评价主体主要包括教育行政部门、研究工作者、中小学校长、教师、学生、家长、社会等各

① 王治河.扑朔迷离的游戏——哲学思潮研究[M].北京:社会科学文献出版社,1998:42.

② 李淑华.高中新课程:更有效的评价细节[M].重庆:西南师范大学出版社,2008:133-134.

③ 李玉芳.多彩的学生评价[M].北京:教育科学出版社,2009:77.

方面。其中,尤其要扩大教师和学生对课程建设的评估权,他们是课程发展的最大受益者,也是课程评价最亲近的主体,他们的评价意见将直接关系课程发展。当然,也要积极吸纳教育系统外部人员对课程建设有益的意见与建议,补充具有时代特色的新内容,拓展课程建设的内涵与本质。这种多元主体的评价形式,不仅有利于改善教师与学生的关系,而且能够提高评价结果的质量,促进课程的持续发展。

(三) 民主平等,协商对话

德里达(Derrida, J.)认为,差异是一个过程,差异并不是某种自我封闭的实体性的东西,而是一种永远不能完成的功能。在这种差异的过程中,实现真正的自我理解,则是不断提高四重行为的过程:"向他人开放;与他人交流;某种包含自我更新的自我反省;重新与他人交流。"他认为,事物的复杂性、开放性、生成性等特性只有在对话中才有可能实现。因此,他特别强调以"民主平等"作为主旋律,尊重人与人之间的差异,重视人们的多元价值观和多种意见,他引领着一个天与人之间、人与人之间、人与物之间、物与物之间全面对话的时代。课程评价应提供给不同层次的、异质性的人共同分享教育的机会,追求的是在协商对话中"求同存异",强调评价者与被评价者的交互作用,共同构建评价的意义。评价者的权威被淡化,不再是高高在上的主宰者,被评价者也不再是诚惶诚恐的服从者,两者都是拥有主体性的人,彼此之间是平等的、互惠的对话关系。

在对话过程中,强调相互沟通与理解,这就涉及两个基础:倾听和协商。首先,关于倾听。不管是教师还是学生都需要"同情而具有批判性"地倾听对方,从而发现不同的观点,开阔自己的眼界,进而实现自身的转变和发展。只有在倾听的基础上,才可能获得理解,明白对方在说什么,对方的意图是什么;在理解的基础上,才可能实现互动性参与,即对话。这时,评价的目的与价值才能真正凸显,教师和学生在对话中不断探究未知领域,彼此的主体性、独特性都获得尊重与提升,积极性、能动性都得以发扬与拓展。这就将课程评价的概念从静态的、预设的方案、计划,扩展到动态的、创生的师生对话,课程评价的内涵也由此而得到拓展,而教师的任务则是"保持对话的持续性"。

其次,关于协商。谈到"协商",会联想到"民主""平等"和"解放"等概念。在协商课程中,强调"共享课程权力、重建课程角色、转向实践的课程语言和追求民主的课程行动"。在课程评价中,"协商"作为对话的基础之一,为评价双方创造一种轻松的交流氛围,为师生的自由和解放构建一种宽松和谐的评价氛围,这样才能在评价者和被评价者之间建立一个平等、信任的对话平台,保证被评价者与评价者分享评价的权力,重建被评价者被动的地位,创造更有实际意义的评价话语,以及参与体验评价过程的喜悦,进而可以协商决定课程评价应包含哪些因素以及各因素在评价中所占的比重,而且可以为评价者制订具体的评价指标和评价标准提供参考意见,提升评价的实际效果和价值。这种基于民主平等与协商的对话评价是一种持续的过程,课程的每个环节、每个阶段都充盈着评价,评价双方进行沟通与交流,达成一致的评价结果,进而协商下一个阶段教学改进的意见和建议。

总体而言,"民主平等"和"协商对话"理念贯穿于课程评价过程之中,课程评价是评价者和被评价者之间消除异议,共同构建评价意义的过程,是所有评价参与者之间交流对话,协商共建的过程,评价结果同样也是评价者和评价对象双方交流和协商的产物。因此,课程评价是一种意义的协商,并在对话与协商中实践了"对主体——客体、心灵——身体、课程——人、教师——学生、我们——他们等进行折中的但却是局部的、短暂的动态整合”①。

二、课程评价的价值取向

课程评价的价值取向是指课程评价所体现的特定的价值观。它对评价的具体模式和操作方式起着支配和决定作用。可以说,任何评价都是以一定的价值取向为基础的,而不以评价者是否意识到为判断标准。从取向的维度看,课程评价可以归为“目标取向的评价”“过程取向的评价”以及“主体取向的评价”三种。

(一)目标取向的课程评价及其分析

目标取向的评价力求通过评价得出课程计划或教学结果多大程度上符合预设的课程目标,其中以泰勒的评价理论和布卢姆的教育目标分类理论影响最为深广。有教育评价之父之称的拉尔夫·泰勒于1933—1941年带领他的团队进行了著名的“八年研究”,提出了课程评价的目标达成模式(goal-attainment model)。他认为评价的过程,“从本质上讲,就是判断课程和教学计划在多大程度上实现了教育目标的过程。既然教育目标从本质上讲是对人类进行改变,也就是说,目标旨在让学生的行为模式产生期望中的改变,那么,评价就是这样一种过程,即判断这些行为实际上产生了多大程度的变化”②。泰勒进一步指出,评价不仅仅是一两个纸笔测验,凡是能体现评价过程,指向预设教育目标的任何方法都应该推崇。这一观点的提出,也实现了测量到评价的过度。整个评价围绕着目标进行,从而对教育目标的设定成为泰勒课程评价模式的中心和关键。在评价程序上,基本包括以下步骤:(1)建立课程计划的目标和目的;(2)按“行为标题”和“内容标题”来界说每一个目标;(3)明确那些会给学生机会表现教育目标中隐含行为的情景;(4)选择和编制相应的评价工具;(5)决定使用哪些名词和单位来总结和评估已获得行为的记录;(6)搜集学生的表现资料;(7)将搜集的资料和行为目标作比较。布卢姆进一步将目标细分为环环相扣的六大类,即识记、领会、应用、分析、综合以及评价。虽然泰勒和布卢姆极力界说目标的客观性,似乎以目标为量尺的评价带有极强的社会公正性,但就课程评价本身来说,这种客观的目标只是真实的课程目标中具体的、外显的并且可测量的那部分子目标。教育是关乎人的事业,人具有社会性,并且在相互交往的社会实践中实现自我价值。面对人丰富的情感目标,仅靠量化的方式只能鞭长莫及。

从本质上看,以目标达成模式为代表的课程评价的深层价值取向是“技术兴趣”,亦称为“技术理性”。这是现代科学的一种基本价值取向,是通过合规律(规则)的行为而对环境加以控制的人类基本兴趣,它指向对环境的控制和管理,其核心是“控制”(control)③。它追求的是主体(评价者)对客体(评价对象)的有效控制和改进。这种将课程评价视为一种理性化、科学化的过程价值取向,为课程评价成为一种普适性的程序奠定了基础。在实践中,它

---

① [美]小威廉姆 E 多尔.课程观[M].王红宇,译.北京:教育科学出版社,2000:83-84.

② Ralph W. Tyler.课程与教学论的基本原理[M].罗康,张阅,译.北京:中国轻工业出版社,2008(1):96-97.

③ SeeGrundy,S.(1987),Curriculum:ProductorPraxis? London,NewYork&Philadephia:TheFalmerPress,pp. 11-12 转引自张华.课程与教学论.上海:上海教育出版社 2000(1):13.

的易操作性使其在实践中长期处于支配地位。基于技术理性的目标评价模式先天带有划一性和普适性,“必然忽略人的行为的主体性、创造性和不可预测性,忽略了过程本身的价值,对于人的高级心理过程而言它的作用非常有限①。”

(二)过程取向的课程评价及其分析

过程取向的评价试图突破之前过于重视预定目标及计划达成程度的模式,强调对课程的整体理解。1967 年,斯太克(R. Stake)发表《教育评价的外貌》(The Countenance of Educational Evaluation),提出课程评价应该囊括对课程涉及的方方面面及对其整个过程进行的描述和判断,而不应该局限于预设的目标和计划;对评价资料的收集应包含量性和质性在内的所有合适的方法,而不应局限于量化方法。同时期,帕勒特和汉米尔顿(Parlett & Hamilton)的解释模式(illuminative model)、斯克瑞文(M. Scriven)在消费者导向模式基础上提出的目标游离评价模式(Goal Free)以及斯太克的回应模式(responsive model)等都大大丰富和深化了过程取向的课程评价内涵。这种取向的课程评价具有一个突出的共性,即将评价看成是价值判断的过程,同时注重过程本身的价值。它并没有全盘否定目标取向评价中预设目标的作用,而是认为预设目标本身也需要进行价值判断,这是对以往评价理论的重大超越。过程取向强调只要是具有教育价值的结果,都应当受到评价的支持与肯定。它强调对过程的关注,主张对学习的动机态度、过程和效果进行三位一体的评价。为促进这一评价理念的落实,在评价的方法上,主张质性的、量性的、展示型等的方法相结合,并且贯彻评价的全过程。由于对价值判断的倡导,过程取向的评价往往在实践中整合评价主体和客体,寻求师生间的理解和民主交往。但不容忽视的是,过程取向的评价虽然开始从动态的视角对课程进行评价,但是评价的参与者不可避免地在评价过程中带有相当的主观性,难以体现评价的公正性。另外,这种评价虽然注意到评价过程中忌客体与主体的分离,但对主体和客体的区分本身隐含着主动与被动的寓意,那么师生间的民主交往性也就失去了成长的沃土,天生营养不良。

过程取向的评价从本质上说,受“实践理性”的支配。“实践理性”是建立在实践基础上的实践观念,是主体对实践活动有目的、有意识的观念把握,是一种应然状态的思维方式。这种思维方式以追求对象在思维活动中达到预计效果和目标为价值取向,从本质上说,仍未摆脱目标取向的樊篱。在评价中,“实践理性”表现为评价者与被评价者的交互作用,强调过程的价值和评价者对评价情境的理解。评价者不同也导致了评价过程中的需求差异,进而出现价值观的多元化。

(三)主体取向的课程评价及其分析

主体取向的评价建立在对目标取向及过程取向评价的反思上,尤其是对人的价值的更深层次研究的基础上。主体是相对于客体来说的,因此,主体性突出的显现在主体—客体关系中。教育学领域中的主客体关系问题大致可以追溯到 20 世纪初以杜威为代表的进步主义教育派与赫尔巴特为代表的传统教育派的争论。但从本质上看,不论是前者的“学生中心论”还是后者的“教师中心论”,主体都指向共同的对象——人。这种取向强调自我为中心,

① 李雁冰.质性课程评价研究[D].华东师范大学博士后研究工作报告 2000 :18.

他人为客体,他人是实现自我的手段。主体取向的评价看到了人的价值,因而极力在评价中促进人的价值的实现。如鼓励学生的自主探索和自主发展,让学生充分发挥自我潜能,教师则不干涉学生的活动。有学者将主体取向的评价对应古巴、林肯的第四代评价[①],这值得商榷。"第四代评价"的本质在于共同建构,即参与评价和与评价有关的人或团体基于对评价对象的认识,通过不断的协商、对话和交流,不断协调教育价值观,缩短关于教育评价结果意见分歧,最终形成的一种共同的一致的看法的过程[②]。根据古巴和林肯的观点,协商、对话以及交流的方式事实上是建立在民主平等的基础上的。在这种评价过程中,评价的参与者的作用可以不同,但地位却应该是相同的。然而在主体性取向的评价中,评价者和评价对象有明显的界线,即造成主体和客体的分离甚至某些时候的对立。评价者的主动和评价对象的被动决定着在评价过程中,二者很难协商以达成共识。主体性取向的评价关注的是个人,是一种个人本位。虽然这种个人本位对人的价值进行了充分的肯定,但不容忽视的是,它带来了诸如主体与客体的分离、人与社会的分离、人与人的疏远等一系列的困惑。因而很难说主体性取向的评价与具体哪种课程评价相对应,但凡忽视人的社会性,突出个体价值的评价都可以体现这种取向。比如斯克里文以需要为基础的评价的目标游离模式、斯塔克以人的需要为特征的多元价值取向的外观评价模式等。

主体取向的评价强调把人作为主体的需要作为价值主体的核心。在评价中,关照个体的自由发展,视个人需要的满足为最终的价值追求。如前所述,主体取向评价的视野虽然转向人的价值,但是它过于突出个体的需要,个体与个体之间只是互为实现自我的一种手段。这样的结果是,任何一方都没有实现自由,都没有成为真正的主体,都没有获得真正的主体性。这种割裂个体与个体联系的价值取向源于对人的社会交往性的忽视。人的发展实质上经历的是从以原始群体为本位到个体主义为本位再到以人的实践自觉的类主体为本位的否定之否定的过程。主体与主体的相互承认和尊重才有可能产生真正的主体。这种主体是"建立在个人全面发展和他们共同的社会生产能力成为他们的社会财富这一基础上的自由个性[③]"。由此引发了人们对以人的交往行为为基础的主体间性的思考。从一定程度上说,主体间取向的评价是对主体取向评价的延展。前者首先承认主体的存在,但其中的参与者处于立体的动态的相互交往中,从而达成一定的共识。我们认为以古巴和林肯代表的"第四代评价"与主体间取向的评价大致对应。参与者在评价中处于一种交互主体的关系,他们为达到双向理解,作为主体围绕评价中介,寻找共同的"构建物"。这里的评价中介是指将两类主体联系起来的评价情境、评价方法以及评价者的经验等。主体间取向的评价在本质上是受"解放理性"支配,主张对评价情境的理解,这种理解是靠每一个主体自觉的意识和反省实现的,而不是借助于外部控制力。

三、"三创"课程评价的理念

创意创新创造课程评价,按照课程评价和学生能力评价两个层面,创新知识技能、创新

① 李雁冰.质性课程评价研究[D].华东师范大学博士后研究工作报告,2000:19.

② 卢立涛.回应、协商、共同建构—第四代评价理论书评.内蒙古师范大学学报(教育科学版).2008(8):3.

③ 马克思恩格斯全集:第46卷[M].北京:人民出版社,1992.

思维、创新人格三个维度,发现问题、明确问题、形成假设、验证假设、形成结果五个步骤,设计三创评价体系。创新知识与技能是创新活动的基础。创新知识可以用基础知识水平、交叉知识水平、创新知识水平这三个三级指标来反映。创新技能是创造新事物的技巧和能力的总和,主要包括信息加工能力、动手操作能力、发现问题的能力、学习探究能力和标新立异能力。创新思维由发散思维、直觉思维、形象思维、逻辑思维、辩证思维和横纵思维六个要素观测指标。创新人格包括创新意识和创新精神两方面。创新意识是由创新兴趣、创新信念、创造意志作为评价主要指标。创新精神由质疑精神、勇敢精神、探索精神、科学精神和团队精神五个指标来反映。在小学,为增加操作性,把创新能力要素在发现问题、明确问题、形成假设、验证假设、形成结果等创新的五个步骤中的典型行为来观测,既保证评价的科学性,又保证评价的可操作性。

四、“三创”课程评价理念的案例实施

案例 7-2-1:

《手工制作》校本课程纲要

授课教师:姜嘉巍

授课对象:二年级学生

授课时间:课后一小时

课程简介:通过手工制作课,让学生拥有一双善于发现美的眼睛,一个善于挖掘美的脑,一双善于创造美的手,可以让学生在各方面的能力都得到提高。

一、课程目标

本学期开设的手工制作地方课程活动为一部分有手工制作爱好的学生提供一个展示个性才艺的机会和空间,使他们的一技之长得到充分的发挥和展示,培养他们的动手能力,思考能力和合作能力。

二、课程内容

让学生利用现实生活中各种废品,变废为宝。这样既可以节约财力,还可以让学生在“捡垃圾”的过程中体验到无穷的乐趣。举世闻名的画家毕加索的工艺品《公牛头》不就是变废为宝变来的吗!这种“宝”在我们的日常生活中其实随处可见,废可弃乐瓶可以制成花篮;旧挂历可以制成花瓶;蛋壳可以制成不倒翁,还可以粘贴成画;树叶、碎布块等均可以拼贴成一幅绝美的风景画、人物画等,配上镜框,可以成为你房间里别出心裁的一件装饰品;河边拣来的鹅卵石,不妨变成戏剧脸谱或自制雨花石……同时加入彩泥、手工折纸、十字绣等内容,让学生的想象力得到充分发挥。

三、课程实施建议

1. 本课程所涉及的文化层面广泛,因此老师多阅读有关书籍和资料,力求把最精彩的给予学生。

2. 在教学过程中,充分调动学生的积极性,激发学生创作的热情,培养学生审美素养。

3. 在教学过程中,师生之间、生生之间应建立民主、平等、友好、协作的关系。

4. 教学活动,可采用“小组合作”形式进行,让学生在合作中共同研究,共同探索,共同提高。

5. 培养学生创作、创新能力，提高素养的重要手段。

四、课程实施所需要的条件和保障

场地：二年级7班教室

课时安排：每周一课时

资源及经费：为了更好帮助学生建立绿色环保意识和观念，本课程确立了绿色环保为主的教育理念。在教学过程中，所用教育资源皆学生生活中各种废品为主材料，让学生利用现实生活中各种废品，变废为宝。这样既可以节约财力，还可以让学生在“捡垃圾”的过程中树立环保，节约的良好习惯。

五、课程评价

高尔基说过：“美就在丑的身旁。”只要指导学生善于发现，开拓思维，就能变废为宝，所以说，变废为宝的过程，也是智力发展的过程，对学生来说既可玩物，也可益智，可谓“玩物益智”。

1. 参与度评价：

2. 作品评价：

案例7-2-2：

道德经课程纲要

课程类型：校本选修课

课程简介：《道德经》的作者为老子，分德篇和道篇，总计五千多言。本课程总计15次课，以上古神话和小篆为契合点，突出课程特色。

课程目标：传承中国传统文化，感受博大精深的文化底蕴。让同学在愉快的学习气氛中对传统文化产生浓厚的兴趣。使同学掌握阳光爱心诵读法，从会诵读到会背，并逐步掌握恭熟忘合灵的恭和熟。更重要的是使同学有自己的思考能力，去体味老子道德经中道理。

课程内容：

主　题	内容和活动
培养趣味， 初步认识《道德经》	内容：1. 认识老子动漫、道德经； 2. 老子的故事拓展； 3. 初步对道德经进行定义、讲解德所代表的意涵。涉及历史知识补充，马王堆汉墓出土的帛书《老子》，什么是帛书？帛书版《老子》即为《道德经》 活动：书写甲骨文德
诵读，道德大树讨论	内容：1. 简单调形，动作示范； 2. 上次课回顾，老子的指甲为什么很长？ 3. 仁义礼智信道德大树分组讨论； 4. 知识拓展：人会自然选择最擅长的手书写有助于发挥同学的潜在能力。分为三大板块：端端庄庄来调形、七嘴八舌论论德、勤动脑来乐趣多 活动：左右手书写小篆德，展示。左撇子名人介绍（涉及师生互动）

续 表

主　题	内容和活动
神话故事， 趣味学习	内容：1. 结合上古神话开天辟地理解中和第一段； 2. 盘古开天辟地动画 趣味游戏：1. 会照相的大眼睛游戏记。图片记忆； 2. 制作小篆体“书签”(道生一，一生二…中气以为和)
了解水，认识水， 以及水所具备的品格	内容：1. 配乐带诵； 2. 水的相关知识拓展； 3. 知识拓展；以柔克刚、以弱胜强的历史故事； 4. 水结晶图片视频，水是有感情的 教学策略：成语积累卡
恭熟忘合灵， 掌握诵读方法	内容：1. 配乐齐诵、完整三调冥想、观想玄极球； 2. 恭熟忘合灵五阶段之忘、讨论； 3. 故事拓展：《庄子 大宗师》坐忘； 4. 联系现实社会现象讨论 活动：小篆绘画，12 生肖
孝	静心冥想诵读、完整三调、古代三字经中涉及的孝的历史故事当代如何做到孝讨论、情景回放，你是怎么做的？ 展示板，便利贴纸 你认为的孝是什么？
左右脑趣味学习	内容：1. 左右脑旋转测试、脑的分工； 2. 拓展“治大国，若烹小鲜”、结合自身经验讨论； 3. 故事拓展：福祸相依，塞翁失马的历史故事 活动：游戏诵读接龙
神话故事 思维培养	内容：1. 听诵、调形、调息； 2. 观想虚空道德经文字上丹田； 3. 故事拓展：上古神话《精卫填海》何为“一心”“一意” 思考：1. 思考一下诵读带给自身的感受并分享出来； 2. 思考精卫填海表达一个什么思想； 3. 一心一意在自身哪个方面可以体现出来
成语故事 诵读图画	内容：1. 冥想、完整、三调。用心区进行观诵； 2. 成语故事拓展； 3. 成语故事《无中生有》 活动：将诵读的体会用图画的形式表达出来
德字里的四准 则内涵学习 成语学习	配乐、带诵、完整三调。观想甲骨文和篆体经文 1. “四准则”内涵及意义； 2. 成语故事“功述身芮”(功成身退) 教学策略：1. 成语接龙游戏竞赛； 2. 配乐诵读小组表演； 3. 讨论如何将“四准则”用自己的方式表现

课程实施所需要的条件和保障：多媒体

课程评价：本课重在培养学生的兴趣，以小纂和神话故事作为载体，围绕国学知识教授学习，本课以教师引导，学生参与为教学方法。多样的学习策略游戏，诵读接龙等，一切以培养学生兴趣为宗旨。

道德经西区

郑乔波、孟鑫洋组

案例 7-2-3：

神农遗品

源远长香

茶艺课程纲要

大正书院　李　绒

授课对象：三、四年级学生

课程类型：校本选修课

课程介绍：茶，是中华民族饮。发于神农，闻于鲁周公，兴于唐朝，盛于宋代。清涤世代族人，中国茶文化糅合了儒、释、道、诸派思想，独成一体，是中国传统文化中的一枚别珍，芬芳而甘醇，源长而飘远。

大正书院茶艺课程求"道"随"艺"旨在引领学生放空身心后承载时空信息。品饮千年文明。伺茶：轻举漫斟——静；品茶：心宁意驰——动。体味神品。培养学生崇敬先贤，懂得敬仰，敬畏。树立学习精神，启动学习动力进而理解学习后的创新。

茶艺课程里涉及儒、释、道各家思想；涉及历史，哲学；同时作为对比涉及西方思想。对学生是全新的可以品尝的文化课程。大正书院茶艺课程传承舌尖上的思想。

课程目标：热爱中国茶文化

1. 概括了解中国茶文化。培养学生敬仰敬畏心。

2. 熟悉茶的基本分类，主要产地。开阔学生视野建立学生宏观思维概念。

3. 初步了解红茶及冲泡方法，对比铁观音。带领学生浅尝中国茶文化内涵，体会伺茶、品茶。

4. 在冲泡品茗中培养学生，恭敬感、秩序感、行动感、品茗感。

5. 带领学生初步探索人生中后天成熟重要支点思维的力量。

课程实施条件和保障：茶艺室及各种茶具、茶及茶点、基本课时

课程评价：

1. 评价内容：学生自选学习过的茶品，实践品茗讲解。

2. 评价方式：茶艺表演。

3. 评价方法：实践、自述、对比。

4. 评价参与：校方指定。

第三节 课程评价的内容

一、课程评价宏观层面的内容

全面的课程评价应该对课程的所有方面进行价值判断，如课程的目标、意义与设计、教学计划和内容、组织形式、教学方法和实施的效果等。课程评价主要是对课程设计、课程实施和课程效果三方面的评价。

(一) 相互交融的三螺旋结构

构想的课程评价结构包括以目标为中心的课程设计评价、以过程为中心的课程实施评价和以结果为中心的课程效果评价三个独立又密切关联的部分。这三个部分各自分别以目标、过程及结果为中心呈螺旋上升状。因而从横向上，课程设计评价、实施评价以及效果评价可以看成简单的具有顺序性的线性结构，但从纵向看，是包含了三个小螺旋的大螺旋结构，从而使整个课程评价成立体状。

下面分别对三部分进行分段介绍说明。

首先，课程设计评价起始于目标。一方面目标是课程设计的导航灯，另一方面，目标本身也是评价的对象。虽然泰勒的目标评价模式不断地受到批判和修正，但课程目标对于开展课程评价具有不可忽视的意义。课程负载的是人文精神，是人作为社会主体而非个体主体的意义。课程目标是否能充分体现出这些价值，又是如何体现以上价值，这正是评价需要回答的问题。以台湾大学为例，台大在“建立人的主体性，以完成人之自我解放，并与人所生存之人文及自然环境建立互为主体性之关系的教育”的理念下①，将课程分为文学与艺术、历史思维、世界文明、道德与哲学思考、公民意识与社会分析、量化分析与数学素养、物质科学以及生命科学等八大领域。如在文学与艺术领域，台大将这一领域的课程目标设定为：培养鉴赏文学作品的能力、培养表达自我感知与想象创造的能力两大类，并对课程目标进行了如下说明：经由阅读分析文学与艺术作品，培养学生思维、批判、想象、创造、审美的能力，进而开展其对自我生命的深度感知，以及人文世界等方面关怀与反省②。从台大课程地图上看，台大将建立人的主体性的总目标分解为具体的小目标，围绕各个具体的目标完成一次课程设计。之所以强调完成的是一次设计，理由是台大在不断地根据师生的具体实践情况进行评价，对课程进行更新。在其网页上，每个人不仅可以查询本学期开设的课程的具体情况，还可以找到其他年度的开课情况，比如历史思维领域1997年第一年度，就开设了侠义文学、中国传统生命礼俗等课程③。其次，对课程实施评价以过程为中心。传统的课程强调对

① http://nol2.aca.ntu.edu.tw/course_map/index.php 台大“课程评价”课程地图.

② http://nol2.aca.ntu.edu.tw/course_map/index.php 台大“课程评价”课程地图.

③ http://nol2.aca.ntu.edu.tw/course_map/main.php? f=1.

客观事实的记忆、基本技能的把握以及传统价值观的继承，因而，对课程的评价主要试图衡量学生是否取得了信息，掌握了基本的技能和内化了公认的价值观。如此，评价往往较关注结果，而忽视了在评价过程中评价主体形成的认知和情感态度。以过程为中心的课程评价突出了评价的灵活性和探索性。实施中的课程尚处于变化状态，此时通过评价对其进行改善比实施后进行修正成本更低，并且评价参与者尊重过程，在评价实施中共享信息更能促进有效的教育和学习。每个评价主体都能在一定程度上产生某种决策责任，从而自觉决定评价的内容和方法，并且利用评价作为自我提高的方式。

以过程为中心，还意味着评价具有情境性。课程的每一个方面，都应该尽可能地"为了参与其中的学生利益，为了学生将进入的那个更大社会的最终利益，带来它们在真实世界的应用①。"例如台湾中原大学的课程讲求一种潜移默化的教学策略。在这种教育策略中，教育工作者经由事先的设计，将课程的内涵与精神化整为零，融合在教学、研究、辅导、行政与服务等各种活动与措施中，达到陶冶于无形的目的②。

再次，课程效果评价以结果为中心。正如大多数评价专家认为的那样，在课程领域，所有课程评价的主要目的都是为有关个人或课程的决定提供信息③。在评价活动实施的过程中，可以认为评价的目的或者功能就是提供信息。课程实施一个阶段后，是否达到了一定的效果，是否又出现了一些预料之外的问题，如何处理这些问题，处理的结果如何成为下一次评价的依据等，都需要经过对课程效果进行评价。课程结果是决定课程能否继续推广的关键问题。

（二）结构运行的内在机制

以人的发展意义为核心。从课程评价的特点出发，根据实践发展的需要参照当代课程评价理论的启示认为课程评价结构主要以协商达成共识的方式运行。评价不是为了证明，而是为了更好的改进，评价天生就是动态的。课程的设计在评价参与者合作性地进行教育和寻找可教育时机的过程中不断地得到修正。在课程评价中，课程是主体追求人的自由解放的价值系统，需要主体对"自我""他我""我们"的存在价值进行体悟；评价既是主体间交往和相互理解的方式也是表现形式之一。课程评价一旦发生，便像动力源一样带来课程设计的修正、课程实施的改进、课程结果的变化。对现实世界的共同关注，也为评价主体交往的增加了可能性。比如教师教授学生思考和解决现实世界的问题的过程中，就努力在真实的情景中利用和整合他们的知识和技能，以获得真正的理解。

二、课程评价具体层面的内容

（一）关于课程本身的评价

课程本身是复杂的、多元的，主要包括课程设置的合理性、"课程目标、课程结构和课程

---

① Dr. George J. Posner. 课程分析[M]. 3 版. 仇光鹏，韩苗苗，张现容，译. 上海：华东师范大学出版社，2007(1)：275.

② http://ann.cycu.edu.tw/kcy/index.jsp.

③ http://nol2.aca.ntu.edu.tw/course_map/index.php 台大"课程评价"课程地图.

内容”等要素。在对课程设置的合理性与课程目标进行评价时,应秉持发展性、创造性理念,引导课程关注学生的身心发展状况,关注时代发展的要求,关注地方和学校的本土发展要求。在对课程结构进行评价时,应从纵向和横向两个方面展开,对国家、地方和学校的三级课程进行评价,对不同学段的不同课程类型、不同教材分类等进行合理性探讨。在对课程内容进行评价时,应考虑与课程理念和课程目标保持一致,注重其对学生发展的意义。总之,在进行课程评价时,应突破对课程本身的构成要素进行零碎化评价,而应将它们统整于一种核心发展理念中进行有机地整合评价,促进课程本身的和谐发展与创新发展。

(二)关于教师评价的内容

教师作为课程评价的对象,其包含多方面、多层次的评价内容,应针对教师个体与教师群体进行纵向评价与横向评价。就教师个体评价而言,不要只注重通过学生的学业成绩(主要表现为分数)来衡量教师的教育教学质量和教学水平,而要更多地关注教师个体的基本素养、治学精神、日常的工作情况、对课程教学改革的创新、与学生的相处情况以及学生对教师的评价。就教师群体评价而言,不仅要重视对教师群体所具有的特征进行评价,还要尊重不同教师所具有的不同课程理解、教学个性、教学风格等,提供教师发展的平台。通过对教师的有机综合评价,鼓励教师自觉地反思自身的优点与不足,主动选择适合自身发展的计划与路径,多方面提升教师的专业素养和人格魅力,实现教师的全面发展。

(三)关于学生评价的内容

学生评价拒斥单调的、狭窄的评价内容,反对只重视通过分数等量化方式对学生的知识与能力进行评价,提倡不仅要注重学生对知识与技能的掌握和运用,重视对学生发现问题、分析问题和解决问题的能力培养,还要特别注重学生对学习过程的体验,对学习方法的灵活运用,以及学生在情感、态度和价值观等方面的形成与发展,实现学生发展的智力因素和非智力因素的有机统一。总体而言,对学生的评价,要重视探寻和挖掘有机的评价内容,促进学生的健康和谐发展。例如,可以从四个方面确立学生评价的发展性内容,即“道德品质、学习能力、交流与合作能力、个性与情趣”。道德品质具体表现为道德认知、道德情感与道德行为;学习能力主要包括学习思维方式、学习方法、学习习惯以及学习动机等;交流与合作能力是指能够尊重他者,通过各种交流方式与他者进行思想观点的相互理解,进而就某一目标达成共识,共同合作与努力;个性与情趣即学生在学习中、生活中获得自立、自强的积极情绪体验,遇到挫折和困难,能够积极面对与克服。

教学活动是由教师的教和学生的学组成的,在进行教学过程评价时,既要重视教师的教学活动,也要重视学生的学习过程,以及教师与学生之间的互动过程。可以从四个方面对学生的学习过程进行评价,即“对学生学习状态的描述、对学生学习能力的解释、对学生学习本身的评价和学习评价的主题方面①”。具体到课堂教学过程的评价,不仅要考察教学任务的实施情况,还要对课堂教学的整个过程进行评价;既要重视教学目标的流动与生成,又要重视课堂教学对教师的发展和学生的成长成才所具有的影响。同时还要注重对教学过程的动

① 陈静.意境化课程研究[D].重庆:西南大学博士学位论文,2009:118-121.

态性、优化的内外部影响因素的关注，努力实现教师和学生基于动态教学情境的和谐发展。

三、"三创"课程评价的内容

"三创"课程评价的内容如表 7-3-1 至表 7-3-6 所示。

表 7-3-1　创意创新创造课程设计评价要点

评价项目	评价要素	评价记录
目标	目标明确，符合情感态度，贴近学生的生活实际，体验社会实践；内容综合、宽泛、新异、丰富学生的直接经验引入多种信息，围绕主题，运用多门学科知识	
内容	实践性强、主题分量适当，有操作性；难易适当，意义重大	
方法	组织形式多样，走上社会，面向大自然；学生能自主活动，体现探究式学习方式，主体性得到充分发挥，教师指导指导方法得当，主要是组织者和指导者、服务者	
过程	实践的各环节有机结合，学生亲自实践、积极活跃；课堂活动步骤有序，活动导入新颖，活动过程完整，清晰	
效果	陶冶情操，愉悦身心，最后有真实体验；学生主动活动，参与面大，活动量大；得到实践锻炼，能力得到提高；以活动促进发展，有标新立异、有创新成果；知识面有所拓宽，方式方法多样，体现学会学习	

表 7-3-2　学生创意创新创造综合评价单

评价项目	评价要素	课程内	评价记录
创意能力	是否有新点子，有新想法，不拘泥于现有的形式和内容，另辟蹊径	基础课程中注重发掘学生的创意，鼓励学生头脑风暴式的想象	
创新能力	能否将新想法付诸实践，独立或团队进行可行性分析和探讨	在提升课程和实操课程中引导学生独立思考、独立动手，将创意付诸实践	
创造能力	突破现有的条件，动手将头脑中的创意一步步实现，实现思想到实物的飞跃	主要在提升课程中体现。教师引导学生不断尝试新想法、新方案，由学生自己动手实践	
综合描述			

表 7-3-3 学生创意创新创造素质测量表

	创新能力要素	表现程度(%)				
		5	4	3	2	1
提出问题	注意并观察社会、生活现象,形成知觉认识					
	注意事物的细节,能在复杂的现象中发现问题,提出新异而且重要的有一定难度的问题					
	能够清晰准确地表述你的问题,知道问题的范围和性质					
创新能力要素		表现程度(%)				
		5	4	3	2	1
提出假设	对选题相关知识了解完整,概念清楚					
	对选题产生自己的看法,善于搜集和分析资料,并能寻找线索和方法去充实自己的看法					
	依据一定的事实知识和逻辑判断,提出一个有价值的假设					
创新能力要素		表现程度(%)				
		5	4	3	2	1
制订计划	思维发散,提出的研究方案细致周密					
	能选择恰当的研究方法验证假设,知道方法的实质,能够实施并很好操控					
	计划、监控自己的研究,并能不断修正完善					
创新能力要素		表现程度(%)				
		5	4	3	2	1
研究过程	能从数据中分析得出有价值的判断					
	对比、联想、类比,推理得出自己的观点					
	通过研究形成新知识,新体验,并将其有效地组织起来					
	对研究结果知道不足,能接受不确定性					
	知道自己的努力方向和研究价值					
	研究充满愿望,力图有效解决一定的现实问题					
创新能力要素		表现程度(%)				
		5	4	3	2	1
分析讨论	观察能发现事物之间的相同点和不同点,以及细微变化					
	不盲从,能够根据一定的知识判断行事					
	资料整理与处理归纳分类准确					

续表

创新能力要素		表现程度(%)				
		5	4	3	2	1
评价反思	研究中保持客观,正确看待因果关系					
	知道自己在什么范围内研究,对对象、形成的结果认识清楚					
	研究方法运用清楚,明显产生效果,对研究突破较大					

表 7-3-4　创意课程研修证书

证书编号:　　　　　　　　　　　　　　　　　　　　　　　照片

创意课程研修证书

创意语言课程

同学于　　年　月—　　年　月,参加了《创意语言绽放思维》版块基础课程(拓展课程 提升课程)的学习,共计　学时,经考核合格,准予结业。

授课教师:　　　　　　　校长:

年　　月　　日

表 7-3-5　创新课程研修证书

证书编号:　　　　　　　　　　　　　　　　　　　　　　　照片

创新课程研修证书

创新设计课程

同学于　　年　月—　　年　月,参加了《创新设计、拓展素质》版块基础课程(拓展课程 提升课程)的学习,共计　学时,经考核合格,准予结业。

授课教师:　　　　　　　校长:

年　　月　　日

表 7-3-6　创造课程研修证书

证书编号:　　　　　　　　　　　　　　　　　　　　　　　照片

创造课程研修证书

创造发明课程

同学于　　年　月—　　年　月,参加了《创造发明、体验成功》版块基础课程(拓展课程 提升课程)的学习,共计　学时,经考核合格,准予结业。

授课教师:　　　　　　　校长:

年　　月　　日

四、“三创”课程评价内容的案例实施

案例 7-3-1：

剪纸社团——校本课程纲要

教师 李 靖

授课对象：三、四级学生20名

课程类型：国家课题 剪纸社团-剪纸的生活乐趣

课程简介：剪纸是我国优秀的民间传统艺术。我国著名教育家陈鹤琴先生说过：“学生应有剪纸的机会。”他认为剪纸可以使学生安静下来，专心致志地干一件事，还可以使他们练出一双灵巧的手，而手巧往往意味着心灵美，这是因为手部肌肉群的训练有利于大脑的开发。它制作材料、工具极其普通，方法简便，集审美与实用于一身，很多学生都喜爱有加。这样的课程力争给学生提供一个自主探究、展现个性创造及感受、体验剪纸艺术的平台，让同学们享受剪纸艺术的快乐。

课程目标：

1. 了解剪纸艺术的历史，教育学生继承民俗文化，激发对剪纸艺术的追求。

2. 了解剪纸的相关知识，认识一定的剪纸语言和表现手法。

3. 掌握一定的剪纸(或刻纸)技法。

4. 培养学习兴趣，受到美的感染和熏陶，提升审美、观察、动手等综合能力，锻炼学生的意志；引导学生把生活与学习的感受转换成剪纸形式，表现自己的童年乐趣。

5. 发展学生的个性，更多地体验成功的快乐，享受愉快的童年生活，培养热爱生活的情感。

课程内容：

主　　题	内容和活动
趣味剪纸	学生资料交流：剪纸的历史和发展、剪纸的文明、剪纸的种类、剪纸的方法以及与自己生活有关的剪纸故事
了解并实践剪纸的方法(一课时)	1. 通过视频(教师示范)了解本学期三种剪纸的创造方法及造型语言的特色 **折叠剪法：**就是将一张方纸折叠三四折后，在上面画上图样，剪好图样展开后，一个后几个图样重复出现围成一圈，并呈圆形。这种形式称为团花。这样的方法也称为折叠剪纸，以此方法可以继续连续纹样的制作 **对称剪纸：**就是将一张方形纸中间对折，在上面画出图样，在设计好那里要剪除，剪好的图样，左右(或上下)两半图样完全吻合。这样的剪纸图样叫作对称剪纸 **阴阳剪纸法：**就是在一张纸上画好图样，剪好后，块块纸片，条条线线都相连—阳刻，刻下设计线，流的底纸多—阴刻。双图对比法 2. 依照剪纸的难以进行实践，教师指导

续表

主　　题	内容和活动
剪纸的图样赏析	1. 视频呈现剪纸的过程； 2. 幻灯片播放剪纸的图样； 3. 观察并交流图样，赏析作品
学习折叠、对称剪法 、自己设计图样剪纸(四课时)	实践课：学习简单植物的折剪，较难植物，拼图；学习较简单动物的折剪，拼图；学习动物的折剪，拼图；学习对称人物的折剪，拼图
了解刻纸 (设计)	幻灯欣赏刻纸作品 视频学习刻纸方法
刻纸实践	实践课：学习剪刻——开心农场

课程实施条件和程序：

课时及安排 ：每周一小时(60 分钟)

资源及经费：为学生提供剪纸需要的剪刀、刻纸刀、彩纸，各色宣纸

场地：一层美术教室(欢乐剪纸屋)

课程评价：

1. 评价内容：课程本身、目标、内容实施以及效果。

2. 评价方式：自我评价、小组评价(展示)、过程评价(好的表扬，不足的改正)、结果评价(展示)等。

3. 评价方法：讨论法、观察法、展示法。

4. 评价者：学生、教师及其他。

案例 7-3-2：

美术校本课程纲要

授课对象：二至六年级部分学生

课程类型：校本选修课

课程简介：

《艺术课程标准解读》在艺术与文化一节中指出：在课程中，一方面增加本民族文化的内容与内涵，使学生通过对民族艺术的学习……懂得尊重地方民族文化传统，学会感受各民族艺术的风格和丰富文化内涵，增强对民族文化的了解和热爱……同时，民族文化传统的学习还是小学艺术、美术课程的重要组成部分，因此，综合性的课程建设应该以自己的民族艺术文化作为基石，这将会对弘扬民族艺术文化发挥重要的作用。将民间美术的学习纳入校本课程资源，丰富传统艺术教育内涵。以学生乐于接受、生动活泼的形式，让学生参与实践活动，获得真实体验，实现传承、发展传统文化的作用。

我们开展了《以民间美术为切入点在小学中开展传统文化教育的实践探究》，根据已有的课程体系，将“传统文化教育”纳入学校的拓展课程之中，作为艺术领域的学习内容开展学习实践活动。“剪纸、皮影、泥塑、年画、编织、扎染、中国传统造纸、折纸”这八项作为美术学科的拓展课程，丰富了课程内容。将课题研究与课程建设结合，深入推进学习活动。

课程目标：

1. 以学习民间美术为切入点，弘扬中华传统文化，探索出小学生学习传统文化的途径。

2. 培养学生美术审美能力、表现能力、创造能力实践能力，培养学生创新精神。

课程实施：

1. 二至六年级学生以选修的形式在专用教室展开教学活动，每周1课时。与课后1小时整合，美术组教师分工承担8个课程。

2. 老师们将图书、视听和媒体等多种形式引入课堂，开展了实践。经过研讨，老师们初步形成了这样的课堂流程：观察—鉴赏—创作—评价—拓展五个环节。

3. 教学中遵循审美规律，从单纯的技能、技巧学习，拓展到美术文化的学习，多给学生感悟艺术作品的机会，引导学生开展想象，通过欣赏、比较、讨论、创作等方法，引导学生体验、思考、鉴别、判断，努力提高他们的审美情趣，感受工艺文化的博大。

课程内容：

学习“剪纸、皮影、泥塑、年画、编织、扎染、中国传统造纸、折纸”的历史文化和技能。

课程实施条件和程序：

课时及安排 ：每周一课时(60分钟)

资源及经费：学校的民族传统文化专项经费支持，学校资源中心进行物质保证

场地：美术专业教室

课程评价：

1. 即时评价

在每次教学过程中，根据学生在活动中参与的态度和在活动的表现，采取互评、小组评价及教师评价等方式，以小组内互评为主，主要评议“活动情况”“活动成果”两方面。

表例如下：

第______组　组长：______　组员：______

分类	评价内容	评价结果		
		★★★	★★	★
活动情况	参与态度	主动积极参加课程实践活动	能参加课程实践活动	能在老师或同学的帮助下完成各课程活动的任务
	合作态度	积极地相互支持、配合，并能帮助他人	相互支持、配合	能在小组成员的帮助下进行合作
活动成果	扎染作品	具有较强的实践动手能力，能在老师指导下独立完成作业	能在老师或同学的帮助下基本独立的完成作业	能在老师或同学的帮助下完成作业，并在学习过程中养成实践动手能力

2. 阶段评价

每个单元结束，将学生的作品进行展示。由教师、学生对作品的制作和设计进行评价。

3. 综合评价

根据学生一学期的课堂活动参与度、活动的有效性、作品的质量给予综合的评价。分别

选出创新力强、动手能力强的同学。

案例 7-3-3：

创意饺子——中国传统美食文化

授课教师：田金梅

授课对象：六年级

课程类型：校本选修课

课程简介：

民以食为天，一个社会的繁荣昌盛是以丰衣足食为前提的，我国的饮食文化博大精深，源远流长，是民族传统文化的重要组成部分。

特别是在不同的节日吃什么更有许多寓意和讲究。中国人最讲究、最为看重的是大年除夕这顿饺子(也叫“年夜饭”)，这是祖祖辈辈血脉里传承下来的文化基因，全家人其乐融融在一起吃年夜饺子，以示来年财源茂盛、平安吉祥、幸福康健、人丁兴旺等美好期望与祝愿。饺子虽小个中天，但却蕴含着丰富的文化内涵。因此，学生在学习互动的过程中，一方面可以学习如何更加科学地烹饪、平衡膳食及营养的合理搭配；另一方面学生在动手操作的过程中，能进一步深刻感受我国传统饮食文化的深刻内涵。

课程目标：

1. 通过学习，学生能了解饺子的起源。

2. 通过学习，学生可以掌握科学烹饪、平衡膳食及营养的合理搭配等方面的基本知识。

3. 通过学习，学生可以掌握科学烹饪的基本技能，学会制作饺子并能在饺子的外形花式、烹饪方法、创新饺子制作，体验劳动和创造的乐趣。

4. 通过学习，孩子们能在动手操作的过程中，对中国饺子文化的内涵有进一步的了解和体会，并在此基础上对传统饮食产生浓厚的兴趣。

课程内容：

一、饺子文化的深刻内涵

二、欣赏饺子文化

(1) 来自各地的具有民族特色的不同饺子的花样(实物或图片)

(2) 舌尖上的中国——饺子篇(观看视频)

三、饺子的制作(和面)

四、饺子的制作(擀皮)

五、饺子的制作(料馅)

六、饺子的制作(不同包法)

七、饺子的制作(成品制作——煮饺子的技巧)

八、饺子的制作(创意饺子)

九、饺子的搭配美食

十、美食的共享

课程实施所需要的条件和保障：

饺子制作的工具

课程评价：

一、评价原则

（1）体现学生在评价中的主体地位

本课程建议让学生成为评价的主体，因为这样有益于学生认识自我、树立自信，有助于学生反思和调控自己的学习过程，从而有利于促进学生操作能力的发展。每一课的评价都基本上由学生来完成。

（2）注重形成性评价对学生发展的作用

评价的目的是为了学生更好的发展，因此，本课程建议对学生进行形成性评价。对学生每一堂课上的表现、所取得的成绩以及所反映出的情感、态度、策略等方面的发展作出客观的评价。同时让学生同伴、教师和家长共同参与评价，注意评价的正面鼓励与激励作用。

（3）注重评价方法的多样性和灵活性

教师应注意根据学生的年龄特征和学习风格的差异采取适当的评价方式。如学生对某一道菜的操作不理想，可以暂不评价，指导后让学生重新操作，再进行评价。

二、评价实施

1. 将优秀面食作品的学生名单及优秀活动日志、作品上交学校展示。

2. 为优秀学生下发“小小美食家”证书。

3. 面食节活动评分标准（满分 100）

评价 分值 评价内容	A	B	C	D
饺子设计具有创意	30 分	28 分	26 分	24 分
对饺子文化的理解有新意	20 分	18 分	16 分	14 分
记录详细、感悟深刻	50 分	48 分	46 分	44 分

第四节　课程评价的策略与方法

一、课程评价的策略

所谓策略，在《现代汉语词典》中有两个解释：一是根据形势发展而制定的行动方针和斗争方式；二是讲究斗争艺术，注重方式方法。由此可得出，评价策略比评价方式方法高一个层次，且不只包含方式方法，还会涉及评价目的与功能、评价对象、评价内容、评价标准、评价主体等多种要素的灵活运用和安排。因此，本研究综合考虑课程评价的意蕴和理念，拟从评价内容、评价标准、评价主体和评价方法四个方面对课程评价的策略进行讨论。

(一) 注重评价内容的有机性

教育是一种有机的教育,即一种有根的、整合的、和谐的、容他的、感恩的、创新的和审美的教育。这种有机教育打破了以往教育的机械性思维,将知识视为一种兼顾多方面的动态整合体,将人看成是一个身心和谐发展的有机整体。作为教育的“得力助手”,课程评价肩负着协调课程参与者的发展与转变的使命,是一种开放的、人本的课程评价。因此,评价内容作为课程评价活动的载体,它指称的是评价对象所具有的某些具体特质和要素。在进行课程评价内容的选择和确定时,必须实行有机性的策略,以开放的心态对课程本身、教师、学生以及教学过程等评价对象展开多方面、多层次、多阶段的整体性评价。

(二) 实行多元流变的弹性评价标准

现代课程评价过于追求对评价对象的预测与控制,过分强调评价的题别与选拔功能,对精确和量化的评价目标十分依赖,它将课程看作一种静态的计划、方案,课程评价具有同质性,这与评价对象的差异性之间是不匹配的,对学生潜质的开发和全面发展是不利的。课程是一个开放复杂的系统,也是一个多元流动的过程,关于课程的评价不仅涉及课程本身的发展,还涉及课程中“人”的发展。关于课程评价的目的,既要统筹课程的发展、学校的发展,也要兼顾教师和学生的发展;不仅要提供课程决策、学校课程设置与教学安排的依据,还要提供给教师和学生协调转变、欣赏自我和享受喜悦的过程与机遇。相应地,评价范围广泛,评价对象具有复杂性和开放性,评价过程具有流动性和情境性。因此,评价的标准不能只是依据预设的、可量化的目标,还应该充分考虑课程展开过程中不同情境的变化,尤其要正确对待课程系统中的偶然事件、突发状况、错误与干扰等。正如多尔所言:“错误不再只是需要更改的欠缺,它们也为发展和转化能力提供洞察力”。换言之,必须承认课程评价的目的与标准具有多元化与流变性的特质,而课程评价的本质是一种价值判断,还需要在评价过程中促进一系列价值主张和利益因素的互动,即价值协商。通过价值协商促进多元的评价目的之间、评价标准之间的相互融合。因此,在进行课程评价时,需要把握两个步骤:第一,建立多元流变的评价标准;第二,实现多元流变评价标准的融合。

(三) 建立多方参与的协商评价机制

思维主张人的存在是一种关系的存在,“自我”是通过他人来进行界定的,在这种主体间性的关系中,个体与他人是一种平等交流、友好合作的关系,每个人都有自由发言的权力,尊重他者的他者性成为一种美德。映射到课程评价中,就是鼓励参与评价的人员大胆地表达自己的思想观点,提出自己的不同见解,这就涉及课程评价主体多方协商参与的问题。这种评价主体多元化的思路“打破了现代课程评价中评价者与被评价者的线性关系,扩展了评价者的角色期待,提高了具有多元价值标准的评价结果的质量,以及扩展了多元评价结果的使用范围及建立评价主体多方参与的协商评价机制,需要思考三个基本问题,分别是多方参与的课程评价主体有哪些?他们之间的关系如何?以及如何协调他们之间的关系?

(四) 倡导多元化的质性评价方法

课程评价的方法多种多样,人们主要将其分为两大类:量化评价与质性评价。量化评价力图把复杂的教育现象和课程现象简化为数量,进而从数量的分析与比较,推断某一评价对象的成效虽然它能够在一定程度上提高评价效率,体现评价的客观性,但它忽视了对课程情境的真实理解,忽视了人作为一种主体性存在的复杂性和开放性,将一些不可视的东西数量化了。质性评价充分体现了课程文化的情境体验和偶然生成,将其作为一种主要的评价方法运用于课程评价领域,符合课程评价内容的有机性和开放性,评价标准的多元性和流变性,评价主体的多方协商参与性等要求。它不仅强调评价者和被评价者的多元互动参与,还重视对个体的独特体验和行为意义建构进行解释性的理解,它在理论与实践中越来越受到人们的重视和广泛运用。例如,“在进行背景评价时可以采用系统分析、调查、访谈、座谈、诊断性测验、文献法等方法;在进行过程评价时可以采用描述性评价、故事评价、个案评价、苏格拉底式研讨评定法等;在进行成果评价的具体操作时,可以借鉴档案袋评价、实作评价、测验法、问卷法、观察与访谈、360 度评价法等方法①。”在课程评价领域,每一种评价方法都有其优点和不足,都有其适用的领域和范围,不存在好与不好的问题,只存在适不适合的问题。课程评价具有很强的包容性,在大力倡导质性评价方法的同时,并不排斥量化评价方法,只是需要区分其适用场合、适用情境,并对其进行慎重选择,但“主流”还是多元化的质性评价方法。因此,本研究拟对档案袋评价、苏格拉底式研讨评价、鉴赏与批评等三种比较典型、使用比较广泛的质性评价方法进行探讨。

二、课程评价的方法

普通课程中一切符合三创课程特点的评价方法都是三创课程评价方法借鉴的对象。这里选取几种典型的课程评价的方法进行介绍。

(一) 档案袋评定

所谓档案袋评定(portfolio assessment)是利用多种形式收集有关学生的记录,并对记录进行分析进而针对学生的发展情况所进行的一种评价方式。档案袋评定由学生自己选择需要包含的内容,并积极的评价和记录自己的进步,同时,教师通过建议标准对其选择进行指导。因此该种评价方法主要具有以下两个特征:(1) 自主性。档案袋评定虽然以学生、教师、学校管理者、家长以及社区人士为主体,但它认为学生是档案袋内容的主要决策者,因而强调学生的控制力。在三创课程评价中,学生具有一定的决策责任和决策权。学生不再是被动的评价者,而是拥有评价过程并将评价作为自我提高的积极的评价主体。这样,学生在收集记录的过程中,更能被激发出自我反思和自我评价的需求。(2) 发展性。档案袋评定的另一个突出特点是重视智育成绩得同时,更强调人文素质、解决实际问题的能力和个人的

① 赵新亮,周娟.校本课程评价的内涵与实施策略[J].教学与管理,2011 (4):30-31.

创新能力的提高。为了学生的全面发展,三创课程评价关注对评价对象在情感态度、价值观及创新意识方面的综合考察。处于高等教育阶段的学生具备较成熟的心理和行为判断能力,对于档案袋的内容,学生能够自主思考如何将自己的长处表现出来,并且对于自身的短处进行反思。这使得档案袋评定法的使用更加充分。

依据不同的使用目的和提交的对象等,可以将档案袋评定分为不同的类型 。如美国南卡罗纳大学教育学院教育心理学教授格莱德勒(MargaretE. Gredler)就以档案袋的不同功能将档案袋评定分为理想型(ideal)、展示型(show case)、文件型(documentation)、评价型(evaluation)、课堂型(class)等五种,其中以理想型最有代表性。理想型档案袋评定主要由作品产生过程的说明(biographies of works)、系列作品(arrange of works)和学生的反思(student reflections)三部分组成。作品产生过程的说明是指关于主要学习计划产生和编制的文件记录,这部分展示的是学生选择计划时的想法和理想;系列作品是学生在完成某项学习计划的过程中创作的作品集,它体现了学生取得成就的广度;学生的反思,是要求学生扮演批评家或传记作家的角色,描述作品的特征、已实现的目标等,这样的反思不仅让学生更清晰地了解自己的学习情况、明确努力的方向,而且为培养他们自我反思和自我教育的习惯提供了更多的可能。

如以伦理和社会事务为内容的档案袋,学生用表演一场辩论、写作一篇论文、用小说或戏剧的形式探讨一些关于伦理和社会事务的重要问题,并创制一个计划,以证明他们有能力多视角的看待世界、斟酌和利用证据,最终理性解决这些问题。在此过程中,他们要完成档案袋的内容,必须学会探究、分析、管理、批评、反省并呈现自己的观点。教师只是一个指导者,参与学生档案袋内容的完善,并在需要的情况下和学生一起协商、分析和探讨档案袋的内容。

(二) 苏格拉底式研讨法

苏格拉底式研讨法是将学生在“班级参与”(class participation)和“课堂讨论”(class discussion)中的表现作为学生学业成绩评定的一部分,是一种关于选择文本并且挖掘其中蕴含的主要思想的谈话式的方法。这种评价方法鼓励学生参与评价,并在评价过程中表现自己,展现自己的主见和思考的过程。在班级参与中,学生和教师都是讨论的主体,也是评价的主体。各个主体间相互带动,引发对当前问题的研讨。在此过程中,参与者的批判性思维、公众演说技能以及人际交往能力有比较充分的展示,理所当然成为评价信息的重要来源。同时,这种评价的方式也是对参与者以上能力的一个培养和提高。苏格拉底式研讨法在本质上来说,源于解释哲学:评价参与者互为主体、相互渗透,知识形成于主体间的不断建构和检验。

芝加哥哲学研究所(the Institute for the Philosophical Research)所长莫蒂默·阿德勒是苏格拉底式研讨法提出者。作为杜威进步主义教育信条的坚信者,他认为教育需坚持知识的获取、智力技能的发展和思想与价值理解的扩展三个目标。其中,前两个目标分别可以通过说教性的教学、教科书的使用、具有覆盖性的内容领域和听、说、读、写等技能方面的练习得到实现,而思想和价值理解的扩张这一目标则要通过苏格拉底式的提问法和积极的参与来完成。阿德勒还认为让所有的学生在第三个目标领域中有所成就是学校教学的终极目的,即苏格拉底式探讨法是充分展示学生生命意义和价值的评价方法。不难看出,苏格拉底式探讨法与三创课程评价的终点不谋而合,都是为了谋求作为社会性主体的人的价值和发展。同时,三创课程阶段的评价主体的思维相对成熟,也为苏格拉底式探讨法的施展提供了有利条件。在这种评价方式中,不论学生、教师还是评价专家或者是教育管理者都是平等的参与主体。传统观念下处于主导地位的后三者在这里只是在评价程序中起组织作用;在实体性上,他们平等的参与有关评价的讨论。

苏格拉底式探讨法有以下几个具体步骤:第一,明确教育结果,这些结果可以是听说读写的技能也可以是批判性思维等。第二,选定研讨采用的文本,文本可以是能促进学习的学科内或者跨学科的一切文本,不受课程大纲的限制。第三,对探讨内容成就做出预研讨,即学校在正式的苏格拉底式探讨之前与文本之间的交互。第四,设立目标,学校设立提高对话的行为目标,包括完整地聆听对方,允许参与者平等地轮流发言等。第五,由教师提出一个起始性的问题,这个问题没有标准答案,但必须能引起研讨者的好奇心,并通过研讨能引发对文本更广泛、更深刻的理解。第六,选择或者设计能够记录研讨过程的简明记录表或者公式,以便为评价提供客观依据。第七,利用多种方式完成评价。最后,对内容和反思活动进行研讨。在该种方法中,以学生为主体的参与者平等的表达自己的想法,展现自身的思维方式,真理的对话中越辩越明,激发学生不断学习和探索的热情。三创课程评价中,苏格拉底式探讨法突出的特点在于,参与者虽然有争辩,但大家都是以寻求人类真理为准绳,而非陷入无休止的争论对错中去。

例如对文学领域中春秋战国时期作品的研讨,若采用苏格拉底式探讨法,则首先由学生选取至少一部(从列出的若干部作品中选择)该时期的文学作品进行阅读。其次教师由提出启发性的问题:为何该时期各学派思想百花齐放,竞相争艳?你是否有偏好的学派,原因为何等。对问题的研讨又分为口头参与和其他参与两部分,前者包括:(1)学生用所选读的书中的例子或人物作为证据说明问题并支持自己的观点,将书本与观点建立联系。(2)在问题研讨中做出相关的评论,参与者对彼此之间的观点作出反应,以有利于扩大和加深对文本和问题的理解。(3)参与者基于主动心而非被动地参与研讨。(4)提出澄清和加深对观点讨论的问题。后者主要是指参与者准时参与研讨,并在研讨过程中用身体语言表达对其他参与者的关注,尤其是不贬低或非难别人的观点,表现出充分的尊重。再次,设计或选择一个简明的记录表对参与者在研讨中的表现进行记录;最后以记录为主要客观依据进行评价,并对评价结果进行反思。

(三)纸笔任务法

纸笔任务法与传统的测试方法有很多的相似之处,一般也是由一些笔试的问题和笔写的答案组成,但两者的区别也十分明显,即纸笔任务为评价主体提供展示能力的机会,使其利用自己的知识和技能来解决真实世界中的任务。这种方法最大的特点是情境性特别强,因而要求学生不仅要具备一定的知识和技能,而且要对社会角色的转变有非常高的灵敏度。

在纸笔任务法中,学生往往被赋予某种角色身份,这种角色需要在问题情景中完成某项任务，任务必须体现角色的定位。当然，这一任务的完成需要教师的指导和同伴的帮助，教师会从任务的目标、完成步骤以及要求等方面提示学生如何进入角色，展示自己的知识和技能，表达自己的情感。以经济学中的一项纸笔任务为例①。

学生被赋予的角色：一家企业的首席执行官。

角色定位：管理得当，使得企业获得大部分市场份额的能力型领导者。

问题情境：几个新的企业进入市场掠走了你的部分市场份额，你对市场的控制将会减弱。

任务目标：在不到一个月的时间里为董事会提出一份短期和长期内解决该问题的方法。

完成步骤：

· 定义这个问题；

· 准备数据以阐明目前的情形；

· 准备数据以阐明一年以后的情形；

· 建议今天要采取的行动；

· 建议一年后要采取的行动；

· 讨论你们公司在半年及一年后的市场地位。

任务要求：

· 用公式简要陈述供应、需求、弹性和平衡；

· 拟订供应、需求、成本、收入的计划；

· 将所有的工作图表化；

· 书面提供现在和将来的市场情形分析报告，包括市场的总体报告和你们公司自身的报告。

· 展示今天的总体需求并预测一年后的总体需求。

· 展示市场今天及一年后对你们公司产品的需求。

· 以正式报告的形式向管理董事会展示你的发现并提出预测和建议。

纸笔任务法在三创课程评价中具有明显的使用优势，原因在于角色假设和所处情境与真实情境更具有可比性。三创课程阶段的学生对于社会形势的判断更加准确，因此更能够融入角色，适应情境，这对于他们的身心培养更具有价值。

（四）嵌入式评价法

嵌入式评价法（Course-Embedded Assessment，CEA）是美国北科罗拉多州大学（The University of Northern Colorado）的课程委员会为改善课程评价，于 2001 年运用于所有课程中的一种评价方法。这种方法是教师在课程教学的基础上，用一种不受外界干扰的系统化方式，把学生的作业按课程目标各个方面评出等级来衡量其学习的效果的过程。也就是说，教师对自己所教授的课程要有足够的研究，以便确定学习目标，进而将学习目标分成若干方面，并设计出这些目标的评分准则，依此给出学生表现的等级。在此过程中，要详细记

① Dr. George J. Posner. 课程分析[M]. 3 版. 仇光鹏，韩苗苗，张现容，译. 上海：华东师范大学出版社，2007：278.

录下相关数据，并标明该课程需要改进的地方。这些相关数据能提供许多问卷调查和书面测试所不能提供的信息。课程嵌入式评价法的程序一旦明确下来，很容易进行操作。这些步骤大致如下。

1. 为使课程目标与学校整体的课程目标一致，适当地对当前的课程目标进行调整。如北科罗拉多州大学的英语写作的课程目标被规定为：(1) 在制作统一的相关文件中展示批判和创造性的思维(包括认知、理解、分析、综合和评价)。(2) 展示随目的、听众和内容变化而变化的言语表达策略能力。(3) 在写作中纳入素材的能力。(4) 构建文章连贯性的能力。(5) 展示对标准英语用法、语音及拼写的知识和理解。对于一些内容较宽泛，教学目标很难定义的交叉学科的课程，由教师集体讨论，找出对策。如该校的社会科学课程目标被规定为：(1) 理解概况、国际视野或纪律的哲学假设。(2) 理解方法和研究技能。(3) 理解纪律的原则和理论。(4) 展示与当前相似的问题(什么时候适宜)。这样，全体教职工和学生都会很明确在教学中应作何种努力。

2. 制定课程各个目标的评分准则。评分准则需要简要解释在每个相关目标中，用于评价学生表现的标准(何为卓越、精通、部分精通、不精通)。在评分准则下存在多项选择题、简答题、论文以及研究课题等多种评分方式，以便于教师自由的选择某种或多种的组合。

3. 运用课程目标评分准则去检验学生的学习效果。如北科罗拉多州大学对大学写作课 879 名学生进行学习情况评估，发现达到或超过目标的学生只有 57%，为全部达标的学生占总人数的 43%。虽然结果不尽满意，但这一过程为教师下学期教学的改进提供了依据和方向。

4. 向地区课程委员会提交报告。报告主要包括学生学习情况检查结果、评分标准、教师关于教学效果的反思以及改进意见。

5. 学院结合地区委员会的意见，对收集的原始数据进行在分析，修订课程本身及课程目标。嵌入式评价法使课程的实施成为一个整体，各任课教师常常有一些交流和沟通，甚至一起备课，经验得到积累和交换。在课程评价中使用嵌入式评价法的好处在于，将看似抽象的课程目标进行分解，并且在分解的过程中考虑学生、学院、学区课程委员会等一系列的因素，使得目标的分解更具有科学性。课程目标的评价变得真实并可操作。

(五) 鉴赏与批评

自艾斯纳提出教育鉴赏与教育批评的概念、模式以来，学者们不断对鉴赏和批评进行相关研究。有学者将其作为一种评价模式，系统探讨了教育鉴赏、教育批评的内涵及其相互关系，以及教育批评的构成要素、信度、效度和概括化等问题①。还有学者将其与课程评价的研究模式进行价值取向、评价标准、评价方法等方面的比较②。鉴赏与批评是艾斯纳从艺术中借用的两个评价概念，它们主要用来拓展和调整课程评价的概念和实践。鉴赏是一种私人的欣赏行为，它指向的是评价对象的一种内在美，而批评是一种公

① 李雁冰. 质性课程评价研究[D]. 上海：华东师范大学博后研究工作报告，2000：49-56.

② 沈琪美. 课程评价的研究模式与鉴赏模式之比较研究[D]. 长沙：湖南师范大学硕士学位论文，2012.

共的描述和评判行为，它是“把组成课程计划和课程活动的那些必要的、不可言喻的特质，翻译成有助于他人更深刻地理解这些计划和活动的语言”①。这两种评价行为都具有开放性、生成性、内在性和多元性等特征。因此，可以将鉴赏与批评视为一种具有思维特征的质性评价方法。这种评价方法充分体现了评价的内在价值与外在价值的统一，通过鉴赏的眼光明确评价对象的内在价值，并通过批评将这种内在特征表现出来，促进人们对评价对象和评价内容的充分理解。在这个过程中，评价者成了艺术鉴赏家，而评价对象和评价内容成了艺术品。

三、“三创”课程评价的策略方法

“三创”课程评价没有固定统一的策略及方法，因为“三创”课程强调本身创新、创意、创造，固定于某一个具体的策略和方法就不能体现出三创课程的特点，也会对三创课程的开设及发展构成障碍。因此，对三创课程的评价主要是教师们结合自身开设的课程选择适合的评价方式和策略。

四、“三创”课程评价策略的案例实施

案例 7-4-1：

讲故事课程纲要

授课教师：吴艳霞

授课对象：二年级的学生 10 名

课程类型：校本选修课

课程简介：生活中，很多父母都喜欢给孩子讲故事，那么，是不是随便拿起一本书就讲给孩子听呢？当然不是。故事要有特点，要适合口耳相传，要有时间和场景，更要有对话。在讲故事过程中，如遇到问题，可设一个特定的条件，让孩子想办法解决：如上学时下雨了，没带雨伞怎么办，皮球掉进沟里如何捞起来等，这些有助于调动孩子丰富的想象，锻炼其扩展性思维。让孩子根据故事内容，对其中人物的行动、品质的好坏等作出评议，这样可培养孩子的是非判断能力，达到教育的目的。同时，故事会让孩子们渐渐变得有自信心、爱交朋友，对花草树木也更加爱护，尤其对阅读的兴趣会越来越高，希望通过讲故事，让孩子爱上阅读，让孩子童年洒满书香与快乐。

课程目标：

1. 激发学生讲故事的兴趣，树立自信心。
2. 激发学生阅读兴趣，提高语言表达能力。
3. 培养学生的是非判断能力，达到教育的目的。

① 李雁冰.质性课程评价研究[D].上海：华东师范大学博士后研究工作报告，2000.

课程内容：

主　　题	内容和活动
听故事，感受故事的美，激发讲故事的兴趣	听鞠萍阿姨讲故事、听老师讲故事、听小雨姐姐讲故事，感受故事的美，激发学生对本课的兴趣
复述故事、培养语言表达能力	一个故事多讲几遍，复述后可简要给学生分析故事情节和人物，教学生学故事中的对话，在不断启发帮助下，最后发展到让学生自己能复述整个故事内容
轮流讲故事	老师先讲一个，学生后讲一个，比比看谁讲得生动。记住：只要学生讲得不错，应多给鼓励，这样可提高学生的自信心和表达能力
轮流讲故事	
听后评议	给学生讲完一个故事后，让学生根据故事内容，对其中人物的行动、品质的好坏等作出评议，这样可培养学生的是非判断能力，达到自己教育自己的目的
补充故事	先由大人讲一段故事，让学生根据故事的发展接着讲下去，大人可以假设几种结局，以引导孩子打开思路，发展想象的空间
补充故事	
多联想	在讲故事过程中，如遇到问题，可设一个特定的条件，让学生想办法解决：如上学时下雨了，没带雨伞怎么办，皮球掉进沟里如何捞起来，大人不在家突然起火时你该如何办等，这些有助于调动学生丰富的想象，锻炼其扩展性思维
常表演	学生最具有表现欲，总希望自己的行为、话语受到大人的赞扬。大人要常引导孩子一起通过对话、动作和表情来再现故事。鼓励常表演，在游戏中学习，学生开心，收效也大

课程实施所需要的条件和保障：需要提供相关故事书与本课相关的故事视频，一些头饰。

课程评价：内容与标准：学习兴趣与参与态度、学习方法与思维习惯的养成、课堂参与活跃度、学习成果等方面。（具体见校本课程评价细表）

评价方法：

包括自评、同伴评、教师评、家长评四部分，以星级方式评价。每月评价1次。

附：校本课程评价细表

姓名：　　　　　　　　　　班级：

评价内容	评价方式			
	很棒☆☆☆	好 ☆☆	加油 ☆	
兴趣与态度				
方法与思维习惯的养成				
课堂参与活跃度				
学习成果				
总评				

案例 7-4-2:

剪纸——校本课程纲要

授课教师:杨春芳

授课对象:五年级学生

课程类型:校本选修课

课程简介:剪纸艺术是中华民族的传统民间工艺,它源远流长,经久不衰,是中国民间艺术中的瑰宝,已成为世界艺术宝库中的一种珍藏。是中国最普及的民间传统装饰艺术之一,因其材料易得、成本低廉、效果立见、适应面广而普遍受欢迎;可作实用物,又可美化生活,其造型特点尤其值得研究。剪纸所使用的工具材料比较简单,一把剪刀、一张彩纸就可以进行剪纸创作。农村小学生受地域影响,课余生活比较单调,兴趣爱好也不十分广泛。而剪纸艺术产生于民间,生长于农村,是广大小学生所喜闻乐见的。他们对剪纸有着浓厚的兴趣。我班特开设"剪纸"这门校本课程,从而培养学生热爱中华民族艺术,继承与发扬民间艺术的情感,发展学生的个性和特长,培养学生的创造能力和创新能力,提高学生的审美情趣。

课程目标:

1. 了解剪纸的发展过程,剪纸不同风格,以及不同地域,不同艺术风格的剪纸及特点。对剪纸的剪、刻、撕等技法知识的理解和掌握,使学生掌握形成剪纸作品的基本知识。

2. 通过剪纸课的训练,使学生学会剪、刻、撕等基本剪纸技法,结合中外作品欣赏,培养学生的观察力,想象力和创造力。

3. 剪纸有富有民族性和民间的艺术性,通过对剪纸的学习,使学生增强民族自尊心和自豪感,形成学生独特的文化素养、审美意识、思维方式。

课程内容:

第一单元:剪纸的概述及剪纸的工具、材料和使用方法

具体内容:(1) 剪纸的发展及不同时期、不同地域、不同风格的剪纸作品欣赏。

(2) 工具和材料,及剪纸的刀法等艺术表现形式的介绍。

(3) 剪纸的装裱方法的介绍。

第二单元:剪纸的初步学习及镂空剪法的练习

具体内容:(1) 起稿的介绍。

(2) 外形剪法的学习。

(3) 镂空剪法的学习。

第三单元:折叠剪纸方法的介绍

具体内容:(1) 一折剪法剪纸欣赏、临摹。

(2) 一折剪法创作。

(3) 二折剪法剪纸欣赏、临摹。

(4) 二折剪法创作。

(5) 三折剪法剪纸欣赏、临摹。

(6) 三折剪法创作。

(7) 四折剪法剪纸欣赏、临摹。

(8) 四折剪法创作。

(9) 折叠剪法与平剪法结合练习。

(10) 自由创意不对称剪纸。

第四单元：彩色剪纸的介绍

具体内容：(1) 套色剪纸介绍。

(2) 衬色剪纸介绍。

(3) 分色剪纸介绍。

(4) 染色剪纸介绍。

课程实施条件和程序：

课时及安排：每周一课时(40 分钟)

资源及经费：为学生提供剪纸需要的剪刀、刻纸刀、不同厚度的彩纸

场地：普通教室

课程评价：

1. 评价内容：课程本身、目标、内容实施以及效果。
2. 评价方式：自我评价、小组评价、过程评价、结果评价等。
3. 评价方法：讨论法、观察法、展示法。
4. 评价者：学生、教师、家长及他人。

案例 7-4-3：

海淀区进修附小社区实践校本课程《走进中间美术馆》课程纲要

主讲教师姓名	中间美术馆工作人员、艺术家、学校艺术组教师	课程类型	艺术活动课程	教学材料	中间美术馆作品、中间美术馆举办的艺术活动内容
授课时间	每年三至六月份	授课对象		三至五年级学生	
课程背景	北京中间美术馆是第一批市级民营公益美术馆。中间美术馆位于北京市海淀区西山文化创意大道的西端，是北京西部为数不多的综合性当代艺术机构，以促进全球化时代中国文化艺术与世界文化艺术的研究与交流，推动中国文化的传播和当代中国艺术创作的发展为使命。通过展览、论坛、讲座、沙龙等活动为国内同仁提供更多了解国外艺术发展的渠道和平台，为国内外同仁创造共同促进中国艺术事业的机会。目前中间美术馆已经和美国、德国、法国、英国等国的艺术区已经并正在建立合作关系，每年输送中国艺术家到对方艺术区进行驻地创作的同时，也引荐对方的艺术家到中国来进行创作与生活。这里所说的艺术家，除传统意义上的艺术家如雕塑家、画家、版画家、摄影家外，还包括装置、新媒体、设计、音乐、舞蹈、戏剧等创作者；以及社会学、语言学、哲学、文学、管理学、心理学研究者等。希望通过此平台能够促进对双方的艺术理念、创作环境等方面的了解，并有针对性的举办相应的展览、论坛、学术研究和出版 2011 年，中间美术馆成为海淀区巨山小学的社会大课堂实践基地；2013 年年初，“北京西山青少年创意文化中心”在中间美术馆挂牌成立。美术馆的工作人员努力为巨山小学的师生提供更多的平台，通过各项课程和实践活动，来实现对学生艺术的启迪。参观各类展览、与大师面对面交流、学习，中间美术馆功通过为学生提供一个个亲近艺术的平台和条件，让巨山小学的孩子得到艺术的浸润和滋养，实现了社区教育与学校教育的完美融合				

续表

<table>
<tr><td>主讲教师
姓　　名</td><td>中间美术馆工作人员、艺术家、学校艺术组教师</td><td>课程类型</td><td>艺术活动课程</td><td>教学材料</td><td>中间美术馆作品、中间美术馆举办的艺术活动内容</td></tr>
<tr><td>授课时间</td><td colspan="2">每年三至六月份</td><td colspan="2">授课对象</td><td>三至五年级学生</td></tr>
<tr><td>课程目标</td><td colspan="5">1. 开拓学生艺术视野，了解中西方文化的特点，激发对艺术的向往与追求
2. 培养学生美术、音乐、戏剧等方面的实践能力，提升审美能力
3. 培养学生与人沟通能力，做到举止文雅、落落大方</td></tr>
<tr><td>课程内容</td><td colspan="5">（一）参观国内外艺术家的作品展览
1. 课前准备
（1）在美术老师的帮助下，简要了解西方古代艺术与现代艺术的主要特点，对西方现代艺术崇尚的自由、多元、个性有一定的理解
（2）了解进入美术馆的参观常识和要求，知道怎样做一个文明的参观者
2. 学习过程
（1）在老师和工作人员的带领下参观馆内国内外艺术家的作品展览
（2）找到自己最喜欢的一幅作品，与之合影
（3）做到“不吵、不闹、多看、多思、谦让、有序”，养成文明参观的好习惯
3. 拓展活动
回校后在老师的指导下进一步了解自己最喜欢的那幅作品的背景和内涵，模仿自己最喜欢的作品的风格特点，自己创作一幅作品
（二）与国内外艺术家进行交流
1. 课前准备
（1）通过上网或其他途径，了解此次参展的艺术家的国家、民族、语言、艺术风格、成长经历等背景，对其艺术特点有简单了解
（2）完成自己模仿的艺术作品，进行相应的艺术创作、加工
（3）练习、巩固相应的英语日常用语
2. 学习过程
（1）在美术馆工作人员的帮助下，与艺术家进行面对面的交流
（2）用英语与自己喜欢的艺术家进行简单的沟通，能够自信、大胆、有礼貌的表达自己的见解，举止文雅、落落大方
（3）在与艺术家的交流中，了解艺术家的成长经历和创作故事
（4）将自己创作的作品赠予艺术家
3. 拓展活动
进一步借助网络等媒介，了解艺术家的故事。写出自己参与活动后的感受</td></tr>
</table>

续表

主讲教师姓名	中间美术馆工作人员、艺术家、学校艺术组教师	课程类型	艺术活动课程	教学材料	中间美术馆作品、中间美术馆举办的艺术活动内容
授课时间	每年三至六月份	授课对象		三至五年级学生	
课程内容	（三）参与馆内举办的学习实践活动 1. 课前准备 老师和学生提前了解活动中涉及的学习内容，提前做好参与活动所需的准备 2. 学习过程 (1) 走进活动场地，遵守活动要求，认真聆听老师的讲解 (2) 学习基本技能、技巧，进行简单创作 (3) 与老师进行交流，提出自己的问题 (4) 在老师的指导下，完成自己的艺术创作 3. 拓展活动 利用收获的知识、技能进行动手实践制作				
课程实施	方法、组织形式：三至五年级分年级参与活动，讲授与观摩相结合；学校艺术组教师组织学生；中间美术馆的工作人员或者艺术家主讲 时间安排：三至六月份期间，安排三至五年级参与课程 场地及设备：中间美术馆 班级及规模：三至五年级，分年级参与				
课程评价	1. 自评与师评结合。学生填写活动记录单，并进行自我评价；学校教师评价学生表现 2. 学生上交作品，开展学生作品展览				

第八章

“三创”课程成果设计

第一节 课 程 优 化

一、搭建了较为完善的课程框架结构

学校形成“基础课程、拓展课程、特色课程”的课程结构体系，开发和实施了“强调个性、体验探索、开启潜质”的三创四力课程内容体系。

1. 基础课程，指国家课程和地方课程。基础课程是贯彻国家课程标准的主渠道，整合实施，提高实施的实效性，最大限度完成国家和地方课程育人目标。包括：语文、数学、英语、美术、体育、品德与生活、品德与社会、生活与科技、科学、综合实践、信息。

2. 拓展课程，指在基础课程的基础上的深度拓展，以活动性和操作性为主要特点。包括：快乐阅读、智慧数学、外教英语、小乐手、舞蹈、戏剧、跆拳道、足球、花样跳绳、科学实验、创意纸工、德育校本课程。

3. 特色课程，指依托学校周边的教育资源，与社区协同构建的校本课程。以年级组为单位，结合学生年龄特点利用各类社会实践基地进行各类探究活动。特色课程显现课程的体验性、探究性，启迪学生在反思和探索中形成创新思维。包括：社区实践课程、主题活动课程、研究性学习课程、国际理解课程。

（一）学校整体课程框架

学校总体上把国家课程、地方课程和校本课程，按照不同的功能、任务目标和实施形态，分为“基础课程—拓展课程—提升课程”。基础课程，以班级常态教学为主，完成基础知识、基础思维、基本技能、基本认知和情感态度的培养任务；拓展课程，以年级活动课程为主，与课后一小时融通，完成相关拓展性知识、技能、思维、素养的培养，开发潜能，增强优势；提升课程，以社团实践、研究、创作为主，与各学科实践教学、综合实践活动、社会大课堂等融通，完成课程标准中“专业”素养和完整优势思维、认知智能的培养，海淀区教师进修学校附属实

验小学课程框架如表 8-1-1 所示。

表 8-1-1 海淀区进修附小课程框架

<table>
<tr><td rowspan="4">海淀区进修附小课程框架</td><td rowspan="4">培养有责任心广学识能担当的附小人</td><td rowspan="3">基础课程</td><td rowspan="2">知识奠基</td><td>国家课程</td><td rowspan="2">以班级常态教学实施为主</td><td rowspan="4">完成基础知识、基础思维、基本技能、基本认知和情感态度的培养任务</td></tr>
<tr><td>校本课程基础板块</td></tr>
<tr><td>视野开阔</td><td>地方课程</td><td>以班队会、主题教育和生活化会随机学习为主</td></tr>
<tr><td></td><td></td><td>社区生活课程</td><td></td></tr>
<tr><td rowspan="8"></td><td rowspan="8"></td><td rowspan="5">拓展课程</td><td rowspan="2">知识拓展</td><td>国家课程校本化</td><td rowspan="2">以年级活动课程为主，与课后一小时融通</td><td rowspan="5">完成相关拓展性知识、技能、思维、素养的培养，开发潜能，增强优势</td></tr>
<tr><td>校本课程拓展板块</td></tr>
<tr><td rowspan="3">潜能开发</td><td>地方课程校本化</td><td rowspan="3">以兴趣小组形式为主，与班队活动、社区实践服务、实验课程融通</td></tr>
<tr><td></td></tr>
<tr><td>社区实践课程</td></tr>
<tr><td rowspan="3">提升课程</td><td>认知反思</td><td>社团课程课题学习</td><td>以社团实践与各学科实践教学为主，突出综合实践活动</td><td rowspan="3">完成课程标准中“专业”素养和完整优势思维、认知智能的培养</td></tr>
<tr><td rowspan="2">实践探索</td><td>校本课程提升板块</td><td rowspan="2">以项目学习、创客实践为主，与社会大课堂融通</td></tr>
<tr><td>社会大课堂</td></tr>
</table>

（二）三创课程结构

根据教育部课程建设的总体精神，结合学校原有基础和学生认知规律及生源结构特点，特别是考虑学校教育拓展、升级、创新的需求，统合“模块化＋主题式＋渗透性”资源要素，高立意、多求索、深互动，打造个性化、探究式、建构性特色教学模式，建立学校三创特色课程五个维度结构，以覆盖知、情、意、行各个要素，形成对三创教育及学校特色建设提供支撑的框架体系。

三创课程作为一个动态开放体系，主体部分设计有“创意语言、绽放思维”“创意美劳、滋养身心”“创意数理、开发心智”“创意表演、精彩人生”“创新设计、拓展素质”“创新工场、提升能力”“创造发明、体验成功”“创造生活、丰富精神”“文化传承，敢于担当”“优雅行为、快乐成长”等 10 个主题板块，让校本课程更加科学而富有活力，并形成体系。

二、研制了课程标准和纲要

(一) 课程目标

以“创意·创新·创造”为精神内核,以成长成才成功的素质教育思想为指导,培育引导创意、鼓励创新、推崇创造的校园文化,培养学生的创意智慧、创新思维、创造能力,建设具有全球化视野、开放性思维、开创性思路的学校。

(二) 发展维度

按照学生知情意行的发展维度、终身发展阶梯和兴趣、技能、习惯、欣赏、素养等发展性要素,构建三创四力特色课程坐标。

(三) 学生素养目标

1. 兴趣:按照热衷程度比例测量,一至二年级达到50%;三至四年级达到30%~40%;五至六年级达到10%~20%(社团级别)。

2. 技能:按照初级、中级、高级三个等次测量,一至二年级初级达到30%以上;三至四年级初级达到60%以上,中级达到50%以上;五至六年级中级达到50%以上,高级达到10%以上。

3. 习惯:通过创意创新创造特色课程教学,促进学生良好思维习惯、学习习惯和探究习惯的养成,良好习惯率分别达到:一至二年级达到30%以上;三至四年级达到50%以上;五至六年级达到70%以上。

4. 欣赏:通过创意创新创造特色教学,大幅度提高学生创意创新创造欣赏水平和审美能力,所有学生都能做到:

· 理解创意创新创造观念和原理及其社会价值;

· 了解创意创新创造的人生及其所处的历史环境;

· 懂得创意创新创造一般过程和条件要素;

· 感悟创意创新创造的策略、方法和情态。

5. 素养:30%以上的学生达到:

· 了解创意创新创造相关知识;

· 了解人类创意创新创造简要发展历程;

· 了解至少20位创意创新创造大师的人生和特色;

· 对创意创新创造人文精神和文化内涵有深入理解,具备渗透延展能力。

第二节　资源丰富

课程资源也称教学资源,就是课程与教学信息的来源,或者指一切对课程和教学有用的物质和人力。课程资源的概念有广义与狭义之分。广义的课程资源指有利于实现课程和教学目标的各种因素;狭义的课程资源仅指形成课程与教学的直接因素来源。现有的课程资源是校本课程开发的基础,校本课程的开发必须以此为保障才能开发出更好的校本课程来。课程资源的范围非常广,既可以是校内资源,如学校的办学设施、教师的师资、学校的经费,甚至是学校提供的场地等都可以是课程资源。它又可以是校外的资源,例如大自然,旅游资源这些也都可以作为课程资源的一部分。校本课程的开发需要把,校内的、校外的一切资源合理的结合起来,不管是有形还是无形,只要合理应用都可以转化成有效的课程资源。

在教学中合理的开发和有效利用课程资源,就是要力求营造一个学生能主动参与,积极探索,教与学交往互动的课堂氛围。从而激发学生强烈的求知欲望和探究未知世界的创新动机,使学生学习生物的兴趣具有长效性和持久性。让每一个学生都能在这种课堂氛围中,以轻松愉快的心情去认识和掌握多姿多彩的与人类息息相关的生物知识和技能,从而使学生凭籍自己已有知识、技能和潜在的创造能力来为自己奠定终身发展的基础。

课程资源首先是为学生学习服务的,它主要表现在以下几方面。

1. 通过优化课程资源,力求营造一个学生能主动参与,积极探索,教与学交往互动的课堂氛围。从而激发学生强烈的求知欲望和探究未知世界的创新动机,使学生学习生物的兴趣具有长效性和持久性。

2. 通过优化课程资源,让每一个学生都能在这种课堂氛围中,以轻松愉快的心情去认识和掌握多姿多彩的与人类息息相关的生物知识和技能,从而使学生凭借自己已有知识、技能和潜在的创造能力来为自己奠定终身发展的基础。

3. 通过优化课程资源,构建一个全新的有利于学生全面发展的新的教学方式。以促进学生学习方式的改变,让学生在体验探究的实践中不断地释放潜能,从而使每一个学生都能适应未来生存和发展的科学素养以及充分发展自己的能力。

学校课程资源丰富主要体现在开发了系列校本教材。校本教材是指以学校的校长和教师为主体,为了有效地实现校本课程目标,达到教育学生的目的,对教学内容进行研究并共同开发和制定一些基本的教与学素材作为校本课程实施的媒介,这些素材构成了校本教材。新余一中英语校本教村的编订联持以学生为主体,以学生需求,贴近学生生活为宗旨,调动教师和学生的主动性为根本方法。

按照创意创新创造特色课程总体设计框架,依据课程改革知识与技能、过程与方法、情感态度价值观三个维度,研究确定三创十个主题特色课程模块的内容。具体包括:

1. “创意语言、绽放思维”版块:《智慧双语》,低中高 3 册,每两周 1 次课,每次 2 课时,每两月一个单元,每学年 4 个单元,每册 8 个单元,一至六年级共计 24 单元。内容包括中英文对照的文化经典、诗词歌赋、著名演说、人文地理、动物世界、植物探秘、人际交往、心灵鸡汤等。

2. “创意美劳、滋养身心”版块:《创意美劳》低中高 3 册,每两周 1 次课,每次 2 课时,每两月一个单元,每学年 4 个单元,每册 8 个单元,一至六年级共计 24 单元。内容以小制作为主,以创意＋美育＋劳技为目标,六年普及 24 项修养性技能。全部英文提示,落实双语特色和载体。具体项目包括剪纸、折纸、沙画、叶画、贴画、布艺、面塑、彩陶、扇面、篆刻、纸雕、木雕(儿童枪炮)、插花、贺卡制作、糕点制作、宠物管理、花草养护、垃圾分解、香皂制作、洗发露

制作、文具制作、变废为宝(废品艺术处理)等。(以课程方案为准)

3. “创意数理,开发心智”版块:《创意世界》低中高 3 册,每两周 1 次课,每次 2 课时,每两月 1 个单元,每学年 4 个单元,每册 8 个单元,一至六年级共计 24 单元。内容以探究身边生活、生产、生命中的趣味问题为主,渗透梳理思维、知识和解决能力培养。与数学、科学国家课程相融通,目标兼具开发心智、知识拓展和智力游戏功能。

4. “创意表演、精彩人生”版块:《创意表演》低中高 3 册,每两周 1 次课,每次 2 课时,每两月 1 个单元,每学年 4 个单元,每册 8 个单元,一至六年级共计 24 单元。双语教学,目标强化学生的艺术感受力和生活理解力,丰富学习力、想象力、探究力、创造力。内容人与自然、人与社会、人与自我为主线,以动物、植物和人类为形象,以话剧、歌剧、舞剧、情景剧、剧、课本剧为形式,目标是让每个孩子都有表演表现表达的空间和发现美、欣赏美、创造美的人文素养。

5. “创新设计、拓展素质”版块:《创新空间》,中高年级 2 册,每两周 1 次课,每次 2 课时,每两月 1 个单元,每学年 4 个单元,每册 8 个单元,三至六年级共计 16 单元。以创新路径探究和创新能力培养为主,落实“创新思维—让理想走近”和“创意求真,创以养善,创以立美”原则。科技与人文、美育有机融通,双语教学。内容根据学校周边资源,包括园艺设计、景观设计、室内设计、建筑设计、工程设计、家居设计、徽标设计、图书设计、服装设计等,实现方式以观摩、体验、实践为主。

6. “创新工场、提升能力”版块:《创新工场》,中高年级 2 册,每两周 1 次课,每次 2 课时,每两月 1 个单元,每学年 4 个单元,每册 8 个单元,三至六年级共计 16 单元。对接科技教育,引进一些科技项目、竞赛内容。内容包括 DI,三模、机器人、无线电、DJ(电脑编辑创作)等。

7. “创造发明、体验成功”版块:《创造发明》中高年级 2 册,每两周 1 次课,每次 2 课时,每两月 1 个单元,每学年 4 个单元,每册 8 个单元,三至六年级共计 16 单元。双语教学,以技术发明为主,满足学生个性需求,主要以社团形式组织,兼具服务于国内外各类创意创新赛事和活动,提高学校影响力。

8. “创造生活、丰富精神”版块:《创造未来》中高年级 2 册,每两周 1 次课,每次 2 课时,每两月 1 个单元,每学年 4 个单元,每册 8 个单元,三至六年级共计 16 单元。双语教学,以科学发现和实验探究为主,满足学生个性需求,主要以社团形式组织,兼具服务于国内外各类创意创新赛事和活动,提高学校影响力。

9. “文化传承,敢于担当”版块:《民族记忆》,中高年级 2 册,每两周 1 次课,每次 2 课时,每两月 1 个单元,每学年 4 个单元,每册 8 个单元,三至六年级共计 16 单元。以非物质文化遗产项目为主,选择民族技艺中经典项目进行教学化开发,延展学校原有特色,传承民族文化,创新和发展民族技艺,理解民族精神和人格。双语教学,学习 16 个绝活。内容包括轧染、风筝、皮影、脸谱、面塑、文房四宝制作、内画、民族服饰、乐器制作等。

10. “优雅行为,快乐成长”:《创意人生》,1～2 册,分低中段,作为学校文化、实践活动参考纲目和手册,包括节日、庆典、礼仪、交往、行为规范、学生守则、日常用语、创意游戏等,把双语应用到日常活动、管理、对话和操作规范之中,凸显语言智慧和创意文化。

第三节 师生发展

一、教师发展

（一）促进了合作的教师组织文化的建设与发展

形成以教师合作团队为基础的民主的、开放的、合作的组织文化，是推进三创课程开发的基础。三创课程开发从愿景目标、规划设计到组织实施与评价反馈，需要教师群体的共同参与，形成合作研究与协同指导的合力，这就需要教师之间形成一种民主的、开放的、合作的组织文化。本校三创课程开发实践模式探索和管理制度创新促进了合作的教师组织文化的建设与发展。

(1) 促进了学校领导与教师之间的民主对话与平等交流。学校领导和教师在三创课程开发与建设，以及校本教材的编写中进行了民主的对话与交流，领导与教师的关系是平等互助的。

(2) 促进了学科教师之间民主对话与平等交流。学科委员会由学科带头人、学科骨干组成，主要负责研究制定学科课程发展规划、学科课程实施方案等。学科委员会成员也包括学校领导和教师骨干，学校领导与教师之间通过三创课程开发也建立起民主、平等、开放的组织氛围，有助于发挥团队集体的智慧和力量。各学科委员会之间也加强开放与合作，以促进课程的整合。在这次三创课程的开发过程中，一方面扩大了教师参与三创课程开发的权利，通过学科骨干教师团队，增强了学科三创课程研究的实力；另一方面，促进了三创课程开发的实效性，使三创课程开发在学科层面上有了较好的载体。

(3) 促进专家学者与学校教师之间民主对话与平等交流。教育学、心理学、课程与教学论等学科专家组成的咨询团体定期参与学校课程规划方案的咨询审议，参与学科的跟踪指导与评价，通过深入学校与教师之间的对话交流，建立起了专家学者与一线教师之间的民主对话，起到了相互促进的作用。综上所述，为了促进三创课程的有效实施，学校建立和完善了课程组织机构，通过转变教育研究部职能，充分发挥组织、指导、管理、服务的职能，充分发挥其决策职能，充分发挥其专家咨询、理论培训和指导的职能，充分调动和发挥教师参与三创课程开发的主体性、群体性和实效性。学校通过自上而下和自下而上的课程组织的建立，保障了三创课程的组织实施。

（二）提高了教师专业能力

1. 发展自我——教师教学研究能力得到提升

教师以研究者的心态置身于教学情境之中，以研究者的眼光审视和分析教学理论和实践中的各种问题，抓住研究契机，深入教学领域不断反复探索，使其形成规律性的认识。在课堂教学中，为了使教学中的诸要素能够以特定的方式组合成具有相对稳定且简明的教学结构框架，使之更具有操作性与示范性，教师在课堂教学中改变了传统的教学模式，通过教学实践研究，开发了新型教学模式。教师在对学科的学习规律、学习方法研究的过程中，不断加深了对基础理论、技术理论的学习，而且能够运用教育理论有效地解决教学实践中的问题。教师们在课程的开发与建设的过程中，通过不断地学习与研究，教学研究能力得到快速的提升，从而发展了自我。与此同时，也发现传统的上公开课已经不是校本课程开发的主要标志性成果之一，取而代之的是个人的研究发表与报告参与编写教材，这两方面已被教师认可。这也表明，教师已经意识到校本课程开发的内涵以及意义远远要比公开教学深远得多，而且也反映出教师的课程产品已经超越了教学的层面。另一方面，这也与近年来学校教育研究发表会的开展不无关系，应该说，教育研究发表会正逐渐引领教师的校本课程开发的成果走向较高学术水平。

2. 完善自我——教师教学反思能力得到提升

教师的教学能力是通过教学实践活动中形成的，如果教师仅仅满足于获得经验而不对经验进行深入思考，那么教师的发展将大受限制。因此只有边实践边反思，才能使教师获得实践反思的能力。教师在教学实践中反思，通过观察、回顾、诊断、自我监控等方式或给予肯定、支持与强化，或给予否定、思索与修正，将学会教学与学会学习结合起来，从而努力提升教学实践合理性，提高教学效能的过程。三创课程开发给教师的教学能力也提出了挑战，教师对自己的教学能否时常进行反思就显得尤为重要。教师通过记成功之处、记失败的教训、记教学的应变、记学生的见解、记教案的修正、记课后的随想等课堂教学记录，可以积累大量的教学资料。对这些一手的资料及时地整理、思考和研究，可以更好地掌握学生的需要、兴趣和发展现状，客观地评价学生，进一步改进教学行为和提高教学水平，为下一步的教学规划提供依据。在对教学实践反思的过程中，教师主要采用了两种反思路径：即对实践的反思和实践中的反思。对实践的反思，这种反思能够促进教师在教材开发中形成具体的教学理念，使教学成为一种自觉的实践。实践中的反思，能及时、自主地在行动过程中反思，发现教材中存在的问题，及时改善课堂教学效果，提高教学质量。经历了这样的系列反思过程之后，教师逐渐发展成为一个自觉而有效的反思者，为提高教师个体自主成长、提高专业水平具有重要作用。

3. 实现自我——教师课程开发能力得到提升

在学校开放式和个性化的教育理念的指导下，学科进行了三创课程主题单元开发的实践研究。在此基础上，创造性地开发全新的竖笛课程单元，打破以往教师只能被动接受课程的局面。开发过程中，教师们通过研究自己确定课程目标、课程内容、课时分配、课程实施等具体内容，这种做法使教师能够站在整个课程结构的高度，对课程有一个全面的、整体的认识，这必然全面提高了教师课程开发的能力。根据我校学生特点及教师资源，从培养学生专项技能的角度，创生了课程单元。这种创新的课程单元经历了从无到有，从零散到系统的选择与整理过程，并以主题单元的形式开发了具有我校特色的 10 本校本教材，是对国家课程和教材的补充与完善。使学生通过系统的主题单元的学习和练习，掌握比较扎实、系统的专业技能。另外，为了使课程单元得到有效落实与实施，在保障完成国标教材基本内容的基础上，学科对课时进行了重新调整与分配。在这一过程中，自然地将教师自身的教学工作与三创课程开发紧密联系在一起，教师们通过教师间的 TT 合作、与校长及教育研究部门的交流、与课程专家的合作研究、与学生共同探究等形式，积累了课程开发的经验，丰富了学科的课程知识，逐渐提高了课程开发的综合能力。

4. 超越自我——教师综合专业素养得到提升

三创课程的开发让教师重新认识自己在课程决策、开发、研究等方面的作用和价值，使教师们对自身的发展方向做了重新规划，教师工作的自主性和创造性也大大提高、教师的专业知识和教学能力也有了明显的进步。三创课程开发要求教师在各个方面综合的进步与发展。在课堂教学中要具有综合的教学能力，既要有专业素养和专业能力，也要具备其他方面的综合素养。因此教师必须具有宽广的专业知识和技能，具有一定的组织能力与管理能力。三创课程的开发，让教师的思想更加开放，时时关注掌握国际、国内教育的最新理论和最新动向，并吸收、消化、运用与教育实践。在这个持续学习、研究的过程中，教师不断提高自我，完善自我，教师的专业素质得到全面提高。

在三创课程推进过程中，为了进一步了解教师参与三创课程开发过程中的基本情况及教师专业发展现状，学校在全校范围内对教师进行了调研，其中采用了发现教师明显感受到了自身拥有了课程开发主体的地位和权利，教师自身也关注了课程目标的全面性、课程内容的科学性、增强了课程意识、更新了教育教学观念，教师的角色发生明显转变等，由此可见，在基于教师专业成长的三创课程开发与实施中，教师将重新认识自己在课程决策、开发、研究等方面的作用和价值，教师将重新规划和发展自己，教师工作的自主性和创造性将大大提高、教师的专业知识和能力将明显地更新、教师将焕发出新的专业生命。

总之，三创课程开发促进了课程结构的优化整合；引发了管理制度的创新，促进了课程管理的校本化和动态化、民主化和开放化、课程管理评价的自觉化和多样化，促进了合作的教师组织文化的建设和发展、提供了三创课程开发的组织保障，增强教师研究的动力、促进了学科自主发展；促进了教师专业发展，增强了课程开发意识和能力，提高了教师专业发展认知、态度和能力。

二、学生发展

“三创课程”的实施使学生在信息加工能力、动手操作能力、发现问题能力等能力上，由发散思维、直觉思维、形象思维、逻辑思维等创新思维上，以及创新兴趣、创新信念、创造意志等方面都得到了较大发展。

（一）实践体验能力提高

在教学活动中的体验性教育是实现课程资源转化的重要机制，因为体验是知识的内化，经验的升华。生成过程中的体验，再现知识的发生过程和思维展开过程，使学生亲历知识生产过程，积极探索发现经验积累的乐趣，进行求实态度、探索精神与科学思想方法的教育，使课程资源得以开发和利用。三创课程通过教材与实际生活的对接，学生情感与外界世界的对接，原有经验与新鲜经验的对接。实现了学生在各方面的发展。教师根据课程目标，有针对性地组织学生参与一些实践活动，尽可能寻找知识与实践的契合点，把所学的知识与现实生活、生产实际相联系，让单调的知识内容变得生动具体。这样，不仅激发了学生的学习兴趣，提高学生的感知效率，还在实践中强化了对知识的理解、学习和巩固。

让学生对自己生活经验的认可，其实就是在教育学生重视实践活动。不仅密切了学生与生活、与社会的联系，也满足了他们多方面的需要。在此过程中教师注意分析课程目标，优选可能得到的课程资源，确定适合学生身心特点的实践活动类型；在实践活动过程中，要加强引导并给予必要的调控；活动结束后，还应及时组织学生进行个人体验总结。三创课程重视实践体验活动，提高了学生实践能力和其他方面的能力。

(二) 探究能力得到培养

教师组织学生围绕一定问题，利用学校及周边丰富的课程资源，指导学生通过观察、调查、操作、实验等活动，使学生在解决问题的探究过程中，强化创新意识，提高创造能力，培养合作精神。问题既可以是学生自己提出，也可以是通过教师设置一定情境引导学生发现的，当然也可以由教师直接提供；既可以来自学科，也可以源于家庭和社区；可以针对某一具体学科，也可以是跨学科或交叉学科的。

在这样的教育教学活动中，要给学生提供足够的机会，学生必然会主动参与、乐于探究、勤于动手，也培养了学生搜集和处理信息的能力、获取新知识的能力、分析和解决问题的能力以及交流与合作的能力。这对于学生的终身发展是非常重要的。

(三) 学生健全人格得到发展

人的素质是认知性素质和情感性素质的共同体现，而局限于课堂和教材的教育教学活动常常导致学生认知因素的片面发展，割裂了认知与情感的内在联系，如何促使学生认知与情感的协调发展已成为新课程改革的重要任务之一。教师可以通过开发和利用自然环境、社会环境、文化传统、场所布置以及榜样、楷模的人格魅力等课程资源，创设一定的教育教学情境，陶冶学生的情操，培养其良好的个性品质。利用这种方式，教师要善于启发学生领悟情境，并引导学生细心品味“境中之情、境外之音”，抒发内心之真切感情。只有这样，学生才能真正成为审美的主体，通过自己的感官和心智感受来体验情境中的美感。

总的来说，学校的“三创”课程成了学校新的发展模式，丰富了学校的课程资源，为学校的发展提供了新的契机。同时，三创课程也为教师和学生的发展奠定了基础，促进了教师和学生的共同发展。实施三创课程对学校教育教学的发展来说都是极为有利的。